中華人民共和国成立75周年記念出版

中国で人生初のご近所付合い

忘れられない中国滞在エピソード

第7回 受賞作品集

舛添要一・神谷裕・福原愛
金丸利枝 など43人共著
段躍中 編

日本僑報社

第七回「忘れられない中国滞在エピソード」コンクール受賞作品集出版にあたり

呉江浩大使からのメッセージ

このたび、第七回「忘れられない中国滞在エピソード」コンクール受賞作品集の出版にあたって、中華人民共和国駐日本国大使館を代表し、受賞者の皆さま、日本僑報社および関係者の皆さまに心よりお祝い申し上げます。

「忘れられない中国滞在エピソード」コンクールは、七年間にわたって毎年欠かすことなく成功裏に開催されました。この七年間で、日本の各界から二千人近くの方々がこのコンクールを通じて中国との縁を語り、生き生きとした物語と独特な視点を通して、多面的で立体的な中国のイメージを描き出すことで、中日両国民の相互理解促進に大きな役割を果たしてきました。

第七回コンクールでは、日本全国から合計二百十八篇の作品が寄せられました。参加者は学生、教師、会社員、公務員、主婦など様々な職業の方々で、最年少は十五歳、最年長は九十一歳と、幅広い世代にわたっています。このことは、両国の友好関係が深い基盤に根ざしたものであり、両国の明るい未来が期待できることを十分に示しているといえるでしょう。

習近平主席は、中日両国が平和に共存し、世代を超えた友好関係を築き、互恵協力し、共に発展する道を歩むことが、両国民の根本的な利益にかなうと述べています。先日、両国の総理が会談し、新時代の要請に適った建設的で安定的な中日関係の構築に向けて努力することで意見を一致させました。双方ともに歩みを進め、各分野での交流と協力を深め、両国関係の長期的な健全で安定した発展を推進していくべきだと思います。

国と国との関係は、人と人との親しみ合いにあり、人と人との親しみ合いは、心と心の通い合いにあります。両国民の友好は、中日関係が安定的かつ長期的に発展していくための基礎であり、地域と世界の平和と発展を促進するための尽きることのない原動力です。今後、より多くの日本の方々が本コンクールを契機として、中国との交流をさらに強化し、中日関係の改善と発展に力を注いでくださることを心より期待しています。

二〇二四年十月

中華人民共和国駐日本国特命全権大使

呉江浩

目次

三等賞

あとがき

付 録

特別賞

困ったら原点に立ち返って真っすぐ進んでいきたい

衆議院議員　神谷 裕

私が大学の恩師の計らいを得て、北京に留学したのは一九九二年の事でありました。日本の大学で国際文化を学んだ私ですが、「国際文化」というように、大学の専修に当たっては研究する地域を選択しなければなりませんでした。アメリカ、ドイツ、中国、ロシア等など、八つの地域から中国を選んだ私ですが、選んだ理由と言えばいい加減で、何度見てもチンプンカンプンの英単語等の横文字よりは、子供の頃から接している漢字を使う中国専攻であれば、落第する可能性も少ないであろうと、安易かつ妥協的な理由で専攻を選ぶことになりました。

安直な理由で決めた私の専攻ですが、その後少なくない幸運にも恵まれ、恩師である指導教授の手引きにより中国の北京に留学する機会を得ることになります。

北京での留学生活は、まだまだのんびりした空気を残す当時の大学の所在地であった北京の五道口の雰囲気とは違い、想像以上にハードなものでした。

そもそも漢字を使う中国語であれば落第しないと考えてのスタートです。いい加減な学生が、要領の良さだけで卒業してきたのに、それが何を間違えたのか試験の結果、二年生に編入してしまった事が間違いのもとでした。

いきなりの百パーセント中国語の授業（当たり前

中国共産党中央対外連絡部の趙世通部長助理と会談

ですが…）に、面食らいながら、それでもとにかくついていかなければと、人生で一番勉強したのは間違いなくこの時期です。それでも足りず友人のつてを頼り、対外経済貿易大学の学生さんに家庭教師をお願いし、ポンコツの学生を少しづつまともな学生に正していただきました。そうでなければ無事に留学を終えることも出来なかったと思い、当時の先生や友人には本当に感謝です。

街は徐々に経済改革の成果が浸透しはじめ、手形小切手法の制定、会社法や破産法など、急速に経済法制の整備も進み、道路には軽自動車の箱バンを活用したタクシーが走り出し、ピザやマクドナルド等、留学生には懐かしくも誘惑的な文化が次々と入ってきた頃でもありました。

私の恩師であり、道を開いていただいた鄧鋭齢教授は、日本の学生への指導を終えられ、ご自宅のある北京市の報子胡同に戻られ、亜運村（北辰路）にあった社会科学院中央民族研究所に復職されておりました。時には、勉強の進捗や近況報告をするために迷惑にも友人を多数ともないご自宅にもお邪魔しています。

伝統家屋である四合院を少しだけ修繕して住まわれていた鄧教授は、既に高齢であったので、居室を出るたびに外を歩かなければならない四合院での暮らしは中々大変だったのではと思います。既に二人のお嬢様は成人され、それぞれ国内外で研究の道などご活躍だとも伺いました。

高校のロシア語の教師であられた奥様とは、大変に仲もむつまじく、常にご一緒だったのを記憶しております。日本に教鞭をとるためにご夫婦で来日されたその時は、日本語も出来なかったという事で、日常の買い物を含め大変であったのではと思います。いまから思えば、もう少し日本での生活のお手伝いが出来なかったのかと反省しきりです。

どうにかこうにか先生の厚情もあって北京での勉強をスタートさせましたが、留学生の楽しみの一つは長期の休暇を利用しての旅行です。

かつての中国留学生の皆さんと訪中した際に

当時は高速鉄道も無く、夜行列車が当たりまえ。中には三泊、四泊の列車泊もありましたが、お金は無くとも時間はたっぷりと有る学生にとってはむしろ宿代が削れると大いに利用させてもらいました。また、まだ外国人料金のあった当時の鉄道で、留学生は内国民としての扱いを受けており、その面でも優遇されておりました。

北京、南京、上海、無錫、大連、瀋陽、西安、成都、重慶、武漢、昆明、西寧、ラサ、貴陽、広州、深圳、福州、寧波、杭州等、挙げればきりがない多くの街をお邪魔した私ですが、分けても強い記憶に残っている旅があります。

それは北京から西安に向かう列車の旅でした。いつものように硬臥の座席を陣取ると、同じコンパートメントにはある一家が一緒になりました、小学校就学前の男の子、その御両親におばあちゃんといった構成でしょうか、三段ベットで一番下の値段が一番高価でしたが、その一番下の私のベットと印象で言えば八十代くらいのおばあちゃんが持っていた一番上のベットを交換することにしたのが最初の仲良くなったきっかけです。道中ではミカンやおやつの交換から、男の子のお気に入りのおやつである「サトウキビ」と食べ方のへたな私をみながら、皆さんと楽しいひと時を過ごしたのを良く覚えています。

そのような中、昼過ぎのゆったりした時間の中で、おばあちゃんと二人で向き合う事になりました。

「戦争のときは、日本軍に殴られたり大変だった。」非難するわけでもなく、窓の外を見ながら、思い出すように訥々とお話を始められました。

それに対し、直ぐに「大変に申し訳ない事でありました」と申し上げる私。

それに対して「あなたのせいではありません。」そして、「大変に不幸な時代だったと思います。でも、その結果として今がある。あれはあれで仕方の無い事だったと思います。」と淡々と告げられました。

私はただただ頭を下げて、何もしゃべる事はできませんでした。

ひとときの沈黙のあと、男の子が戻り、また元の団らんが始まりました。

こういった多くの中国の皆さんの善意があって日中国交の正常化があり、多くの感情が時に爆発しながらも「友好」の尊さが確認されているのであると思います。

留学を終えて直ぐ、これまた偶然の結果、政治の世界で働く機会を得ます。

当時の日中友好協会副会長でもあった鳩山邦夫衆議院議員です。

彼は田中角栄の秘書をしていたこともあり、日中友好条約締結の際には本当に大変な緊張の中で決死の覚悟で臨んだという話も、お酒の傍ら、話して聞かせてくれました。田中先生は、田中先生として過去に向き合い、彼なりの善意ある責務を果たされたのだと思います。

今日、図らずも自らが衆議院議員になり、政治に携わる状況になりましたが、あの時の田中先生や鳩山先生の覚悟には到底及ばないものの皆さんの所期の思い、井戸を掘ってくださった皆さんの思いをこれからも大切にしていきたいと心底考えています。だからこそ時に悩むことも多いのですが、困ったら原点に立ち返って真っすぐ進んでいきたいと思います。

神谷 裕（かみや ひろし）

立憲民主党衆議院議員（三期）。一九六八年東京生まれ、一九九二年三月帝京大卒業後、北京に留学、その後衆・参議員秘書、大臣秘書官、日本鰹鮪漁協組合勤務、二〇一七年十月衆院選初当選、二〇二一年十月衆院選二期目当選、農林水産委員会、沖縄及び北方問題特別委員会に所属、党政務調査会副会長。

特別賞

二〇二四年の訪中と二〇一一年三月の思い出

元東京都知事　舛添　要一

二〇二四年三月十九日～二十二日、北京に行ってきた。民主主義に関するシンポジウム・「民主主義：全人類共同価値」第三回国際フォーラムで講演を行った。

私はフォーラムの開催が世界の平和構築に果たす役割を積極的に評価し、気候変動、感染症などの地球的課題に対して、「人類運命共同体」の視点から取り組むことの必要性を訴えた。

また、今日の世界をへゲモニーの交替という視点から捉える理論体系に疑問を投げかけ、「グローバリゼーションの深まりと各国の相互依存度の向上に伴って、今日の世界では既存の理論体系で解釈できない現象がたくさん起きている」と分析し、「競争と協力が併存する今、誰が覇権を取るかを議論することは既に時代遅れになっている」と示した。

気候変動がもたらす地球温暖化の課題について、私は「全人類の共通努力が必要」とし、「そのために世界が真の運命共同体を形成する必要がある」と主張した。その上で、「中国発の『一帯一路』イニシアチブ、グローバル発展イニシアチブ、グローバル安全保障イニシアチブ、グローバル文明イニシアチブが、世界を見る上で、異なる視点を提供してくれた」とポジティブな評価を下した。

さらに、国連が世界の紛争を停止させるために有効に機能していない現状に触れながら、グローバ

2024年の北京訪問時、中国・中央広播電視総台（CMG）の取材を受ける

ル・ガバナンスにおける先進七カ国（G7）の影響力が多極化を背景として相対的に低下しているのに対して、欧州連合（EU）、二十カ国グループ（G20）、上海協力機構、ブリックス（BRICS）などの国際機関が果たす役割が高まりつつあると指摘した。「これらの国際機関が国連と協力して、世界の平和と繁栄のために共に努力すれば、世界から衝突をなくすことができる」との展望を示した。

日本では少子化対策が大きな政治課題になっているが、中国でも同様で、このところ急に皆が心配し始めてきている。そこで、少子化問題に取り組んだ経験のある元厚生労働大臣として、北京の社会科学院で特別授業を行った。

政府のシンクタンクである社会科学院は、実は二〇一九年に、「中国の人口がピークに達するのが二〇二九年で、二〇三〇年から減少に転じる」という予測を出したが、その予測は外れた。二〇三〇年ではなく、二〇二二年に人口が減少し始めたのである。具体的には、中国の人口は前年比で八十五万人も減少し、十四億千百七十五万人となった。

　中国の人口減少は、一九六一年以来、実に六十一年ぶりのことで、出生数は前年比百六万人減の九百五十六万人であった。六年連続の減少で、人口千人当たりの出生率は過去最低の六・七七人であった。

　中国では、一九六〇年代以降、人口が爆発的に増加したが、それにブレーキをかけるために、政府は、一九七九年に「一人っ子政策」を実行に移した。この政策は極めて効果的で人口増の抑制に成功したため、政府はこの人口抑制策を廃止し、二〇一六年からは二人目、二〇二一年からは三人目を解禁した。しかし、国民のほうは一人っ子政策を維持して、二人以上子どもを持つのに躊躇したままである。

　六十一年ぶりの人口減少という数字は、二〇二三年一月に中国国家統計局が発表したものであるが、それ以来、人口減少、その原因である少子化についての議論が活発になっていった。そこで、今回、私が招かれて記念授業を行ったのである。

　専門家十数名と社会科学院の大学院生約三十名が熱心に私の話を聴き、活発な質疑応答が行われた。

2024年の北京訪問時、中国のシンクタンク関係者と交流を行う

また、北京のファーウエイも訪問し、様々な先端技術開発の様子を視察した。電気自動車（ＥＶ）やＡＩなど先端技術の分野で中国が日進月歩の進歩を遂げていることを再認識させられた。

これまで何度も訪中しているが、一番記憶に残っているのは、二〇一一年三月に北京と上海を訪ねたときのことである。それは、滞在最終日に日本で東日本大震災が発生したからである。

北京では、旧友の王毅さん（現外交部長）に再会したり、政府の要人と会談したりした。その後、上海に移った。

二〇一一年は、孫文の辛亥革命から百周年に当たり、午前中、私は復旦大学で「辛亥革命と中日関係」という講演を行った。また、日本の政治について、日本政治の研究者や学生を対象にゼミも行った。

昼食を大学の教授たちと楽しんだ後、リニアモーターカーに乗ったりして、上海の町を散策した。そのときである。日本で巨大な地震が起こったという一報が入ってきた。直ぐに日本に電話したが、電話は全くつながらなかった。

夕方には、私のための公式晩餐会が上海の迎賓館で開かれたが、その時にも地震の詳細な情報は入らなかった。

晩餐会の後、ホテルに戻って、テレビを見ると、地震と津波の惨状が映し出されていた。翌朝、私が予約していた中華航空機は日本に向けて飛んだので、何とか帰国できた。そして、国会議員として、災害対策に当たる多忙の日々が始まったのである。

舛添 要一（ますぞえ よういち）

一九四八年生まれ、一九七一年東大法学部卒。一九七三～七五年パリ大学現代国際関係史研究所客員研究員。一九七六～七八年ジュネーブ大学高等国際政治研究所客員研究員。一九七九～八九年東大助教授。二〇〇一～一三年参議院議員。二〇〇七～〇九年厚生労働大臣。二〇一四～一六年東京都知事。

特別賞

日中の橋渡し役になれれば

元卓球選手　福原　愛

私は一九九三年テレビの企画で初めて中国・上海を訪れました。当時私は五歳。卓球少女としてテレビに出始めた頃です。その企画は、中国の小学校を訪問し、一日のカリキュラムを体験して、その後小学生たちと卓球の試合をする、というものでした。相手が小学生だったというのもありますが、その頃の私には全く歯が立たず勝つことはできませんでした。それほど強い選手がいっぱいいたのです。

そもそも私が卓球を始めたのは三歳九カ月の時です。十歳年上の兄が卓球部に入ったのがきっかけでした。兄の入部に喜んだ父が、なんと中国チャンピオンをコーチに呼んだのです。そこから私の卓球人生が始まりました。六歳から九歳までは天津に行きました。母の作ったルールで、そこの卓球チームの半数に勝てるようになったら省を替えると決めました。天津では九歳頃にチームの三分の二の選手たちに勝つことができるようになったので、省を替え遼寧省に移りました。そこで今のチャンコーチに出会ったんです。

チャンコーチは当時遼寧省のチャンピオンでした。まだまだ現役の十九歳という若い選手でしたが、父が惚れ込み頼み込んでコーチになってもらいました。チャンコーチも引き受けるかかなり悩んでらっしゃったようですが、コーチのお母様が占い師に相談したところ、東に行くのが良いと言われ、決めてくださったという事です。いつかその占い師の先生にも、お礼を言わなくてはいけないですね(笑)。

その頃まだ中国語ができなかった私はチャンコーチと筆談で話していました。でも日本と中国の漢字は意味の違うものもあるので、時々「⁇」ともなりました(笑)。チャンコーチとは二十四時間一緒で、泊まり込みで教えてもらいました。その結果高校生の時に、外国人として初めて遼寧省のチームに入って、スーパーリーグに出場することができました。今思えば日中友好に「福原愛」は育てられたのだな、と思います。

そんな私が本格的に中国語を喋れるようになった、と思えるようになったのは十三歳頃です。私の中で中国語を喋れる、というレベルとして目標にしたのはふたつ。一つ目は電話で不自由しないこと。ジェスチャーがきかない会話で十分に意思を疎通できることです。二つ目は喧嘩ができること。本当に会話の中で感情が動かなければ、喧嘩をすることはでき

中国大使館にて開催された国際婦人デーのイベントにて、エッセイストの海老名香葉子氏らとの交流の一コマ

近藤昭一議員とコンクール受賞作品集を手に撮影

ません。そういう意味で言われたことに腹を立てるようになったのはこの頃でした。中国語を勉強されている方の参考になれば幸いです。

それから日本と中国の違いを感じたことについて。日本の卓球選手と言うのは、まず自分の気持ちをいかに切らさず持っていくか、ということが重要になってきます。そしてその選手を皆がサポートしていく、つまり選手が一番大切にされます。しかし中国は違います。中国のスーパーリーグは中国選手たちのトップが争う場ということで、歴代のオリンピックチャンピオン同士が戦うのが当たり前、というすさまじい世界です。よってオリンピックや世界選手権で優勝するより難しいと言われています。そういった中においては、強い選手が山ほどいるので、自然とサポート側も「あなたの代わりはいくらでもきく」というスタンスになります。つまり中国選手は自分の足で立つという意思がとても強いですし、またそうでなければやっていけません。そこに日中の卓球の違いを感じました。

またよく言われることですが、やはり中国の方は日本の方に比べてはっきりとものを言います。それに最初は慣れませんでした。例えば一年ぶりに会った人に、「太ったね」と言われる。思春期の頃は傷ついて泣いたことさえありました（笑）。だから会話でも「要（いる）」、「不要（いらない）」という言葉がとても重要になってきます。

そんな違いも多い日本と中国ですが、卓球の世界で言うならば、日中の関係はとても深いものがあります。日本の選手団であっても、最低五人は必ずサポート側に中国の方が参加しています。地理的にもそうですが、卓球において日本と中国は切っても切れない関係があるのです。私自身その中で育まれてきました。今度は私が日中関係の橋渡し役になれれば、と思っています。

よく中国の皆さんに「愛ちゃんの中国語は中国人みたい。そのコツは何ですか？」と聞かれますが、その度には私は「我妈是中国人（私の母は中国人です）」と答えています。何故ならチャンコーチは私の中国のお母さんなのですから。

福原 愛（ふくはら あい）

一九八八年十一月一日宮城県仙台市生まれ、一九九〇年代から二〇一〇年代にかけて活躍した日本の元卓球選手。青森大学・客員准教授。

史上初の全日本グランドスラム達成者であり、五輪二大会連続のメダリスト。ITTF世界ランキング最高位は四位（二〇一五年十月）。日本では幼少期からテレビなどマスメディアに頻繁に登場し、「卓球の愛ちゃん」「天才卓球少女・愛ちゃん」「泣き虫・愛ちゃん」などと呼ばれ、国際大会で活躍するようになってからは中華圏で「小愛」（シャオアイ）や「瓷娃娃」（ツーワーワー）などと呼ばれ親しまれている。その注目度から、内閣府「災害被害を軽減する国民運動サポーター」、中国などとの間の様々な親善大使、出身地である仙台市の観光大使、CM出演なども務めてきた。

二〇一八年十月、現役引退を表明した。

中国大使賞
最優秀賞

中国で人生初のご近所付合い

主婦　金丸　利枝

全く言葉の分からない異国の地で、何とか知り合いを作れないかと、思い切って飛び込んだご近所仲間でやっている毎朝の体操。当初は不安に思っていた中国での生活だったが、いつも暖かく接してくれるご近所さんたちと、もっとスムーズに交流したいという思いから、語学習得や中国文化の理解に積極的に取り組めるようになった。

二〇一二年六月、私は中国湖北省武漢市の空港に初めて降りたった。夫の転勤先に帯同家族としてやって来たのだ。

空港から自宅へ向かうタクシーの車窓から見える武漢の街は、何処も大勢の人で溢れ返り雑然とした雰囲気で、これから自分は本当にこの場所でやって

蘇州大学海外教育学院中国語課程のクラスメイトと

いけるのだろうかと不安になったのを今でも覚えている。

到着して数日はビザの手続きなどの為、数箇所の行政事務所を訪れた。係員との面接は、自分のことであるにも関わらず、全て通訳の方任せで、私自身は蚊帳の外状態。何とも切ない気持ちになったものである。

こうして始まった、知り合いもいなければ言葉も全く分からない異国の地での生活は、スーパーに生活必需品を買いに行く以外は、これといった用事もなく、夫が仕事から戻るまでは、全く誰とも話すことはないという毎日で、何とかこの状態を抜け出さねばと日々悶々としていた。

そんなある日、アパートの同じ棟に住む大家さんが訪ねて来た。用件を中国語で言われるのだが全く見当もつかず、わざわざ来てもらったのに申し訳ないやら情け無いやら。苦し紛れにノートとペンを差し出し用件を書いてもらった。書いてもらったことで用件の大半は察しがついた。この時ほど漢字を知っていて良かったと思ったことはない。

書けば理解出来るのだと思ってもらえたせいか、続けて大家さんは、毎朝ご近所さんでやっている朝の体操に誘ってくれた。言葉の分からない人たちの中へいきなり入っていって大丈夫なのか迷ったが、ここで飛び込んでいかないとずっと誰とも話さない生活からは抜け出せないと思い、思い切って参加させてもらうことにした。

翌朝七時に大家さんに教えてもらったアパートの中庭に行くと、数人の女性たちが集まって談笑していた。大家さんが私をみんなに紹介してくれ、みんな私に質問してきたようだが何を言っているかは全く分からず、はにかんでみせるしかなかった。

翌日からはノートとペンを持って体操に行くようにした。何か言いたいことがあれば書いて示し、相手側も書いて答えてくれることで全く意思疎通が出来ないという状況からは免れた。と言っても、彼女たちが話していることが全く分からないという事に変わりはない。毎朝、集合して体操が始まるまでしばらく雑談するのが常なのだが、この時間が私にとっては、かなり辛かった。全く理解出来ない言葉で話される会話をじっと横で聞いている。内容も全く分からないので、いつ頃終わって体操を始めるのか、検討さえつかない。ただただ我慢してじっと待つしかなく、時には心の中で「いい加減にしろー！」と悪態をつく事もあった。

その一方、当然ながら毎日顔を合わせているうちに、彼女たちには特別な親近感を覚えるようになった。私は日本では、親から独立して以降はご近所付合いなるものをした事がなかった。かくして、私の人生初のご近所仲間は中国武漢の方々となったのである。

その後、中国語のレッスンも受けるようになり、彼女たちの会話にもほんの少しずつだが加われるようになっていった。ただし、私が話そうとすると発音が悪く何と言っているのか聞き取ってもらえないし、相手が言ってることも結局分からないしで、会話という会話にもならず申し訳ない気持ちになることが多々あった。そんなある日、一人が「自分たちが武漢なまりで話さなければ、利枝は私たちが言ってることが分かるんじゃないの？」と言ってくれたことがあった。当時の私の中国語力は標準中国語と方言の違いを聞き分けられるレベルではなく、「それは関係ないよ。自分たちの言葉で話して」と苦笑いしながら答えたが、彼女はもっと私がみんなと一緒に話せるよう配慮して言ってくれたんだと思うと、気持ちが暖かくなると同時に、もっと頑張って中国語が理解出来るようにならないとな、と意気込んだものである。

その後、天候不順が続いた事などもあり毎朝の体操は自然消滅してしまったが、彼女たちとは会えば立ち話、時には一緒に食事や買い物に行く付合いが出来るようになった。ただ私の中国語力の拙さが常にスムーズなコミュニケーションの妨げになっているのは実感し、その度に中国語学習に奮起したものだ。

それから数年後、夫の転勤で中国の別の都市に引っ越した。武漢を離れる際には私の中国語力も少しはマシになってはいたが、それでもスムーズなコミュニケーションというには程遠いレベルだった。現在も中国語学習はもちろん続けているし、中国文化や中国社会への理解にも積極的に取り組んでいる。この全ての原動力は中国に来て間も無い、言葉も全く分からない私を暖かく仲間に迎え入れてくれたご近所さんによるものだ。

黎姐、恵娟、林姐、許姐、張老師、楊医生、劉老師、黄姐、感謝してもしきれない、生涯忘れることはないご近所さんである。非常感謝！

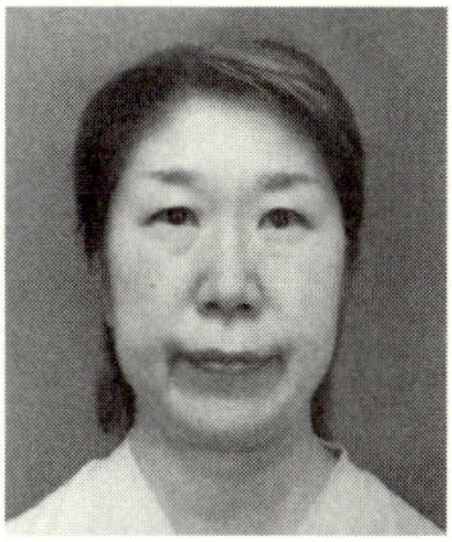

金丸 利枝（かなまる りえ）

一九七〇年福岡県生まれ。地元の大学を卒業後、会社員生活を経て、二〇一二年に夫の転勤を機に中国湖北省武漢へ。その後二〇一六年、夫の転勤により江蘇省蘇州市に滞在。二〇二二年、再び夫の転勤により中国広東省広州市へ。地元の方との交流や大学での中国語課程などを通じて中国語を習得。二〇一七年十二月ＨＳＫ五級、二〇一九年十二月ＨＳＫ六級合格。現在は独学で広東語の習得に励んでいる。

1等賞

ロボコンの思い出
―中国にて―

会社員　澤田　周作

二〇一七年、大学三年生の夏に私は中国の大学で開催されたロボコンに参加し、二週間の間、中国に滞在しました。多国籍のメンバーと英語でコミュニケーションをしながらロボットを制作しました。ロボット製作以外にも観光や現地の人々との交流を楽しみました。言葉の壁に悩まされたものの、多くの友人を得ました。わずか二週間の滞在でしたが、中国に対するイメージが変わりました。

私の人生最高の二週間の話をしたい。二〇一七年、大学三年生の夏のことだ。

中国で開催されるロボコンに参加するため、二週間、中国の大学の寮に滞在させていただいた。それが初めての中国滞在だった。

ロボコンには日本、中国以外に韓国、シンガポール、タイ、アメリカ、メキシコ、エジプトの学生がいた。学生は複数のグループにランダムに振り分け

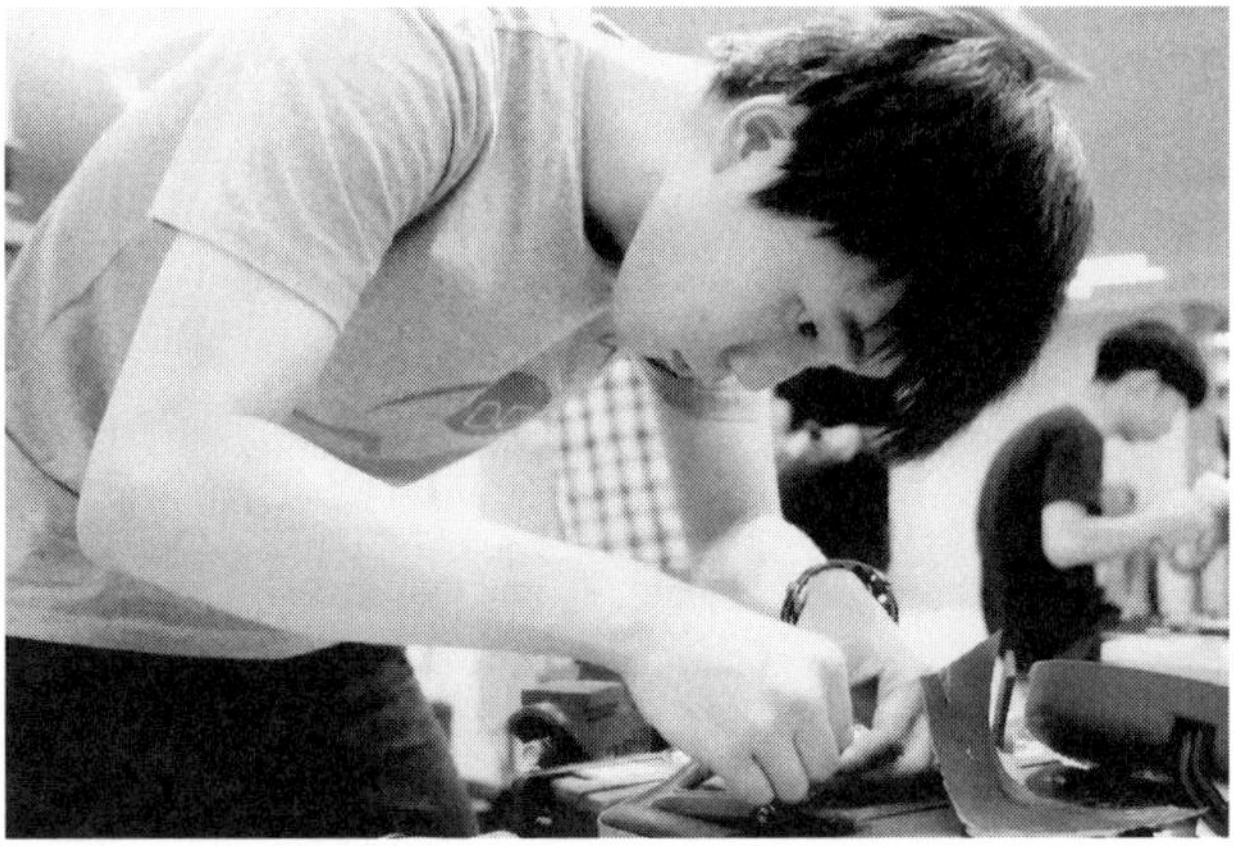

IDCロボコンでロボットの部品を作る筆者

られ、即席のチームでロボットを作る。私のチームは線の細い中国人、マッチョなシンガポール人、ノリのいい韓国人、そして私の四人だった。コミュニケーションはほとんど英語で行われ、たまに中国語が聞こえるくらいだった。私のTOEICスコアが六百点にも満たなかったと言えば、ロボコンでの悪戦苦闘はここに書くまでもないだろう。

現地に行く前の不安は大きかった。言葉だけでなく、中国と日本の関係性ゆえに感じた不安は小さくなかった。準備をするにあたって神経質な母親は赤い服はやめた方がいいんじゃないかなどと言っていた。

不安は杞憂だった。とはいかなかった。言語に関しては。

開催場所が中国ということもあり、中国人と話す機会は多かった。彼ら自身がチャイングリッシュと揶揄する英語は我々ののっぺりとしたジャパングリッシュに比べて恐ろしく速い。"more slowly"と何度お願いしたことだろうか。また、コンビニなどに行くとまったく英語が通じない事も多かった。のちに再び中国に行った際、本屋の店員に最初から中国語に翻訳した文章を表示したスマホ画面を見せたら"I can speak English"と言われコミュニケーションが取れたことに驚いてしまった。

しかし、言語に関係することも、関係ないことも、現地の人々の優しさのおかげですべて乗り越えることができた。中国人と思われて声をかけられることも多かったが、英語しか話せないと伝えると残念といった表情をされるか、英語でコミュニケーションを続けてくれた。一度、どこの出身なのか聞かれたときにはつい身構えてしまった。日本と答えた瞬間に相手の態度が豹変したらどうしようかと本気で思った。しかし、なんということはなかった。遠くから良く来たねと労ってくださった。まったく私は失礼な観光客である。

たった二週間のロボット制作にも休みはある。そこで中国人のスタッフがいろいろな場所に連れて行ってくれた。大変申し訳ないのだが、観光地のことはあまり覚えていない。メンバーたちとシェアサイクルで回った飲食店のことばかり覚えている。自転車の両脇を原付が通り過ぎるなか命懸けで行ったからかもしれない。屋台にも行ったしバーのようなところにも行ったしカラオケにも行った。

屋台では皿がビニール袋に入って出てきた。開けるのかと思ったらそのまま使うもので、開けてしまったものを交換してもらった。そこで中国の一人っ子政策に関して話を聞いたりした。自分の英語が不甲斐ないばかりに意見交換できなかったことが悔やまれる。

バーにはロボコン参加者の多くが集った。なぜそうなったのかはわからないが大盛り上がりの末に店で踊っていた。今思い出すと迷惑じゃなかったのかと思わなくもないが店員も踊っていたのでいいのだろう。他のお客さんとも意気投合していた。私は大量のコークハイボールを浴びるように飲み視界がぐるぐると回り始め、アメリカ人の参加者に水を飲むように言われた。下戸の私が人生で一番酒を飲んだ日だった。

カラオケでは音痴の私でも「ブルーバード」を歌うだけで盛り上がった。「ＮＡＲＵＴＯ」ってすごいってばよ。他のアニソンや「嵐」の歌もウケが良かった。

ロボットの制作は経験豊富な中国人のメンバーとシンガポール人のメンバーがメインで進めてくれた。言葉が通じているのかも怪しい私にも仕事を割り振ってくれた二人には感謝するしかない。それでもプログラミングは私がメインで進めて無事にロボットを完成させた。

大会が終わり、帰国の前日にお別れパーティがあった。ここには書ききれないが、チームメンバーと険悪なムードになったり制作がうまくいかなかったりと日本に帰りたい日の方が圧倒的に多かったはずだった。しかし、すべて終わってしまうと思い出すのは楽しかったことばかりである。その気持ちはみんな一緒だったようで、日本に帰りたくないと駄々をこね始める日本人参加者までいる始末だった。パーティ後に、またしてもバーに行き、明け方まで酒を飲み続けた。踊って笑って喋ってまたしても視界がぐるぐると回り始め寮に戻って、泣いた。

これが私の人生最高の二週間だ。たった二週間で私の中国に対するイメージは一変し、多くの友人ができた。ＳＮＳで繋がれるとはいえ、二度と会えないかもしれない友人たちだ。しかし、二度と会えなかったとしてもあの日々を共有したことは変わらない。

きっと、あの二週間で私の人生はいい方向に変わったと信じている。

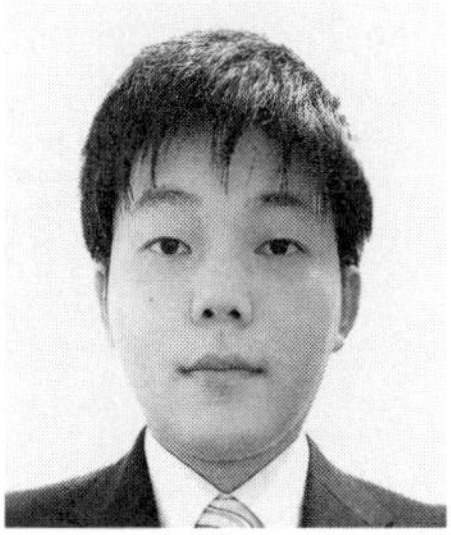

澤田 周作（さわだ しゅうさく）

一九九六年東京生まれ。二〇一五年に東京電機大学に入学。二〇一七年にＩＤＣロボコンに参加。翌二〇一八年スタッフとしてＩＤＣロボコンに参加。東京電機大学を卒業後、就職、転職。現在はエンジニアとしてモノづくりに関わっている。ＩＤＣロボコンの参加者とは現在も交流がある。

1等賞

一方に困難あれば八方から支援あり

大学教授　岡田実

私は一九九〇年以来何度か中国を訪れましたが、二〇〇八年と二〇一一年の二回にわたって大きな震災を経験しました。当時の日中両国の共同作業で多くの感動する場面に出会い、中国からたくさんの支援と激励、感謝のメッセージをいただきました。大学で教鞭をとるようになってからは、ゼミのテーマである「中国×SDGs×日本」の実践活動に取り組みました。これらの活動の中で出会った全ての人々に感謝しています。

二〇二三年十二月十八日深夜、中国の甘粛省臨夏回族自治州を、マグニチュード六・二の地震が襲った。この地震災害発生直後から、私はゼミ生と一緒に被災地を支援するための方法がないか情報収集を始め、十二月二十三日には「中国郷村発展基金会」に義援金約五万円をオンラインで送金することができた。時代の変化を感じた一瞬であった。ゼミ生が義援金を寄贈するに至った経緯は後述するが、私自

成都市民から日本隊に贈られた「日中友好パンダ」（二〇〇八年五月三一日、医療隊のテントにて筆者撮影）

身の中国滞在の中にその原体験があった。

私が最初に中国に滞在したのは、一九九〇年秋。所属先のＪＩＣＡ（国際協力機構）の留学制度を利用して北京大学で一年間中国語を学び、その後引き続き三年間ＪＩＣＡ中国事務所員として北京に駐在した。その後も二回の駐在を通じて対中ＯＤＡ（政府開発援助）の現場で働く貴重な機会をいただき、その中で、二〇〇八年の四川大地震と二〇一一年の東日本大震災を中国で経験することになる。

四川大地震が発生してから三日後、中国政府からの要請に応え、日本政府はまず救助隊、その後医療隊の派遣を決めた。私はＪＩＣＡ事務所で昼夜を徹して連絡調整実務に従事したが、総勢八十名を超える隊員の活動を支援する過程で、多くの感動する場面にも出会った。隊員の活動は、中国側との共同作業になる。そのため、極めて短時間に多くの優れた通訳要員を現地に送り出す必要があった。しかしいまだ余震が続いており、被災地に入れば多くの犠牲者とも直接向き合わなければならない。そうしたことを承知の上で、多くの中国人通訳者が自ら志願して最前線に向かった。

被災地では、日本隊は残念ながら生存者を発見することができなかった。しかし、母親と生後二ヵ月の娘の遺体を発見した際、全員で黙祷を捧げる隊員の姿が中国メディアによって全国に流されると、中国の人々の反応が変わった。普段、対中ODAに辛口の記事を書く日本の記者からも、この報道後、取材する中国人が非常に好意的になったとの印象をうかがった。華西病院の医療隊テントには、成都市民からたくさんの花束や差し入れ、激励と感謝のメッセージが寄せられた。

その三年後、今度は東日本大地震が発生する。テレビに映し出された被災地の悲惨な状況は、仙台で大学時代を過ごし、妻の家族や多くの友人がいる私にとって耐え難いものであった。そして今度は中国政府から大船渡市に国際救援隊が派遣され、大量の支援物資が届いたのである。

私は二〇一四年から大学で教鞭をとるようになり、毎年十人前後のゼミ生を受け入れている。ゼミにおいては実践的な学びを重視し、テーマを「中国×SDGs×日本」として、ゼミ生自身でプロジェクトを考え実践してもらっている。ゼミ生がどのような経緯と思いで義援金寄贈に至ったのか。以下、ゼミ長の王雯さん（当時国際学部四年／山東省出身）からの報告を紹介する。今後の若者による日中協力の発展に期待したい。

〈活動の経緯〉

拓殖大学に入ってからずっと「SDGs」の単語を何回も何回も聞きました。しかし実際の取り組みはコロナの影響で進まず、体験できなかったです。そして二〇二二年、コロナの状況が落ち着いて、ようやく私たちは、ゼミのテーマである「中国×SDGs×日本」の実践活動をゼロからやり始め、動き出せるようになりました。

「どのような活動をやればいいか」と迷う時、目に入ったのは、解読中国工作室と竹内亮氏が共同で製作したドキュメンタリー「走近大涼山」でした。取材中、竹内氏は四川省涼山彝族自治州昭覚県のサッカークラブを訪問し、外国人コーチや地元の小学生と交流します。また、年に一度の彝族の祭り「火把節」に参加したり、彝族の家庭を訪問し、地元の料理を楽しんだりしていました。そして、竹内氏は、現地の人々が山を降りて、新しい世界を見て、いろんなことを学んで、貧困を脱却しようとしている強い意欲を感じ取り、さらに、より良い生活にあこがれ、故郷をもっと良くしたいと願う現地の子供たちを見て、新しい希望を感じました。

私たちはそのドキュメンタリーを見て、自分の力で何かできないかと思いました。そしてゼミ生たちが討論した結果、二〇二二年の大学祭で夏休みに編んだヘアピンとミサンガを販売し、得た収益で文房具を買って、貧困地域の子供達に寄贈すると決めました。

学校の先生方とご来場いただいた方々のおかげで、大学祭が無事に終わりました。寄贈先の検討をしていたところ、甘粛省で大きな地震が発生し、中国ではこの十年で最悪の地震災害と言われました。当時、現地では猛烈な寒波で気温が氷点下十度を下回る中、約八万七千人が避難を余儀なくされていました。

甘粛省では外部からの物資支援が非常に必要となり、甘粛省政府もインターネットで各方面からの支援を求めていました。そこで岡田先生とゼミ生たちが話し合った結果、この大学祭の収益金全額を甘粛省の人々の物資不足を解消するために寄贈することにしました。

〈感想〉

コロナの影響により思い描いていた学生生活とは大きく異なる四年間になりましたが、できることを探しやりたいことに挑戦することで、将来の夢が開けたように思います。その中で様々な活動を行って多くのことを学ぶことができ、とても恵まれていたと感じます。大学入学後に出会った全ての人々に感謝しています。ありがとうございました！

岡田 実（おかだ みのる）

拓殖大学国際学部教授／国際開発研究所長。民間企業勤務を経て国際協力機構（JICA）に奉職し、二〇一四年に拓殖大学教授に就任。JICAでは北京大学留学後、三回北京に駐在し約十年間対中ODAに従事。現在、教鞭をとるかたわら、日中未来の会、国際善隣協会などで日中民間交流活動に参加。主な著書に『日中関係とODA―対中ODAをめぐる政治外交史入門』、『「対外援助国」中国の創成と変容一九四九―一九六四』、『日中未来遺産 中国「改革開放」の中の〝草の根〟日中開発協力の「記憶」』がある。

1等賞

椰子の島の卓球大会

―海南師範大学職員卓球大会―

元教師　大谷　美登里

海南島ではゆったりとした時間が流れ、温かく大らかに人々を迎えてくれます。私は二〇一九年から四年間、海南師範大学で日本語教師をしていました。昨年帰国しましたが、今年五月再び海口市を訪れました。四十日間の滞在の中で「海南師範大学職員卓球大会」に参加するという機を得て、大いに楽しませてもらいました。これは、愉快なピンポン仲間との楽しい交流の記録です。

「海南島に遊びに行こう！」「学生や先生に会いに行こう！」私は海南島に「帰って」来た。

五月七日から四十日間の滞在だった。私を知る人たちは、予想以上に歓迎してくれ、毎日のように誰かに会って、一緒に食事をして、おしゃべりを楽しんだ。

最も印象的だったのは「海南師範大学職員卓球大会」だった。昨年の七月、私はこの学校を退職して

海南師範大学職員卓球大会にて、外国語学院チームのメンバー

いる。にもかかわらず、私は「外国語学院」の一員として、卓球大会に出場することになったのである。

余談になるが、校門にあるゲートの顔認証がまだ有効だった。校内に用事があって中に入ろうとした時、もしかしたらと思ってモニターに顔を写してみると、自動改札のような扉が「ピロン」と音を立てて、開いたのである。海南島らしい「ゆるさ」だ。そう、海南島はすべてに「ゆるい」のである。だから、私が職員卓球大会に参加しても何の問題もないのだろう。

そもそも、この卓球大会は二〇二二年の年末に行われる予定だった。当時、日本語主任の汪先生と私は、一時間百元の授業料を払って、コーチについて練習に励んでいた。しかし、楽しみにしていた大会は、コロナの感染爆発で中止となり、私にとっては「幻の大会」になってしまった。それがどうだろう、まるで私が来るのを待っていたかのように、この時期に開催されたのだった。大会の二日前、汪先生から「申し込んでおきました」と言われ、驚き、愛用のラケットを持ってこなかったことを後悔した。

　大会に出場することが決まると、すぐに、チームのグループチャットが作られ、いろいろな連絡が入って来る。チャットに「外売（出前）頼むけど何にする?」「マックにする?」「いいよ」「ハンバーガーとコーラ二つずつお願い」「誰が受け取るの?」と卓球とは関係ない話題が続き、なんで外売? と思ってしまうが、「腹が減っては戦は出来ぬ」ということだろう。

　この大会はリーグ戦だった。「外国語学院」「退職」「文学院」「教師教育学院」「教育学院」「機関」の六チームが参加した。五月十七日から二四日まで、夕方六時ごろから試合が行われるという。大会前、チャットに試合の予定表が送られてきたのだが、実際は、チームのリーダーがそれぞれ連絡しあって、試合をする日を決めたので、予定表は意味がなかった。

　私たち外国語学院チームは私と汪先生、英語の呉先生とベトナム語の朱先生の四人で、チームリーダーは呉先生だ。十七日の初戦「退職チーム」は強豪で、私たちは手も足も出なかった。

　一九日は三試合が行われ、大会の山場となった。「文学院」と「教育学院」との試合は、楽勝だった。ところが、三試合目の「教師教育学院」は手強かった。癖のあるサーブが返せない。どこに打っても返される。結局、肝心なところで落として、私は負けてしまった。しかし、呉先生、朱先生が勝利し、再び私の番が回って来た。この相手も上手い。やはり私は負けた。負けてもチームメイトは「没事儿，没事儿」と言って笑ってくれた。嬉しかった。

　二十二日の「機関」との対戦が最後の戦いとなったが、またしても私は負けてしまった。しかし、今回も呉先生、汪先生の活躍でチームは勝利した。

　そして、二十四日の午後、「今日の六時半から閉会式があります」という知らせが来た。六時前から、激しい雨が降って来た。海南特有のスコールである。海南島では、こんな激しい雨の中出ていく人はいない。私も雨が止んでから部屋を出て、七時過ぎに会場に着いた。中には結構人がいて、男子チームが試合中、空いている台では遊びで練習している人がいる。我がチームメイトは誰もいない。所在なくしていると、呉先生がやって来て「練習しよう」と言うので、私たちは空いている台で練習をした。

一時間以上も打ち続け、疲れてそろそろ休みたいと思った頃、スタッフの「表演比賽」と大きな声が聞こえた。模範試合があるらしい。中央の台に、腕自慢のオジサンたちが登場して、試合を始めた。卓球台を大勢の観客が囲み応援する。素晴らしいプレーには歓声を上げ、「加油！」と言う声が飛び交う。見ごたえのある試合だった。その試合が終わると、表彰式になった。私たちのチームは三位、立派な額と賞金が授与され、卓球大会は幕を閉じた。グループチャットに送られて来たたくさんの写真を見て、私が「皆さん、ありがとうございました。一生の記念になりました」とメッセージを送ると、みんなから絵文字のスタンプが送られて来た。

海南島の卓球人たちのプレーは自己流でめちゃくちゃ、格好は悪いのだけれど、ラリーが続く、そして、時々バシっとスマッシュを決めたりする。珍プレーを大いに笑い、いいプレーには「好球《ハオチュー》」と大きな声をかけ、お互いを称える。そして、勝っても負けても、みんな笑顔だった。

椰子の島の、明るくゆるい卓球大会が終わった。またいつの日か、優しい風の吹くこの椰子の島に「帰って来よう」と思った。

大谷 美登里（おおたに みどり）

一九五九年埼玉県生まれ。大学卒業後、埼玉の県立高校で、国語教師として三十八年間勤め、二〇一九年三月定年退職。縁あって、海南省の海南師範大学に日本語教師の職を得、二〇一九年八月海南島に渡る。コロナのため一年二ヶ月の日本待機を余儀なくされたが、二〇二一年四月に大学に戻り、二〇二三年七月まで外教として勤める。帰国後は、海南島での暮らしを懐かしみつつ、のんびりと暮らしている。今年五月七日から四十日間海南島に滞在し、海南島を満喫した。

1等賞

「驚き」を持って感じる日中交流

大学生　川鍋 直也

「驚き」の感情をいつ感じますでしょうか？私は中国での留学生活を通してたくさんの「驚き」に直面します。初めて中国に来た二〇二二年の秋、日本との風習の違いを実感するエピソードを体験しました。このことは、その後の私の留学生活を気負いなく過ごすための教訓となりました。私に喜びと自信を与えてくれた中国のために恩返しの行動をしていくことこそが、私ができる日中交流の具現化なのだと思っています。

「驚き」とはどんな時に抱く感情でしょうか？自分が思っていたことと、実際に起きることが異なっていた時などではないでしょうか。一人一人は自分のポリシーやルールを基準に物事を判断すると思いますがその「当たり前」が崩れた時にどのように振る舞うことになるでしょう？私が中国に留学に来てから良くも悪くも「驚く」ことがたくさんあります。しかし、その一つ一つの経験が私に今までとは異な

中文学部（中国語言文学学部）バドミントン部の活動において

る思考を授けてくれ、固定概念を打破するための良いスパイスとなるのです。

私は二〇二二年の十一月に初めて中国に来ました。四月に私の在籍する大学に入学したものの、当時は新型コロナウイルスの影響により大学現地に渡航することは叶わず、オンラインで授業を受ける日々が続きました。規制の緩和により中国への渡航が解禁されると、同級生の日本人たちとともに自身初めての海外でもある中国に向かいました。飛行機が着陸し少々曇がかった空を見ながら始めて外国の地を踏んだ、あの時の高揚した気持ちは昨日のことのように思い出されます。そこからバスに乗って当時の水際対策のための隔離施設に向かう道中で、初めての衝撃を覚えました。入国審査を通過し、スーツケースをバスに詰めてから乗車するまでの間、スタッフと思われる人が特に詳細な指示を何も出さないのです。私としてはＰＣＲ検査をどのように行い、どこの隔離施設のホテルに何時間くらいで着くかを知りたかったのですが何も教えられませんでした。当時の私の語学力は日常会話さえ乏しかったのですが、スマートフォンはホテルに着いてから設定しようと思っていたため翻訳アプリも使うことができず、近くにいた中国語を話せる同級生に状況を尋ねてもらいました。しかし、その場にいたスタッフもわからないと言うのです。その一連の出来事で初めて、日本にいたときのように計画を前もって把握し、その順序に基づいて行動するということは通用しないのだと痛感しました。同時に国を隔てた人間性や考え方、習慣の違いを理解することの新鮮さに衝撃を受けました。その時は大きな不安を感じながらホテルまでの道を渡りましたが、後になってこの考えに基づく習慣は私にとって大きな意味を持つことだと納得しました。私は計画を綿密に練ってそれに基づき行動するタイプでしたが、この一件があってからもう少し心にゆとりを持ち、計画通りにいかなくても前向きに別の方法を考えるようになり、直面する困難を楽しめるようになりました。このことにより、中国で送る留学生活も無駄に考えすぎることなくリラックスした心持ちで過ごすことができました。

また、日々における小さな「驚き」は無数にあります。中国語交流コーナーに参加した時に、共通の議題に対し多くの中国人学生が間髪を入れずに論理だった意見を発言している姿を見て圧倒されました。また、私が交流のある中国人は、私が興味を持つ様々なトピックに対して何にでも話し合える博識さを持ち、そういった分野以外にも私よりも広い範囲の知識を持っていました。高校時代にバドミントン部だったので一緒にバドミントンをする時には、体育館の使い方を教えてくれることから学部のチームの練習に参加させてくれることまで優しく対応してくれました。私が意識して気づいていないだけで他にも毎日は多くのささやかな「驚き」で満ちており、その一つ一つが私の留学生活を支える好奇心の源となっています。多くの中国人は、私から見てハイスペックで優しく、勤勉さがあるといったようにどんどんポジティブなイメージにアップデートされていきます。そんな彼らと過ごせる時間を、私は事あるごとに夢のようなものだと感じます。

　私は現在大学生活の半分を終え、北京に留学できる時間も残りはそう多くないという時期に差し掛かっています。これまでの時間を振り返ると、もちろんうまく行かないことや苦しいと感じることもたくさんありましたが、それ以上に中国での温かいエピソードや自信を持つことができた成功体験が記憶の多くを占めています。それ程までに私に喜びを与えてくれた中国の地、そして中国人の友達たちに私は何の恩を返してあげられるでしょうか？もちろん日本に旅行に連れてきて案内するといったことができればよいでしょうが、そう簡単なことではありません。私は今、日本人の同級生と一緒に大学内で日本語を教える教室を設けようと準備を進めています。どんな形として実現されるか現在は不透明ですが、多くの中国人学生に「驚き」やワクワクをもたらして、もっと日本を好きになってもらえるような空間を作りたいと思っています。地理的な距離の近さや、文化的な類似点が多いことに日中の関わりがあるという根底はもとより、言語を通して考え方や日本人の奥深さの琴線に触れることができる体験を提供できる場を企画したいです。それこそが私が自らできる日中交流の体現化なのだと信じています。

川鍋 直也（かわなべ　なおや）
二〇〇三年群馬県生まれ。高校三年生の時に、指定校推薦で北京外国語大学への進学の機会があることを知り、入学を志す。現在、三年生在学中。

2等賞

成都市における長女の結婚式

元会社員　鈴木　明彦

私の長女道子が中国四川省成都市出身の楊涛と約一年間のお付き合いの結果、二〇〇三年十一月に成都市に於いて結婚式を挙げることになりました。彼は新潟県の国際大学を卒業しＭＢＡ（経営学修士）の学位を持つエリートであり、松下電器産業株式会社（現パナソニック）に勤務していました。

十一月二日に結婚式に出席する十六人が東京国際空港（成田）近くのホテルに前泊し、翌朝北京経由で成都に向かいました。成都国際空港にはわざわざ楊涛とご両親が迎えに来ており、お互いにハグし再会を喜び合いました。

ホテルで休憩後近くの高級レストランにて豪華で盛大な夕食会に招待され、食べきれないほどのごちそうや高級酒のマオタイ酒やワインを飲みながら至福のひとときを過ごしました。楊涛のご両親並びにご親戚の方々が私たちを温かく歓迎してくださり何とお礼を申し上げればよいのか、ただただ感謝の気持ちでいっぱいでした。

十一月三日、いよいよ結婚式当日です。着物姿の新婦は何と輿に乗せられ若い男性四人に担がれて式場に入ります。一方スーツ姿の新郎は大きな赤いたすきを着用して歩いて入場します。式場の舞台には両家の両親と新郎新婦が椅子に座り、司会者が通訳者とともにマイクを握って進行役を務めます。

日本と違って仲人はいなく、いきなり新郎のお父様の挨拶から始まります。お父様は「この結婚が中国と日本の平和の懸け橋になってほしい」と心のこもった挨拶でした。続いて私の挨拶は「三国志と杜甫で有名なここ成都で結婚式を挙げることができ本当にうれしく思います。この結婚が中国と日本の懸け橋になってほしいと切に願っています。」と新郎のお父様と同じように手短な挨拶

新郎楊涛と新婦道子（長女）。晴れやかで幸せそうな二人

にしました。

引き続き新郎と新婦が祝い酒の入ったグラスを、新郎は新婦の、新婦は新郎の口に当てて祝い酒を互いに同時に飲み交わします。

余興として中国では有名な変面ショウが行われ私たちを楽しませてくれました。頭からすっぽりゴム製のお面をかぶり下を向き顔をあげると一瞬のうちにお面が連続して変わるという驚きのショウでした。

十卓ほどの円卓には食べきれないほど沢山の料理が並べられていましたが、その中には亀が！　生まれて初めて食べましたがそのおいしさは格別でした。

結婚式にもかかわらず、ほとんどの方が普段着のままで地域の人たちが集まっていました。スーツ姿の人は身内の方か、親しい友人ぐらいでしょう。結婚式だからおいしい料理にありつこうとやってきたのではないかという感じでしたが、日本では考えられないことですので驚きました。広大な国土を有する中国では結婚式というのは地域の親睦を兼ねた団結という意味合いもあり、おおらかな気持ちでみんな楽しく誰でも好きなだけ食べて飲んでもよいという地域の慣習イベントに近い感じがします。

新郎の両親が私と妻を連れて参列しているご親戚の方々に紹介していただき挨拶回りをしました。日中戦争で日本は中国側にひどい仕打ちをしたため、対日感情が悪い方もいるのではないかと心配していましたが、その心配は一瞬のうちに消え、皆笑顔でお祝いの喜びの表情で応対してくれました。中国側の寛大で温かいおもてなしに対し本当にうれしく目頭が熱くなり感謝の気持ちでいっぱいでした。

結婚式は何時に終わるか決まっていなく、一人、二人と自由に退場する人が続きまさに流れ解散です。結婚式は人類共通のおめでたい儀式であり、民族の文化性が表出しますが、今回中国という異国の結婚式に参列する機会に恵まれ大変貴重な経験をさせていただきました。

当時成都では中国の方が日本人と国際結婚することが大変珍しかったのか、結婚式翌日に成都新聞に写真とともに大きく掲載・報道され大変驚きました。その新聞を新郎のご両親から記念のためいただきましたが、お心遣いに感謝するとともに大変嬉しく思いました。

結婚式の翌日新郎のご両親のご厚意により、日本から来た私たちのために日本語を話せる旅行ガイドを付けてくださり、劉備、関羽、張飛、諸葛亮孔明といった三国志にゆかりのある英雄たちを祀ってある「武侯祇」、「杜甫草堂」、「パンダ繁殖センター」及び「楽山大仏」の観光旅行をさせていただきました。

長女の結婚式を通して、中国の皆さんから過去の戦争の暗い歴史を超えて、私たち日本人に対し心温まるおもてなしをいただき本当にうれしく心より感謝の気持ちでいっぱいです。

長女と楊涛は二人の子供に恵まれ、結婚以来現在もシンガポールで幸せに暮らしています。

漢字文化を共有する中国とは今後も末永く交流を深めていくことができるよう願ってやみません。

鈴木 明彦（すずき あきひこ）

一九四一年生まれ、一九四五年十月旧満州牡丹江から引き揚げ、福島県会津の父の実家にて高校時代まで過ごす。東北大学工学部機械工学科卒業後大手重工業に就職し主にトラック、バス用ディーゼルエンジンの設計、開発、研究業務に従事。定年退職後神奈川大学工学部機械工学科で非常勤講師として十一年間教鞭を執る。二〇一五年十月にNPO法人「おもしろ科学たんけん工房」に入会し、科学の実験、工作、観察を通して、子供たちに科学の不思議、楽しさを体験してもらう活動をしている。

2等賞

忘れえぬ鈴懸の街
――上海に暮らして

元高校教員 野中 酉夫

三十二年前のことになるが、今でもはっきりと思い出す。

一九九二年の八月下旬、私は期待と不安が入り混じったまま、中国上海の虹橋国際空港に降り立った。新学期が始まる九月から二年間、上海対外貿易学院の日本語教師として赴任するためである。

私の住む埼玉県は、中国山西省と友好県省協定を締結している。その交流事業の一環として、中国側の要請に応じて一九八五年から日本語教師を派遣してきた。私も、以前から希望していた派遣が認められたが、赴任地は山西省ではなく、予想外の上海であった。日本の農村地帯に生まれ育ち、経済や貿易に疎い私が、世界でも有数の大都会である上海に馴染めるだろうか。

上海での生活が始まった。授業第一日目の三年生のクラスでのこと、私が教室に入ると、学生たちは直立不動の姿勢で迎えてくれたので面喰らった。日本の厳粛な儀式を髣髴とさせたが、これは日本語の基礎を担当されていた中国人教師の作法指導によるものと後で知った。

学生たちの出身地は、北の黒竜江省から南の海南省まで広範囲に及んでいたが、これは当時の中国政府の、改革開放とそれに続く市場経済の導入を沿海部から推進していく、という政策に沿っていた。ただ、日本の学生と大きく違っていたのは、半数近くの学生が、高校では理系コースを選択していたことだった。「今後、中国は経済の時代になる」という両親の勧めに従って進路を決めたという学生の話に驚いた。私も、勤務していた日本の学校で、生徒、親（保護者）、教師による三者の進路面談を何度も実施してきたが、子供の考えを優先するという親がほとんどであったから。

学生たちの生活でまず気付いたことは、たいへん勉学

2024年7月に、上海で開催された第6回同窓会。新キャンパスの鈴懸の樹を囲んで（先頭右側が筆者）

熱心であったこと。起床すると軽い運動をした後、朝食の時間も惜しんで、大学構内のあちこちでテキストを広げ読むのである。また、放課後になると夕食を挟んで消灯までの時間を、明るいとは言えない照明の教室で学習する。そこには、全寮制やアルバイト原則禁止、就職先の分配に学業成績が重視される、などの背景もあったのだろうが、日本の一般的な大学生と異なる光景は、とても新鮮で好感が持てた。

上海での生活を始めて間もない頃、腹を壊してしまったが、二人の女子学生が、日本人の私の口に合うようにと、脂分を抑えた薄味で軟らかい煮込みうどんを作って、部屋まで持って来てくれたことがあった。その優しい心遣いに目頭が熱くなった。

上海の生活に慣れてくると、授業がない時や休日には、よく町のあちこちを散策した。公園や街路樹など、大都会にしては意外に緑が多いことに気が付いた。中でも多いのが鈴懸（プラタナス）であった。中国では法国梧桐（法桐）と言うそうだが、フランス租界があった時代に他所から持ち込まれた樹木らしい。この鈴懸は、葉の成長が早く大きい上に、冬は落葉するので、夏暑く冬寒い上海の気候にはうってつけの樹木だったのだろう。学生たちが、正門前の古北路沿いの鈴懸の樹の下を歩く姿を見ていると、「鈴懸の径」という日本の昭和前期の歌謡曲が、懐メロではなく現前の情景となり、私は良く口ずさんだものだ。

鈴懸の樹の下では、野菜売りをはじめ、自転車修理屋、散髪屋などが露店を開いたり、老人たちが寛いでいた。この人たちと顔馴染みになり、おしゃべりをするのが私の楽しみになった。彼らの多くは上海語が日常である上に、私の拙い中国語（普通話）では通じないことも多かったが、単身赴任の寂しさが癒されるのであった。人と人の距離の近さを実感できてとても嬉しかった。二か月が過ぎる頃には、どんどん上海を好きになっていく私がいた。教師を心から尊敬し、協力的で純真な学生たち、陽気で人懐っこく、飾らない街の人々。

私と学生たちの交流は今も続いている。四年間を上海で過ごした彼らは今や五十歳を超え、社会の中堅として中国各地で活躍している。起業している者も九名ほどいて、来日する時はよく連絡があるが、最近は、成長した彼らの子供たちが日本の我が家を訪ねてくれることもある。また、彼らは五年ごとに同窓会を開くことを決め、私も招かれて毎回参加してきた。学び舎の街上海（第一回）を皮切りに、以後、学生の出身地（赴任地）である山東省（青島）、北京、海南省（海口）、遼寧省（大連）で開催されてきたが、参加者はいつも八割を超えた。

二〇二四年は卒業後三十年の節目の年、六回目の同窓会が上海に回帰して開催される。私も、皆さんに会いたい、鈴懸の樹の下を歩きたい、今の上海もこの目で見たい。そのために、参加できるよう今から体調を整えておこう。

「鈴懸の街」上海は、学生たちや、そこに住む人々と充実した時間を過ごしたかけがえのない街となり、ここでの有意義で稀有な体験は、中国の先生方が贈ってくださった「桃李満天下」の一句と共に、今も、私の心を温め励ましてくれる。

野中 酉夫（のなか とりお）

一九四五年埼玉県生まれ。一九六八年、東京学芸大学卒業後、埼玉県内の中学校と高校で、三九年間国語科教師として勤務。この間、一九九二年九月～一九九四年七月、上海対外貿易学院（現：上海対外経貿大学の前身）で、日本語教師として勤務。退職後、二〇〇七～二〇〇八年、浙江大学で日本語教師として勤務。

2等賞

もうご飯食べた？

大学教員　細井　駿吾

世界では、毎日様々なことが起こっており、そして科学の発展も凄まじいスピードで進んでおります。今そして、私たちはそんな日々の中で毎日を過ごしており、同じ国の人だけでなく、海外の人とも交流している人が多いと思います。

私も、中国の友達をはじめ、色々な国々の人と日々交流をしています。

ＡＩの時代と言わる現在、私たちにできることはなんなのでしょうか。確かに、ＡＩと聞くと、「難しそう。アナログ人間の私には関係ないや」と思っている人がいるかもしれません。しかし、そのＡＩを簡単に使うこともできると考えています。

日本と中国は遥か昔からお互いに交流を続け、今ではネットの普及に伴い、中国の友達とWeChatなどを使い、とても簡単に連絡が取れるようになりました。学校や職場などで中国の友達を作った人も多いと思います。しかし、友達になったあと「どうすればいいのかな？」「連絡交換したけど、連絡全然してない。」ということを聞いたことがあります。それは、私は連絡が簡単に取れるが故に、「いつでも連絡できるから、今じゃなくてもいいかな。また今度でもいいかな」と思いメッセージを送るのを後回しにしている人や「今は仕事中かもしれない、迷惑かけるかもしれない」と考えすぎてしまい、送るのをためらってしまっている人がいるかもしれません。

しかしながら、何も送らなければ、つまり行動を起こさなければ、何も始まらないのではないでしょうか。

これは良くも悪くも日本人の相手を考えすぎてしまう性格が、邪魔をしてしまっているのかもしれません。また返事がないと心配になってしまう人もいるそうですが、メッセージだからこそ、気軽に送っていいと思います。

旧正月の飾り付けがされているショッピングモールにて

私は、中国を含め海外にいる友人とはメッセージでやりとりをしています。何か連絡や報告したいことがあるときはもちろん、特に用事がないときでも、何となくメッセージを送ります。もしかすると「え？　用事がないのに送るってどういうこと？　相手がもし忙しかったら迷惑じゃないの？」と思う人がいるかもしれません。もちろん、その考えもあると思います。しかし、対面でのコミュニケーションのことを考えてみてください。

友達に会ったときに、「おはよう」と挨拶をして、そこから会話が始まる場合もあると思います。そして、相手が忙しい場合や自分が忙しい場合は、挨拶をして、「じゃあまた今度ゆっくり話そう、今はちょっと急いでいるからまたあとで！」など次回に繋げることができると思います。挨拶をされて嫌な気持ちになりますか？そんな人は、あまりいないと思いますし、私ならとても嬉しいです。

メッセージの場合、「おはよう！」「何してる？」、中国の友達なら、「ご飯食べた？」など送って、もし相手からの返信がなければ、忙しいから、今はメッセージができないんだろうと推測することができます。そして返信があれば、メッセージができるということですので、そこから会話を始めればいいと思います。

そしてメッセージだけでなく、写真を送ったり、電話をしたり、ビデオ通話をしたりと色々なことができます。そして「また電話しよう！　今度会ったら食事しよう！」など、どんどん交流が深まると思います。

また中には、やっぱり言語面での壁があるから、ちょっと難しい、緊張してしまうと思う人がいるかもしれません。そんなときにＡＩの出番です。例えば、中国の友達は、ボイスメッセージを使うことが多いです。そして速くて分からないこともあります。ですが、音声認識ソフトを使用することで、文字認識ができます。漢字が分かれば、意味が分かってくるのではないでしょうか。分からなくても、それについて質問すればよいのです。また最近では、瞬時に翻訳してくれるソフトも出てきています。そうすれば、言葉の壁もなくなるのではないでしょうか。もしかすると、翻訳に間違いがあるかもしれませんが、それは同じ母語話者同士でもあることなので気にしないで良いと思いますし、そこから笑い話になったり、新たな会話が始まるかもしれません。

つまり、実は対面の交流と変わらないどころか、ＡＩをうまく使うことで対面以上に交流がスムーズにそして楽しくできると思います。

以前は、技術的にも、費用的にも難しかった交流が今は気軽にできるので、これを使わないのはもったいないなと感じます。そして中国の友達も、皆さんからのメッセージを待っていると思います。そして、そこから多くの交流をはじめてみるのはどうでしょうか。

皆さんもはじめの一歩ならぬ、はじめのメッセージを送ってみませんか。きっと中国人との楽しい交流、そして幸せな未来が待っているといます。

私もこれからも中国の友達と交流を続けていきたいと思います。

じゃあ、私も今から中国の友達にメッセージしようかな。

「もうご飯食べた？」

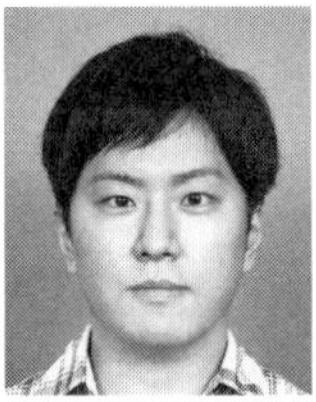

細井 駿吾（ほそい しゅんご）

愛知県出身。中山大学、広東外語外貿大学での勤務経験を経て、現在は、東京都内に在住。中国語の学習をする一方、ＳＮＳを通して中国の学生や友人との交流を続けている。

2等賞

厦門空港の思い出

自営業　小山 美年子

二〇一八年一月末、中国福建省の厦門に行った。教え子が結婚式に呼んでくれたのだ。

関空―厦門の直行便もあったが、懐が豊かではない私は、行きは上海経由、帰りは南京経由の東方航空にした。

帰国の日は厦門一〇時半発の南京行きに乗ることになっていて、私は搭乗口で待っていた。ところが何と、搭乗間際になって突然、「停航」の紙が貼りだされた。さらに「积雪」「明天」「后天」の文字も確認できた。おそらく南京の空港が雪のため欠航する。明日か明後日の便を利用するようにという意味だろう。押し掛ける乗客に係員が必死に説明している。私は中国語が全くできない。やがて皆さんどこかへ散って行く。どうしよう？

でも私にはＱＱがある！　何とかなるだろう。ＱＱで知っている限りの中国人に電話。しかし誰も気づいてくれない。こうなれば日本に電話して、息子のつたない中国語に助けてもらうしかない。息子の説明を聞いた係員は、紙に「一〇一」と書いた。一〇一？　とりあえず探すが一〇一という数字は見当たらない。再び搭乗口に戻っても、係員は右の方を指さすのみ。途方に暮れて、藁にもすがる思いで荷物検査場に行った。係員に先ほどの紙を見せると「一〇一」ではなく、「l（エル）〇一」だとのこと。そういうこと⁉　彼は私を「l（エル）〇一」まで連れて行ってくれた。そこは東方航空のカウンターだった。

が、今度はまた、そこでどうすればいいのか分からない。再び日本にＳＯＳ。すると東方の職員は紙に「积雪」「停航」「明天」「后天」と書いた。それは知ってる！　どうすればいいのかが分からないの！　どうやって明日のチケットを手に入れるの？　どうやって今晩のホテルを探すの？　私のスーツケースはどこ？　日本語

教え子の結婚式。厦門空港からかなり遠い。同級生が福州はじめ福建省の各地から集まった。この帰り、南京行きの便が欠航というトラブルに巻き込まれた。

で一生懸命訴えたが、当然通じない。すったもんだしている時に現れたのがGさんだった。

私の訴えを聞いた彼女はスマホを取り出し、翻訳アプリを開いて私の言いたいことを理解してくれた。ああ、地獄に仏とはこのこと！ この人について行くしかない！ そう直感した私は両手を合わせて助けてほしいとお願いした。

できれば今日中に帰国したいと告げると、仁川経由の成田行きまで含めて、あらゆる航空券を調べてくれた。その結果、厦門航空の関空直行便なら五千五百五十元で入手できることが分かった。

「それで帰ります！ でも私は、二千元しか持っていません」

「日本円は？」

「少しなら」

「両替所に行ってみましょう」

彼女は私を両替所に連れて行った。

「あれ？ 両替所、なくなってますね」

やはり今日中の帰国は無理なのか……！

「インターナショナルカードを持っています」

「じゃ、ATMへ行きましょう」

ところがATMにはPLUSの文字がなかった……！

日本の銀行カードは使えない。

「クレジットカードはありますか？」

「マスターカードを持っています。でも、暗証番号が……」

ああ、万事休す！

ところが天は私を見捨てなかった。

Gさんの話を聞いた東方の別の職員が私の円を買ってくれることになった。こうして何とか帰りの航空券を手にすることができたのだった。

Gさんは空港内を走る特別な車で私を国際線ターミナルまで送ってくれた。

「ああ、本当に助かりました。ありがとうございました」

彼女は丸々三時間私に付きっきりでお世話してくれた。彼女がいなかったら、私はどうなっていただろう？　何かの時のために連絡先も聞いておいた。

後日、私の話を聞いた教え子の一人がGさんに連絡してお礼がしたいと申し出たが、彼女は「仕事ですから」と固辞したそうだ。

中国人であれ、日本人であれ、心根の美しい人は気持ちいい。こんな人がいてくれたと思うだけでホッとする。

あれから六年――今も時々Gさんのことを思い出す。

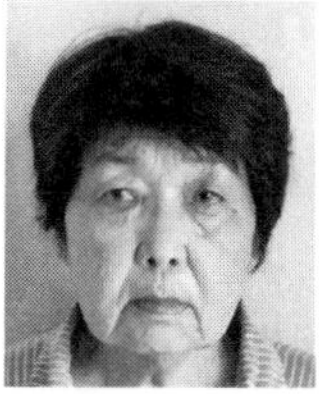

小山 美年子（こやま みねこ）
長年高校国語教師（定年前数年は韓国語授業も担当）として働く。日中技能者交流センターのお世話で、二〇一〇年、福建省福建師範大学協和学院へ日本語教師として赴任。二〇一一年、浙江省浙江師範大学に異動するが家庭の事情で一年後帰国。しかし再度中国に行きたいという思いが高じ、自ら願い出て、二〇一四年、二度目の協和学院赴任。二年間を過ごす。帰国後、中国色と韓国色を出したカフェを経営中。現在は揚琴を習ったり、絵画教室で福州の風景を描いたりして中国を懐かしんでいる。

2等賞

一期一会

心をつないだ食べ物とジェスチャー

大学生　伊尻　秀徳

二〇二四年四月。友人二人とのオーストラリア旅行の復路便。中国で乗り継ぎして日本に帰るため、私たちは上海を旅行しました。トランジットビザを利用しての入国というのもあり、滞在はわずか一泊二日。しかし、ある出会いのおかげで非常に濃密な時間を過ごすことができたのです。

小籠包から飛んだ肉汁を私は忘れられません。事前に用意していた電子決済サービスが上手く作動しない、友人の一人がスマートフォンを落として電源がつかなくなるなど数々のトラブルに見舞われながらも、まずはなんとか外灘に向かいました。昼過ぎ、空腹の私たちを射止めたのが小籠包です。商品を指で差して注文すると小籠包はすぐに運ばれてきました。匂いに誘われるがままガブリと口に運ぶと…プシュッ！　私は小籠包の中の肉汁を盛大にこぼしてしまいました。すると私たちの隣に座っていた男女二人組のうちの女性の方が話しかけてきたのです。中国語で何かを話す彼女に日本語と英語しか分からない私たちがきょとんとしていると、次はジェスチャーでの会話を試みてもらえました。どうやら怒っているなどではなく、小籠包の上手な食べ方を教えてくれているようです。まずレンゲの上に小籠包を置く。次に箸で皮に少し穴を空ける。そしてそこから肉汁を出して先に飲み、最後に一口で食べる。レクチャーしてくれた彼女に拍手と笑顔で感謝の気持ちを伝えるとその横で…プシュッ！　今度は、これまで会話に参加していなかった男性の方が肉汁を飛ばしていました。それを見て一同は爆笑し、完全に仲良くなることができました。

そこからどのようにコミュニケーションを取ったか覚えていませんが、他のお店でも食べ歩きをしようという話になりました。そして串焼きやエビの唐揚げ、ワッフ

上海ガニのお店で食べた小籠包

ルなどを一緒に食べました。彼らは英語をほとんど話すことができませんでしたが日本語のワードを少し知っていたので、それとボディランゲージで会話しました。しかし、今振り返っても驚くほどに、大きな不自由を感じることはありませんでした。

二時間ほど共に過ごした後、彼らが帰らなければいけない時間となったのでお別れの時です。最後に彼らおすすめの上海ガニのお店を聞いて私たちは解散しました。今思うと不思議ですが、連絡先も交換せずに解散しました。

解散した後、彼らの名前すら知らないまま過ごしていたことに気づきました。「旅先で話しかけてくる人には注意しなければならない」とよく言いますが、今回の出会いは奇跡のような充実感を与えてくれました。それは美味しい食事とジェスチャーが私たちの間での共通言語になったからであると思います。また彼らが使ってくれたわずかな日本語も助けになりました。

上海滞在中、彼ら以外にも日本語を少しでも知っている他の中国の方と多く出会いました。一方、日本人で中国語を話せると言う人はほとんどいないように思います。そのため帰国後、今度は私が中国からの訪日観光客をもてなせるよう、また、再び中国へ赴いた時により意思伝達できるよう、まずは食事にまつわる中国語の単語を勉強し始めました。例えば、「美味しい」は「ハオチー」または「ハオフー」と言う、ですとか、「辛い」は「ラー」ですとか、「試食する」は「ピンチャン」であるなどです。さらに、訪日中国人とのコミュニケーションも積極的に取るようになりました。これまではコミュニケーションを言葉でのみのものと考える面が大きく、壁を作ってしまっていたのです。が、アルバイト先の飲食店のお客さんや大学研究室に所属する留学生に話しかけてみると、意外にも楽しくコミュニケーションが取れました。言語の壁がある場合でも、です。また、先ほど挙げたような少しばかりの中国語でも、言ってみるだけで凄く嬉しそうな顔をしてくれることに気づきました。これは、上海で現地の人々の口から日本語を聞けた時の私たちの顔と同じであると感じました。

　自分がされて嬉しいことは人にもしてあげる。すると笑顔の連鎖が生まれる。これを忘れていたことに、今回の出会いを通じて気づかされました。「国際交流」という厳かにも見える言葉を使うと肩を張ってしまいますが、結局は人と人とが繋がり、心を通じ合わせることができればそれで良いと思います。私は来年から社会人です。関わる人の数が格段に増えるでしょうし、その中には外国の方もいらっしゃるかもしれません。そんな時、その瞬間の出会いに感伊尻　秀徳謝し、相手にも良い思いをしてもらえるような振る舞いをしようと思います。そして、「出会えてよかった」とお互いの心に残る思い出を作り上げていきたいです。最後までお読みいただきありがとうございました。謝謝《シェイシェイ》。

伊尻　秀徳（いじり　ひでのり）

二〇〇二年愛媛県生まれ。一歳になる前に父の仕事の都合で大阪府高槻市へ。その後、再び父の転勤に伴い四歳で東京都西東京市へ移る。その後九州大学農学部に進学し、福岡県へ単身移動。現在本大学四年で水産科学分野専攻。卒業後は旅行会社へ就職予定。

2等賞

上海留学でかいまみた上海

会社員　中島　大地

学生時代、上海の復旦大学に半年間ほど留学しました。

上海到着初日。夜、バスで、大学付近になんとかたどり着きました。しかし、どこに行けばいいのかさっぱり分かりません。中国の大学のキャンパスは広大です。校舎だけではなく、学生寮やレストラン、さらには美容室、雑貨店など、学生の生活にとって必要な施設が全てそろった小さな街のようなものなのです。

暗い中、重いスーツケースを引きずり、途方に暮れていました。すると、ジョギングをしていた学生がそばに来て、「どうしたの？」と尋ねました。わたしが「留学生です」というと、「じゃあ北区だね」と言って、キャンパスの端から端まで案内してくれました。十分以上歩き、北区にある留学生寮に着きました。お礼をしようとしたら、その学生は颯爽と去っていきました。

留学中、中国で出会った友人たちは、とても親切でした。

入学式の時、たまたま近くにいた文学部の大学院生の方と友達になりました。その方は困ったことがあると何かと助けてくれました。たとえば、中国がスマホ社会であることを踏まえて、宅配の注文、電車や飛行機のチケットの購入、本の購入など、それぞれに専用のアプリがあることを教えてくれました。

また、友人たちは様々な場所を案内してくれました。人々の憩いの場となっているのどかな魯迅公園、ノスタルジックな路地の風景を残した田子坊、水郷の町・七宝など、忘れがたい風景はたくさんあります。

とくに印象深いのは外灘です。

外灘とは黄浦江西岸のことを指します。かつて租界だったため、付近には西洋風の壮麗な建築物が残っています。そして、対岸を臨むと、東方明珠タワーや、無数の

日中交流活動の写真

摩天楼が一望できるので、上海随一の観光地となっています。

外灘付近のエリアはきれいに整備されて、まるで近未来都市のようでした。しかし、中心部から離れると、経済発展を象徴するような高層タワーと昔ながらの民家がモザイクのように入り乱れていました。上海で過ごす中で、中国は、いままさに急激に発展しつつあるのだと実感しました。

留学中、中国人学生のまじめさに心を打たれました。ある時、大学院生のつながりを通して、学生の団体に参加しました。その団体は、学内で働く労働者の人たちに寄り添い、ともに学ぶ活動をしていました。勉強会に参加すると、学生たちは、現代社会における格差や貧困をどうやって解決していくか、熱心に議論していました。真摯な姿勢を見習いたいと思いました。

また、ある時、日本文化を紹介する機会があり、日本語科の会話の授業に参加しました。その授業に参加している学生たちは大学二年生にもかかわらず、とても上手な日本語を話していました。みなアニメやマンガを通して日本に関心を持ち、中には日本留学を本気で目指している人もいました。

中国の食文化も印象に残っています。学生食堂では、数百円で、お腹いっぱい食べることができました。朝ごはんにでてくる紅豆粥（あずき粥）や煎餅（焼きクレープ）の味は、どれもやさしくて、毎日食べても飽きませんでした。

　大学の近くにはレストランがたくさんあり、中国各地のさまざまな料理を食べることができました。しびれて辛い四川料理、飲茶で知られる広東料理、あっさりとしていながらバランスのとれた南京料理…。どれも本当においしくて、毎日の楽しみとなりました。

　中でも忘れられないのは、屋台の味です。毎晩、日が暮れると、校門の辺りでチャーハンの屋台を出しているおじさんがいました。注文すると、その場で、具材を炒めて作ってくれました。味付けはいたってシンプル。しかし、そのチャーハンが病みつきになり、よく食べました。

　留学時のことを振り返ると、また上海に帰りたくなってきます。

　現在、残念なことに、日中関係はぎくしゃくしています。世界経済や政治の話題になると、常に「中国」という言葉が出てきますが、多くの日本人は中国のことを別世界のように感じています。中来日する中国人観光客の方は増える一方で、中国に関心を向ける日本人の方は決して多いとはいえません。

　しかし、中国の人たちと実際に接すると、共感できる部分がたくさんあります。社会や経済の変動に翻弄されながら、日々悩み、がんばる姿は、わたしたちと変わりません。おいしいものを食べてうれしいと感じたり、異文化に触れてわくわくしたり、すてきな芸術に触れて感動したりするのも変わりません。

　日中は隣国である以上、切っても切れない関係にあります。様々な差異があることはたしかですが、差異を踏まえた上で、分かり合う努力をすることが必要だと思います。これから、日中の交流がさらに進み、相互理解が深まることを願っています。

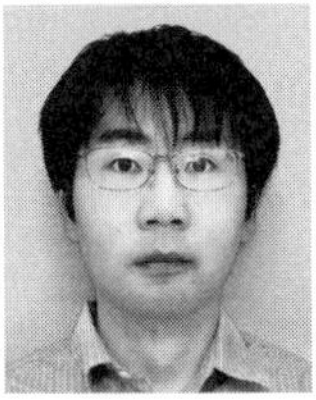

中島 大地（なかしま だいち）

一九九二年、埼玉県生まれ。一橋大学大学院言語社会研究科修士課程修了。中国現代文学を学ぶ。在学中、復旦大学に半年間交換留学した。日中交流の学生団体に参加し、パンダ杯作文コンクールなどの活動に関わる。また、これまでの経験を基に児童文学『境界のポラリス』（講談社）を執筆し、第六一回講談社児童文学新人賞佳作入選。

2等賞

忘れられない海南島

会社員　大平　直人

私の初恋は、中国の海南島でした。

二〇一五年九月、当時二十一歳の大学生だった私は、知人の紹介で兵庫県が主催する海外養成塾に参加し、中国の海南島と香港を訪れました。この海外養成塾は、兵庫県が関西の若者を募り、二年に一度東南アジアの地域を実際に訪れ、現地企業や文化・歴史について学ぶ研修旅行です。貧乏学生だった私には、旅費の半額を県が負担してくれるこのプログラムは、海外へ行く絶好の機会でした。参加者は学生や社会人を合わせて六十人程度でした。

初めて訪れた中国は驚きに満ちていました。ＱＲコードでの電子決済や電動バイクが走る光景、エネルギー溢れる現地の人々。私は「日本は負けているのでは」と率直に感じました。これが初めての中国旅行だった私は、自分の世界が広がる感覚を覚えました。こうした異文化への興奮と羨望の中、彼女と出会いました。

現地企業や博物館への訪問などの予定がある中、海南師範大学の日本語専攻の学生たちとの交流の時間がありました。オリエンテーションとして、折り紙で手裏剣を一緒に作る時間が予定されていました。日本人がいくつかのグループに分かれ、中国側の学生も各グループに数人ずつ分かれて同じテーブルにつきます。数分ごとに人が入れ替わり、挨拶と簡単な会話をします。そこで出会ったのが彼女でした。彼女の名前は氷華《ひょうか》。一目惚れとはこういう感覚なのかと、今でもあの光景は鮮明に思い出せます。彼女は他の学生よりも日本語が上手で、ムードメーカーのような存在でした。彼女が私の近くに座るチャンスがあったので、勇気を出して声をかけ、一緒に折り紙を折りました。彼女の名前と漢字を教えてもらい、〝氷華〟という名前なのに太陽のような人だと思いまし

孔子像の前で“W”の文字になるように二人でピースをくっつけて撮った写真

た。無心に折り紙に熱中する彼女の横顔から目が離せませんでした。

　そのあとは、同じグループで大学構内の食堂で夕食をとりました。初めての中国料理は、知らない料理ばかりでした。バイキング形式だったので、料理のおかわりをするときに彼女が一緒についてきてくれて、どんな料理かを教えてくれました。教えてくれた料理は「宮保鶏丁」（鶏肉のピーナッツ炒め）と「辣子鶏」（鶏肉のトウガラシ炒め）でした。料理の味は覚えていませんが、彼女からの言葉は今でもはっきりと覚えています。この日は、そのままホテルへ戻りました。

　翌日は、参加者六人一グループに中国側の学生が二〜三人ついて、海南島の主要な施設や自然スポットを訪れる予定でした。偶然にも、彼女は私と同じバスに乗ることになりました。バスの座席でどこに座ろうか迷っている彼女を見つけ、「一緒に座ろう」と手招きして隣に座ってもらいました。道中では日本の漫画やアニメの話をしました。私は中国語が話せず、彼女もまだ日本語を勉強中だったので、メモ帳に絵を書いたり、スマホで調べたりしながらコミュニケーションを取りました。

　最初の訪問地は、博鰲《ボアオ》というＡＳＥＡＮ会議が実施された会場でした。ステージ上のスポットライトの集まる司会台から、広い会場を見渡すことができました。

次に訪れたのは、玉帯灘《ユーダイタン》という海南島から少し離れた小島でした。記憶に残っているのは、美しい景色ではなく、しつこい押し売りに絡まれていた私を彼女に助けてもらった光景です。言葉が全く分からない中で、断り方が分からず戸惑っていた私に代わり、彼女が助けてくれました。彼女の頼もしさに感動しました。その後、彼女が日傘を取り出したので、格好悪い姿を何とか挽回したいと思い、咄嗟に「持ちましょうか?」と言い、一つの傘に二人で入り並んで歩きました。

いま思い返せば、普段なら絶対に言わないようなことを、旅先の雰囲気に後押しされていたのだと思います。しかし、せっかく隣に彼女がいるのに、緊張して浜辺の砂ばかりが視界に映っていました。そして、そのまま何も進展もなく大学へ戻りました。

海南師範大学へ戻ってからは交流の日程がすべて終わり、解散の挨拶がありました。少しの自由時間があり、ラストチャンスだと思い彼女に一緒に写真を撮ろうと声を掛けました。彼女は応じてくれ、三メートルはある大きな孔子像の前で二人の写真を撮りました。このときに、二人のピースをくっつけて〝W〟にするポーズで撮影しました。(これが今でも二人で写真を撮るときの定番のポーズになっています。)

一緒にいたのは二日間だけでしたが、とても幸せな時間でした。別れ際に、彼女から「帰りの飛行機の中で読んで」と手紙を手渡されました。これが彼女からの初めてのプレゼントでした。バスに乗り込み、遠く小さくなるまで彼女の姿を見つめていました。

その後、晴れてお付き合いすることとなり、最終的には彼女と結婚しました。今も中国とかかわりのある仕事に就いており、私と中国を結びつける原点であり、大切な思い出です。これからも彼女と共に二人で、笑顔と愛に満ちた日々を過ごしていきます。

大平 直人（おおひら なおと）
一九九四年兵庫県生まれ。大学時代に兵庫県の主催する海外養成塾に参加し、海南島で現在の妻と出会う。コロナ禍など様々な壁を乗り越え、八年間の遠距離恋愛を経て二〇二三年に結婚。現在は帰国し、神戸の食品メーカーへ勤務。

2等賞

マッサージ屋での「日常」

高校生 中村 芽衣

一億七千六百五十八万人。この数字を聞いて何を思うであろうか。日本の人口をはるかに上回るということであろうか。この人数は二〇二四年四月三十日に『農民工観察調査報告二〇二三年』で発表された中国における出稼ぎ農民工の人数である。近年日本国内ではあまり聞き馴染みのない「出稼ぎ」という言葉だが、最近は日本人の海外への出稼ぎが問題となり日本人女性がアメリカに入国することが厳しくなったというニュースがあった。

三歳から八歳まで中国の上海に住んでいた私は、毎週末の昼間、家からほど近い地元のマッサージ屋に父とよく通っていた。当時幼かった私は特に施術を受けるわけでもなく、日々の仕事の疲れを癒す父の隣の椅子に座ってテレビを見ながら暇を持て余していた。週末の昼間はマッサージ屋が一番閑散とする時間だ。店内のお客さんが私たちだけなことがほとんどであった。通い始めてしばらく経った頃、私はマッサージをする女性の待機部屋に招待された。広々としたマッサージルームとは裏腹に、その決して広いとは言えない空間に十人ほどの女性が所狭しと座っていた。小さい頃から恥ずかしがり屋だった私は照れながらもお姉さんたちに遊んでもらった。時には美容師の経験のあるお姉さんに髪を切ってもらったり、施術に必要な足湯の桶を一緒に準備したりとたくさん可愛がってもらった。

手先が凍るような寒い冬、私は冬の名物と言っても過言ではないインフルエンザに罹った。さらに、状況を悪化させるように母にうつしてしまった。あいにく父は出張中である。ケロッとしている私の横で母は苦しんでいる。そんな中、母の携帯電話が鳴った。いつものマッサージ屋からだった。毎週末通っている私たち親子が来ないことを疑問に思ったようで、父に連絡があり、父が母

我が家でお料理を作ってくれたお姉さんと

の体調不良を伝えたとの事だった。

「吃饭了吗？（ご飯はもう食べましたか？）」との問いに、母は自らが料理をできないことを伝えると、心配したお姉さんが近所の市場で野菜やその場で捌いた魚、鶏肉などを買い、我が家に来て料理をしてくれた。それも一品ではなく何品もだ。その後彼女は一ヶ月近くも我が家に通い、料理をし、遊んでくれた。幼い私はもりもり食べた。彼女が料理をしてくれたことは今でもとても楽しい記憶として残っている。これが私の中国での忘れられないエピソードだ。だが、これは幼い私の表面的な思い出だけでなく、その奥に深く社会や文化と関わっている事柄がある出来事なのだ。

　この文の冒頭で述べたように、これは出稼ぎに関する話だ。上のマッサージ屋での物語に出稼ぎなどという文字を見ていないと思った人もいるであろう。実は、マッサージ屋で働く女性は皆、田舎から出稼ぎに来た女性だったのだ。彼女らはとても若い。母よりも十も若い女性もいた。彼女らが私をとても可愛がってくれる理由は、信頼関係を築いた相手には家族のように接したり大切な相手のためなら当たり前にそのようなことができる、そんな中国人の国民性が関わっていると思う。だがそれだけでなく、お金を稼ぐために田舎に残してきた我が子が恋しい、そんな気持ちもあったのであろう。

マッサージ屋で女性たちは名前ではなく番号で呼ばれていた。このことには幼いながらに違和感を感じていた。だが、このような社会的背景があると知った時こそとても驚いた。日本にただ住んでいるだけでは知ることができなかったことだからだ。これは出稼ぎに来ている人が多いが故、満足に扱われてないからなのではないかと感じた。同時に、もっと中国について知りたいとも思った。日本に帰国してからちょうど十年、一切中国文化に触れずに生活していたと言っても過言ではない。そんな私だが、最近はSNSや母の友人のサポートを受けながら、中国人と交流する日々を送っている。新鮮だが、懐かしいような気持ちもする。なんとも不思議な感覚だ。

稲作、漢字の伝来や遣隋使などでの交流があったように、日本の発展には中国との関係が切り離せない存在だ。そんなにも近い関係性があるのならば、人々の考え方も同じようなものなのではないか。そう思ってしまうかもしれない。しかし違う国・地域である以上習慣や考え方は全く異なる。そしてそれは当たり前のことだ。異なる文化を知ろうとすることはとても価値のあるもので、円滑にコミュニケーションを取る上で必要不可欠なものであると思う。私は今高校三年生。将来は、中国の人と更なる交流を育みたいと思っている。そのためにも、大学では中国語や中国の文化、歴史などを深く学び、その土台を築きたい。

今回ここに綴った事項は、様々な意味で大きな国家である中国のほんの一部分だが、外側から見ただけでは知り得ないことだと思う。これを読んだあなたに、中国への理解をほんの少しでも深めてもらえたならこの上なく幸せだ。

中村 芽衣（なかむら めい）

二〇〇六年埼玉県生まれ。三歳から八歳まで、父の仕事の都合で中国上海へ。現地では、海富幼児園（Fortune kindergarden）の後、上海市民办協和双語学校（Shanghai United International School）に通う。現在は開智中学・高等学校の高校三年生。

2等賞

中国で挑戦してみた

高校生　青木 花音

私は中国でずっと育ってきたので、周りからは中国語がペラペラだと勘違いされますが本当は自分が言いたいことや思っていることを簡単に言葉に出来なくてコミュニケーションがまだ完璧ではありませんでした。それまではインター校にいましたが、高校生になって、中国で生活をしているのに何もできない自分に対する恥ずかしさと悔しさから、現地の方と交流するいい機会だと思い今の現地校に転校しました。ですが転校して現地の生徒と交流したいと思っても、どうやって交流すればいいかわかりませんでした。そんな中、私はある現地の生徒と出会いその目標を達成する未来が見えてくるようになりました。

私はチームが一つになって、みんなが役割を持って一緒に戦うことが楽しいから中学の時からバレーボールが好きでした。だから、私は高校では現地の生徒との交流をして自分の目標を達成したかったので、新しい環境に行くのが怖かったのですが勇気を出してバレーボール部に入って挑戦することにしました。その部活では現地の生徒しかいなくてコーチも中国語で指導をしています。しかし、思っていたより現地の方の話もコーチの指導も難しくて自分の中国語のレベルがまだ全然追いついていないことを自覚し、言語での壁を感じました。他の部活の子たちも日本人の私に声をかけにくそうで、うまくコミュニケーションが取れず部活を休むことが多くなってしまいました。

しかし、ある部活の練習の時、ある一人の生徒、張と言う子が、「来たのね！　これからもよろしく」とニコニコの笑顔で私が日本人だと関係なく気軽に声をかけくれました。張さんは皆んなと仲が良くていつも輪の中に入れてくれたり、すごくすごく心が広い子だと私は見て

初めて出た試合後の集合写真

いて思いました。私は張さんに対してバレーボールでも性格でもすごく尊敬をしています。そして彼女が言った「これからもよろしく」と言う言葉は自分にとってとても大きくて、期待されているのを感じて次も部活に来て頑張ろうと思いました。ある時こんなことがありました。部活でコーチが指導をしている時、私はどれだけ会話は聞き取れても中国語でのバレーボールの用語などは全然わからなかったので、それが一番の困難でした。でもそんな時、張さんは私が英語が得意なことを覚えていてくれたからか、練習の時も私が聞き取れていないことを聞かずともすぐにコーチが言ったことを細かいことまで頑張ってわかりやすく英語に翻訳して教えてくれました。他にも一度他校へ試合しに行った時、張さんはそこで他校の子たちとも初めて会ったのにすぐに仲良く会話ができていて、それを見て私が日本人だから部活で声をかけてくれたわけではなく、彼女の性格がそもそもフレンドリーで他の子ともすぐに仲良くできるんだと気づきました。それに驚いた私はまた同じくらい尊敬をしました。そしてこのまま張さんに話しかけてもらうのではなくて、自分も何か始めないといけないと思いました。

そこから私はもっと部活へ行きたいと思いましたが、

まずチームメイトと馴染むことから始めないといけないと思いました。中国語ができないからチームメイトたちが関わりにくそうにしていると、私が一人で思い込んでいたのかもしれない。張さんみたいに自分から話してみたら意外と会話できるかもしれないと思い、勇気を出して自分から声をかけました。まずはウォームアップの時など、毎回張さんとするのではなく違う人にも声をかけることから始めました。その後もみんなの話に入ってみたりして、チームメイトとも馴染めるようになり、休むこともなくなって毎回部活の練習の時にはチャイムが鳴るとすぐに飛び出してウキウキしながら練習に行きました。チームメイトも、たとえば「来週の試合くるの？」と声をかけてくれるようになって、私に期待してくれるように話してくれて自分から行動してよかったと思いました。チームメイトたちも話してみたら優しく返してくれたり、以前自分が思っていたような彼女たちの怖いイメージとは全く違いました。現地の学校だからこそ違う国の人の偏見やイメージで終わらないで交流をし、知らなかったことを学べました。私がした挑戦について後悔することはありません。今後バレーボールでもっと活躍していくことを通して、人との環境の違いでやりたいことを諦めないで、今後ももっともっと自主的に行動したいと思いました。言語での壁にぶつかってしまったら、怖がらずに人に助けを求めたりして学びたいです。そして色んなところの人たちとバレーボールをして、さらに交流を今後増やして、私も張さんみたいな他の人とコミュニケーションが完璧に取れてバレーボールのプレーでも活躍する存在になりたいです。

青木 花音（あおき かのん）

二〇〇八年東京生まれ。二歳の頃に中国上海へ。上海シンガポールインターナショナルスクール中学を卒業。中学までは、バレーボール部、サッカー部、水泳部で季節毎に活動し大会に出場。現在、上海外国語大学附属高校国際部に在校し、バレーボール部に所属。二〇二四年には生徒会選挙に立候補し当選。中国で育った日本人として、広い世界を知り、日中のみならず世界の架け橋になれるよう、言語はもとより、様々な分野に興味がある。

2等賞

日中友好への思い

教員 後藤 里奈

「対面で交流することはできなくても、現地の先生方と意見交換する方法はあるんじゃないですか?」

同僚の一言が、日中を繋ぐきっかけを与えてくれた。

当時、私は英語の教員として都内の私立高校に勤務し、国際教育部に所属していた。中国籍の生徒が多く在籍するその学校では、毎年中国から留学生を受け入れたり、英語の他に中国語が必修科目となっていたりと、「日中友好」に積極的だった。その年は日中国交正常化五十周年の記念の年であり、私たちは長年縁のある江西省の学校の先生方を本校にお招きし、日中交流イベントをやろうと企画していた。「初等中等教職員国際交流事業」の一環として、「新時代の教育のための国際協働プログラム」に参加することにしたのだ。しかしコロナ禍のため、現地の先生方を招待するのは不可能となってしまった。予想はしていたが、数か月前から準備を進めていただけに、落胆は大きかった。企画は延期するしかないと諦めかけていたところ、同僚が対面以外でも方法はあるのではないかと提言してくれたのだ。

そこで、私たちは早速オンラインを使った交流に切り替え、準備を始めた。事前にビデオメッセージを送り、現地の先生方に質問したいことをまとめると同時に、私たちの学校紹介動画を作成した。意見交換のテーマは、学校教育、特に英語教育に決めた。

イベント当日。日中両国の国旗を掲げ、やや緊張しながらズームを繋いだ。すると、画面には数えきれないほど多くの先生方が映し出された。中国の先生方の教育に懸ける熱意、日本の学校にも興味を持ってくださっていることが一目で伝わり、感動を覚えた。慣れない中国語で私が開会宣言をすると、温かい拍手をくださり、まずは互いの学校紹介が始まった。豊かな自然に恵まれた江

中国の先生方の話を真剣に聞く生徒たち

西省の中高一貫校は、地域でも有数の進学校であり、早速、両国の入試制度や授業内容についてたくさんの質問が飛び交った。教育強国を目指す中国の先進的な授業内容はもちろん、驚いたのは先生方の英語力・専門性の高さである。「私も中高時代、こんな先生に英語を教わっていれば……。」と思うほどだった。

一方、中国の先生方も本校独自の取り組みに関心を示してくださり、音楽や美術、家庭科といった実技教科の授業内容や、生活面の指導に関して興味深く話を聞いてくださった。思春期の子供たちと関わる難しさについての話題になり、「生徒の恋愛事情に関して、どのような指導をされていますか?」と質問され、「お互いの気持ちが真剣なものであれば問題ないと思う。」と答えた時、非常に納得された様子だったのは印象的だった。

意見交換会では双方に通訳が付いたが、新たな試みとしてAIの翻訳機能を使った質疑応答も行った。それまで、国際交流にAIを使うことには否定的な私だったが、実際に使ってみるとスムーズに会話を楽しむことができ、意外な発見であった。

思えば私が教師を志したのは、小学生の頃一年だけ住んでいた上海で習っていたピアノの先生との出会いがきっかけだった。先生は、私が中国語を十分に理解できないことなど意に介さず、常に一人の人間として真剣に向き合ってくれた。そして、強い気持ちを持って努力を続ければ、必ず道は開けると教えてくれた。

江西省の先生方からも、そんな熱い想いがひしひしと伝わってきた。「未来ある若者は、私たち共有の財産です。一人ひとりの可能性を伸ばすために尽力することは、教育者としての使命です。」という言葉には、深く共感するとともに感銘を受けた。同じ教壇として、背筋が伸びる思いがした。こうして、同僚の一言がなければ実現しなかったかもしれない交流会は、教師として、また国際社会の一員として貴重な視座を与えてくれた。

交流会の最後、「今度はぜひ、本校を訪ねてきてください。」と中国の先生に言っていただき、今年の夏、ようやくそれが実現する運びとなった。その日を楽しみに、今から中国語を猛勉強中だ。

後藤 里奈（ごとう りな）

一九八八年岩手県生まれ。小学生の頃、父の仕事の都合で中学上海に一年間滞在。東京女子大学現代文化学部言語文化学科卒業後、英語教師として東京・神奈川の中学校や高校に勤務。二〇二二年、「新時代の教育のための国際協働プログラム」に参加し、中国江西省にある九江市同文中学の先生方と意見交換する機会を持つ。現在は都内の学校に勤務しながら、独学で中国語の勉強を続けている。

3等賞

民間レベルの日中友好

会社員　齋藤　裕之

二〇二四年旧暦元旦に、長崎ランタンフェスティバルに初日から参加しました。

市内中心部は赤いランタンで装飾されており、まるで別世界に足を踏み入れたような雰囲気です。各所に中国の神話や歴史的人物のオブジェクトが配置され、異国情緒が演出されています。

特に中華街では装飾がさらに豪華で、人々で溢れかえる様子は歩くのも一苦労するほどです。演舞場では炎のように情熱的なドラゴンの舞が披露され、背景に流れる二胡の音色がその場の空気をさらに神秘的に変えていました。

このフェスティバルは、日本ではない幻想的な国に来たかのような錯覚に陥らせてくれます。

これは、江戸時代の長崎が日本の重要な海外貿易拠点として中国から大きな文化的影響を受けてきたことを受け継いだだけでなく、私たちによってアレンジされ現代に息づいている事の証であり、まさに、中日両国の交流が結実した友好の証であると言えるでしょう。

しかし、昨今の中国と日本の関係を国家レベルで見ると、様々な障害により仲良しとは言えない距離があるように見受けられます。

私は、この距離を縮めることを望んでいますが、現状を分析すると、それには長い時間が必要かもしれません。

しかし、海を隔てた隣国である我々の状態がこのような関係であることは悲しいものですが、このために何かできることはないかと考察した結果、「民間レベルの交流を重ねていくことが地味ではあるがやがて国家レベルまで達し変化を促していく可能性を秘めている」という仮説に達しました。

これは私の中国恵州市での巨大な石油コンビナート建

チームビルディングパーティの写真

設プロジェクトに従事した実体験から導かれたものです。

私が赴任した当時、このプロジェクトは、「騙されるのでは？」、「不利益を被るのでは？」というマイナスの感情がお互いを支配しており、会議を行うとお互いの主張を延々と言い合い結果が出ないまま終わってしまうというどうにもならない状態でした。

私は、この状況を変えようといろいろな手段を試みましたが上手くいかず、「仕事は進めなければならない。しかし中日双方が仲良くならなければどうにもならない」という状況に鬱々としていました。

そのような状況を打破したのが、私が打ち合わせで相手の事務所を訪れたとき、鄭さんという技術者の呟きでした。

鄭さんは、私が前を通った時に小さな声で「今の図面では、我々の器材では施工不能だ」と真顔で言われました。彼は私の今日の打ち合わせ相手ではなかったのですが、上手くいかない打ち合わせ中もそれが気になり、鄭さんとの打ち合わせを別に設けていただきました。最初はなかなか話して頂けませんでしたが、やがて少しずつ現状の技術的な問題点を話してくれました。

その内容としては、「現在受領している施工図面を確認したが、これは我々の施工器材を想定した物ではなく、日本のものを想定して設計されたものだ。そのため、この図面の修正が必要であり、要求に答えてもらえない場合、我々は仕事をすることができない」というものでした。

これは仕事の根本に関わるもので、これを解決しなければ次に進めても仕方がないことであり、重大かつ緊急を要します。

設計は私の職務外でしたが、上司を通して日本側の設計に連絡を取り理由を説明し図面の修正を依頼しました。

設計変更は大きなものではなくすぐに変更してもらいましたが、その図面を鄭さんの事務所に持って行った時の彼の不愛想な笑顔を今でも忘れることができません。

その後も、鄭さんや他の方の同様の困ったことに対しての相談を聞くようにし、自分の力で解決できることは自分で解決し、自分の力が及ばないことについては上司に助力を頼みました。

そのような行動を続けていくにつれ、段々と中国側全体の態度が軟化しました。

打ち合わせで紛糾することは相変わらずでしたが、その原因が前はお互いの不信感に起因することから、いかに仕事を良くしていくかという建設的なものに徐々に変わっていくという気持ちの良い変化でした。

そして、数々の困難を双方の協力で乗り越え、共通の目標に向かって努力を重ねることで、徐々に互いの文化の違いを理解し、深い信頼関係を築くことができました。

そして、ついに中国で過去最大規模の機器の据付工事を成功させることができました。

現在の日中関係は複雑であり、時には緊張が高まることもありますが、恵州市での経験が教えてくれたのは、個々の人々との直接的な交流を通じて、互いの誤解を解き、深い理解を育むことの重要性です。政府の外交政策だけに頼るのではなく、私たち一人一人が国際交流の促進者として積極的に行動することが、より良い未来を築く鍵となると信じています。

そのために微力ながら協力していきたいと考えています。

齋藤 裕之（さいとう ひろゆき）

東京の国立大学卒業後、海外プラント建設工事を施工する会社に入社。世界各国でプラント建設工事に従事。中国は上海及び恵州にて一年の経験あり。恵州では、人々の活気溢れる姿に感銘を受けた。四十代後半まで海外プロジェクト責任者として従事後現在は香川県内に在住。

3等賞

初めての中国出張の驚き

会社員　川上 成之

十年以上前、当時営業職の私は、会社の上海子会社と大連の現地法人を三泊四日で訪問した事がある。仕事の米国出張以外で、海外旅行で、欧州、米国、グアム、サイパン、豪州は訪問した事があったが、アジア圏・中国は初めて訪問することになった。中国での驚きは、上海空港から乗車したリニア「トランスピット」である。生まれて初めて、リニアモーターカーに乗車した。いまだに、これ一度だけである。静岡の反対がなければ、日本のリニアにも数年後に乗れるはずだったが、いまだ実現しそうもない。中国のリニアは、当時、四百三十キロのスピードを出していた記憶があり、それほど大きな振動もなく、音も静かで快適であった。今でこそ中国は、宇宙ビジネス、電気自動車、ＡＩや科学技術で世界を先行する技術を誇る技術大国であり、その中国が作ったリニアである。「すごいぞ、中国！　リニア！」と驚きと感動に包まれた記憶がある。

出張初日は会社の上海のグループ会社を訪問し、当時の上海総経理の同期のＡ氏に夜の懇親会に招待された。一軒目のお店は、上海ガニが有名な上海料理の高級なお店だった。接待用に使われるらしく、お店のスタッフは英語が話せる人が何名かいて、素晴らしい対応であった。さすが、総経理まで上り詰めた同期のＡが選んだ店である。とても堪能できた。二軒目は、自分と上司だけＡは、クラブらしきお店に連れて行った。お店に入ると、自分たちが座ったソファーの前に、お店の女性コンパニオンが並んだ。「お気に入りの女性がいたらご指名お願いします。」とお店のボーイが言った。Ａから、今膝まづいている女性はアフターも可能らしいよと。小声でつぶやいた。流れに合わせて、目の前で膝まついている女性を指名して、その日は泥酔するまで（当時は飲酒してい

現在の上海ビル

た）飲んでしまった。そのあとのことは覚えていない。ホテルに帰って爆睡してしまったらしいが。

二日目は、大連の現地の企業を視察する事になっていた。自分は同時営業職の為、会社の説明を中国で捕捉説明し、英語の原稿をプレゼンした。大連の企業に行く途中に高層ビルの工事現場を見かけた。工事現場の足場が、竹で組まれていたのを見て驚いた。構造上問題ないか少し疑問が残ったが、珍しい風景と思い、写真を撮った。大連の企業を訪問した後は、現地の方が行くような地元の中華料理のお店でランチした。昨日のお店とは違って、こぎれいではなかったが、味は抜群であった。しかし、店員が英語が話せないので中国と日本語ができるコーディネーターが通訳して注文してくれた。当時はスマホがない時代であり、翻訳端末もなかったので、今は便利になったなぁと思うこの頃である。

二日目は北京のホテルに宿泊した。家族用にお土産を買う必要があり、近くのお店に行き、一人で買い物にチャレンジしたが、英語が通じず、買い物ができなかった。その場帰りの北京空港で買い物をするお粗末であった。その場に翻訳端末が欲しかったなぁと今でも思う。最終日は観光をして、北京の湖を散策したが、場所を覚えていない。

恐らく、「什刹海」だと思う。とても景色がよかった記憶がある。

中国を初めて訪問し、感じたのは、中国人は、勉強熱心で、何とか日本に追いつきおいこせと頑張っていることを感じた。今では技術力では抜かれてしまっている部分もかなりあると感じている。それに反比例して、価格が高騰してしまったので、今の会社の海外拠点は上海を閉めて、最近ベトナムにグループ会社を設立した背景がある。

日本における中国の超大手メーカーとの印象をあげてみる。その中国企業は日本の世界的に有名は某企業に営業活動をしており、その某企業の課長にお聞きした話である。その中国企業は「接待部」という部門があり、日本語が堪能な接待専門部隊であり、雑誌に出てくるような、美人やイケメンが接待部に所属しており、必ず仕事発注してもらうまで、何度も接待攻撃をしてくるらしい。さすがに中国企業は技術力も凄いが、接待もプロの集団なんだなぁと感心した。

川上 成之（かわかみ しげゆき）
一九六一年東京都生まれ。早稲田大学法学部卒業後、大手IT企業の営業職、法務部門を勤務。一年前から趣味で公募ガイドにはまり、エッセー、川柳、童謡を投稿することをはじめ、今回初めて受賞して、大変喜んでいます。中国は当時、会社子会社があり、出張で初めて訪問しました。営業時代は中国の超大手メーカーの担当営業をして、かなりの大口案件を受注しました。

3等賞

最低で最高な中国旅

システムエンジニア　松井　潤平

当時たしか二十八歳、僕は中国の北京に一人旅をした。何故、中国の北京だったのか、それは幼き頃に家族で行った中華屋さんの壁に貼ってあった万里の長城に憧れていたからだ。

行きの飛行機の搭乗口で、僕の前に親子が並んでいた。僕はその母親に少しの間、荷物と五歳の娘を見てて欲しいと頼まれ、言われるがまま母親が添乗員と話終わるまでその子と待った。日本語と中国語がペラペラなのがびっくり。そして偶然なのか飛行機の席が隣で、その子のお人形遊びにも付き合うことに。母親はそんな僕を気に入ってくれたのか、親戚の女性を紹介したいと言うので携帯番号を教えた。そして北京の空港でお別れ。いきなりドキドキな展開に僕は少し浮き足立っていたが、暫くしてどこかで携帯電話を失くしたことに気が付いて、膝から崩れ落ちた。

北京の空港から電車で市内へ。驚いたのは中国人はみんな異常に急いでいること。電車では日本のように降りる人を待つなんてしない。乗る人は降りる人をお構いなしに我先にと乗り込む。道路の歩行者用の信号は、誰も見ないただの飾りだった。

この時期十月くらいで、気温はマイナス八度。事前に調べていたが東京暮らしの僕には驚くべき寒さだった。胡同という昔ながらの路地を歩き、予約した四合院ホテルに到着。四合院は中庭を囲むように四つの辺に建物がある平屋の伝統様式の建物で、今はホテルとして活用されている。どうにか片言の英語と手振りで部屋に案内してもらう。狭いけど伝統的な模様のベットカバーや壁紙で、汚い感じもなく雰囲気のある良い部屋だ。熱いシャワーも出たが、浴槽がないため、シャワーを出すと横にある便器がびしょ濡れになるのが笑えた。

四合院ホテルの中庭。派手だが伝統的な雰囲気もある

翌日は紫禁城こと故宮博物院を練り歩き、ラストエンペラーという映画のワンシーンを思い出した。毛沢東の顔がよく見える天安門広場は沢山の人でごった返していた。ここで昔起きた大変な事件にも思いを馳せる。ホテルに戻り、受付で万里の長城のツアーに申し込む事ができた。

翌朝五時にホテルの前で待っていると、黄色いコートの小柄なお姉さんが走ってきた。どうやら僕を迎えにきたバスガイドさん。でも彼女の中国語と片言の英語の説明は、僕に全く伝わらずお互いに苦笑いになった。バスには欧米の女子三人組や、中国人のカップルや、国籍不明の年配の夫婦がなどが居て、五カ国くらいの人種がいた。ガイドのお姉さんは英語でみんなに街の歴史などを解説していていたが、うまく内容を伝えられない僕に対して歯痒さが滲み出ていた。だんだんと古い田舎の景色になり、同じ田舎でも印象が日本と全然違うのが新鮮だった。八達嶺という目的地にはすぐに着いた。

そしてついに、かつて中華屋さんで見たあの万里の長城を歩くことができた。通行止めで歩ける距離はさほど長くないけど、景色は抜群によく、何よりその歴史が足から全身に駆け巡った気がした。

長城の麓でガイドのお姉さんと欧米の女子三人組がなにやら揉めている。なんとなく察するに、ガイドさんに勧められたお茶屋さんで、欧米の女子三人組が高額料金を払わされたらしい。ガイドさんは本当に悪気はないらしく、女子三人に詰められて泣いてしまっていた。

その後のツアーは、有名な地下墓地に行ったり、ご飯を食べたり、工場兼お土産屋さんに行った。ガイドさんは常に僕に優しくしてくれて、ポジティブに翻訳するなら、ツアー解散間際に僕を翌日のランチに誘ってきたような気がして、僕はもう一度聞き直すため言葉を探していたら、仲直りした欧米女子が割り込んできて、会話はうやむやになり、そのまま永遠の別れとなった。

ホテルに戻り、こんなモヤモヤする日は飲みに行こうと夜の街に出る。下調べもなしで北京の飲み屋街を歩いて、客引きに導かれるまま繁盛している店に入った。ただ、なぜか店の奥のカラオケルームのような個室に通された。すると、綺麗なお姉さんが現れて僕の横に座るではないか。変な汗が出てきた。ここはキャバクラだったのかもしれない。二、三秒の間フリーズしたかな。

僕は美人なお姉さんに乗せられて、お酒がどんどんと進み、いつの間にかいい気分になっていた。頼んでもいない料理が運ばれて来るのはどうして。いつの間にかお姉さんが二人もいるのはなぜ。テーブルの沢山のグラスと料理を眺める。そしてやっと我に返る。ちょっと待って！　ストップ！　もう帰ります！

僕は逃げるようにお会計を頼んでレジへ向った。まさかと思ったが、なんとその金額、日本円で約一八万円！　そして横には大柄の怖いお兄さんが現れる。震える手でクレジットカードで払い、マイナス八度の夜、異国の地で途方に暮れた。

最後の日は、天壇公園で昔の人に倣って、もう二度と昨日のような事は起こりませんようにと祈願した。最後に日本から予約していた中国雑技団を観劇して、この旅は大団円だ。さようなら中国北京。最低で最高な思い出。

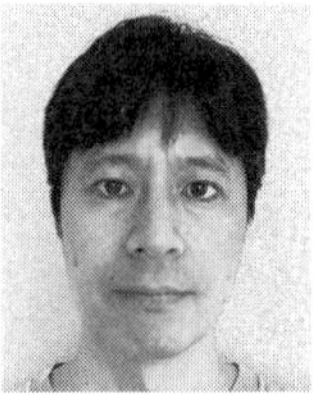

松井 潤平（まつい じゅんぺい）
一九七九年静岡県生まれ。父の仕事の都合で埼玉県に移住し、同県の小中高を卒業。東京の専門学校を卒業の後に就職。趣味の一人旅で中国北京へ。

3等賞

私の留学生活

大学生　水島 ひなた

私の中国の留学期間も残すところ二カ月のところで私の留学生活を振り返ってみる。

忘れられない中国滞在エピソードはたくさんある。十月に滞在先の大学で開催された国際文化祭だ。国際文化祭で私は日本の出し物である、着物の着付けとソーラン節に参加した。また、パキスタンの伝統ダンスにも参加した。

ソーラン節の練習の際、隣がパキスタンの伝統ダンスの練習をしており、私の眼には魅力的で、私も踊ってみたいと思った。自らパキスタンの方々に混ぜてもらうようにお願いすると、入れてもらえただけでなく、本番当日も舞台で共演することになり、嬉しかった。そこを起点にパキスタンの彼らとの交流が始まり、今では私が彼らに中国語を教えるというところまで至った。

また、北京大学の本科生の受講科目の演劇の授業を取ったことも忘れられない。

正直にいうと、演劇の授業で先生が何を言ったのかは正確に聞き取れなかったが、周りの雰囲気と先生が用意してくれていたスライドで理解することができた。演劇の授業の最後の試験では、実際に二人グループで演技をクラスのみんなの前で発表するというものだった。

もちろんセリフは全て中国語だった。最初に目を通した際、全く読めないどころか、話の内容自体全く理解できなかったが、自分で辞書を引いて調べたり、中国人の友達に聞いたり、実際に演じている動画を視聴したりすると、役の感覚がつかめた。本番当日、台本も暗記し演技を始めると、セリフを流暢に言うことができ、上手に演じることができた。演技が終わると、同じクラスの中国人のみんなは私の演技も中国語もほめてくれた。私の中国語の発音で彼らに物語を伝えることができたと実感

雲南省旅行時に人生初めての乗馬。“打卡”気分を味わうことができた。雲南省の旅行で自身の勉強に対する態度を一新させることができた

し、感動した。今まで話したことのなかったクラスメイトとも話すことができ、一つのことでこんなにも感動するのだと、努力の甲斐を感じた。

やはり外せないのは旅行の思い出だ。私は、ハルビン、上海、雲南、四川、南京、西安、寧夏、甘粛省、内モンゴル、重慶に行った。中でも忘れられない思い出は雲南と南京に行ったときだ。

最初に雲南省の思い出を紹介する。雲南省へは日本人の友達と二人で行った。初めて中国の団体旅行に申し込んだというのもあって緊張していた。自分の中国語レベルはそれほど高くなかったため、現地の人の中国語のスピードや単語や方言についていけなかった。そんな中、隣に座っていた中国人の女学生が私たち二人に普通語を使ってゆっくり話してくれ、理解することができた。私たちを助けてくれたその女学生は南京から旅行に来て、彼女も中国語の普通語を学んでいるそうだ。私たちはすぐに友達になることができた。彼女のおかげで私たちは無事に旅行の全工程を終えることができた。

次に南京旅行について紹介する。南京へは清明節の休みに一人で行った。先に述べた南京の友達と南京で待ち合わせをし、色んな南京の観光スポットに連れて行って

もらった。彼女とは雲南の旅からずっと連絡を取っていたので卒なく会話することができた。

とはいえ、私一人で回った箇所もある。一つが南京大虐殺記念館だ。

私は南京に行く前からずっとそこに行くことを決めていた。だが、一週間前から予約できるのにも関わらず、私はずっと予約が取れなかった。当日南京大虐殺記念館へ行ったが入れなかった。どうしても入りたい私は、現地で六五歳以上の高齢者を捜して一緒に入ってもらった。私の拙い中国語もきちんと最後まで聞き、理解してくれたことに感動した。入るとそのおじいさんは素早く帰ってしまった。次にある中国人に話しかけられた。私は緊張しつつ、話を聞くと、日本人である私がこの記念館に入ってきたのが不思議だったようで話しかけたそうだ。色々話すうちに仲良くなることができ、館内を一緒に回ることができた。館内を回ると様々な南京大虐殺の歴史の史料を目にし、心が痛くなったとともに、私たち日本人も歴史をより学ぶべきだと痛感した。実際に目にする史料がどれも日本では見たことがない史料ばかりで言葉にできないほどの感情と、自分の知識の浅さに改めて気づかされた。そこから私は中国の歴史についても学ばなければならないと認識し、歴史の勉強も始めた。

私は上記のことから中国人の温かさと今まで抱いていた怖いイメージがなくなった。私はどうしても日本人に中国人は怖くないと伝えたい、私たちが日々見ているニュースや記事が怖い印象を与えているのだと思う。また、中国語を勉強していく内に、私は中国人の声が大きいと感じるのは中国語の特徴ではないかと考えた。

実際に中国に留学し、観光したり、中国人と話したりするとわかるが、中国人は心が温かく、人への興味が強いのだと感じた。

また私は中国の歴史について現在勉強中であるが、歴史や思想の勉強、中国語レベルを向上することによってよりたくさんの中国人と話し、理解することができると確信した。

水島 ひなた（みずしま ひなた）

二〇〇三年京都府生まれ。大阪府で育ち、日本で中国のニュースを観ることが増えて中国に興味を持つようになる。高校卒業後同志社大学グローバル・コミュニケーション学部中国語コースへ進学。大学に入学し、ゼロから中国語を学びだす。大学学部の特性から二〇二三年九月から中国北京へのスタディアブロード（留学）を開始。そして、二〇二四年六月末日本へ帰国。

3等賞

仲間と一緒に見た日本

会社員　日比　裕介

私は旅行会社で勤務しています。古い話ですが学生時代の留学経験を買われて、中国の訪日旅行マーケットに対する営業担当をしていた時期がありました。そうして次に転機が訪れたのが上海万博の年、中国現地法人に派遣されることになり、コロナが爆発して帰任するまでの約十年間を上海で過ごしました。

私にとって幸運だったのは、留学生生活と中国業務の実務の両方を経験していたことです。仕事中も余暇の時間も中国人の仲間と交わることができ、彼らと一緒になって過ごす中で、日本人にとって当たり前なものに対する疑問に気づかされる場面が多くありました。

亮さん「ちゃんとって何?」

上海オフィスで一番のおしゃべりだった亮さん、日本人の仕事についてある日「やらなくてもいい事を一生懸命やって、残業代ばっかり稼ぐ」と言い放ちました。東京で対中国の営業担当だった私は正直ちょっとムッとなりました。と言うのも、私が残業を強いられた最大の理由は中国人顧客の計画性の無さでした。奥さんの希望だから、上司がそう言うから、いろんな理由で急に日程を変更したり、ホテルを予約し直したり、「決めてから発注してくれ」と思うのですが「你帮我想想办法吧」と言われてしまいます。

「中国人が一度決めたことをちゃんと守れば」と反論する私に、彼の追い討ちは容赦なしです。「きっと明日また変更になるよ、そんな客を真面目に相手にしちゃダメ」。日本人の「ちゃんとやらなきゃ」が面倒な仕事を増やす、本当に必要かどうかを見極める能力がないと言われてしまいました。「顧客の希望とか会社の方針はあっても、自分で状況判断をすべきでしょ？ ちゃんとって何？」、彼の仕事効率は確かに良く優秀でした。

ある日残業をしていると「飲みに行こう」って微信が

2024年5月末に帰任後初めて上海に出張する機会を得た。在住当時の上海オフィスのメンバーを中心に中国人の仲間たちとの一枚。

ピコピコ、明日の会議の準備って返信すると「本社の人だってそんな細かく見ないよ」って、確かにそうかも知れません。こうして彼らと時々飲む様になりましたが、仕事の進め方、新しい顧客へのアプローチ、会社の方向性に対する思いなど、会議室では見せない本音に触れる時間になりました。見て貰えるか分からない資料より、こうして得られた経験が私の財産になっています。

娜娜ちゃん「またね！」

東京オリンピック誘致の頃に「おもてなし」が流行語になりました。親切で丁寧なサービスは世界に誇れると言う日本人の自信が垣間見えます。一方で中国の店員さんの対応は、数年前までは確かに酷いものでしたが、少なくとも都市部では大きく改善しています。それどころか日本とは違った温もりがあるのも事実です。

仕事帰りに時々立ち寄っていた日式居酒屋が有りました。中国語を苦にしない私は重宝され、日本人客の注文を取るときに助けを求められたりして、店長の娜娜ちゃんに顔を覚えられてしまいました。するといつの間にか「歓迎光臨」が「你来了」に変わり、少し間が空くと「最近怎么没来啊？」と注文が付き、ちょっと忙しいと「你等一下今天很忙！」と後回しになって注文も出来ません。待たされた上に「申し訳ございません」があるわけでもなく、普通なら文句が言いたくなる場面なのに、何故か居心地は悪くありません。

「お待たせ致しました」「失礼致します」、そして日本の店員さんは「ごゆっくりどうぞ」とその場を離れます。ところがここでは、放置もされるけど和気藹々とした時間もあります。ちょっと客足が少ないと「昨日はいくら売り上げた」とか「こんな客がいてムカついた」みたいな話に花が咲いたり、日本人に対する不満も色々ある様で「よそよそしい」「冷たい」なんてズバッと言われたりもします。「離れて距離を保つのが礼儀ってこともあるよ」って私の方もちょっとムキになってついつい時間を忘れますが、それでも彼女らの気持ちと触れ合えるひと時は貴重でした。時計に気がついて席を立つと「またね！」って手を振ってニコニコしている、友達同士の信頼感を感じる瞬間です。


二〇二〇年の夏、コロナの煽りを受けた私は十年ぶりに東京の職場に舞い戻りました。「中国での経験を生かして頑張りたい」と思っていたのですが、身の回りの業務は「ちゃんと」しなければいけないことだらけです。気心が知れてきたなと思った同僚も「お疲れ様です」といなくなる、誰かと飲みに行こうと思っても残業しているから気を使うし、やっと飲みに行っても「有難うございました」ってご丁寧に送り出されてしまいます。亮さんや娜娜ちゃんの言う「面倒」で「冷たい」日本と向き合いながら、毎日奮闘しています。

日本人が世界に誇れると思うぐらいに正しいと信じていること、その「裏側」を見せてくれたのが私にとっての中国でした。偏らずに両面を捉えるバランス感を大切にして、日本で発信するのが私の役割のような気がしています。

日比　裕介（ひび ゆうすけ）
一九七七年奈良県生まれ。学生時代に中国長春の東北師範大学において留学を経験。帰国後、両国間の往来を仕事にすることを志し㈱日本旅行に入社。三重県の支店での下積みの後、二〇〇五年より中国の訪日旅行マーケットに対する営業を担当。二〇一〇年に万博を控えた上海に赴任、コロナの影響で帰国するまでの約十年間を過ごした。中国人の仲間に恵まれ、帰国後もその往来の一翼を担い続けている。

3等賞

バスは西の彼方へ

自営業　槌田 一成

初めての海外、初めての寮生活、初めて口にする料理や食材。一九八七年四月、初めてだらけの日々が河南省洛陽市の大学で始まった。

洛陽市と私の故郷岡山市の間に結ばれていた友好都市提携が、十九才の私に語学留学の機会を与えてくれたのだ。

まだインターネットは普及しておらず、訪中歴を持つ知人もいなかった。衣類や日用品、そして勝手に膨らませた想像をボストンバッグに詰め込んだ。

実はそれまで中国語を学んだことはなく、中国人に会ったことすらなかった。無謀と言えば無謀だが、臆することなく「世界」に足を踏み出せたのが若さの証だと感じている。

若い脳にとって未知の言語を吸収するという作業は、さほど困難なものではない。勿論、熱心に指導してくれた先生方のおかげもあり、コミュニケーションへの不安は徐々に薄らいだ。

七月と八月は夏休み。私は内蒙古自治区と新疆ウイグル自治区への旅に出た。目的や目的地があったわけではない。呼和浩特《フフホト》、烏蘭察布《ウランチャブ》、二連浩特《エレンホト》、烏魯木斉《ウルムチ》、庫車《クチャ》、阿克蘇《アクス》、喀什《カシュガル》、吐魯番《トルファン》……地図に記された地名が発する異文化の「におい」に冒険心をくすぐられた、と言えようか。

日本から持参した旅行書と、大学内の新華書店で求めた時刻表が頼りの一人旅。露店で値切って買ったリュックを背負い、先ずは北京に向かう列車に乗り込んだ。緑皮車の硬座。満員の乗客から沸き上がる喧騒と、彼らの肺から吐き出される紫煙に包まれて十代最後の夏が始まった。

全てが計画通りに進まない。次の目的地に向かう切符を確保することすら容易ではない。中国の社会や人々に苛立ちを感じたこともあるが、暫くすると自身の時間軸が変化したのか腹をてることは少なくなった。郷に入れば郷に従え。そんな諺の意味を身体で知らされた。

烏魯木斉から喀什に向かうバスの道中は忘れられない思い出のひとつだ。

飛行機の便もあった。しかし旅費の節約を優先した私は道中三泊を要するバスでの移動を選んだ。結果、それが大正解だったのだ。

小旅行で訪れた曲阜にて

車内には三名の教師に引率された九人の中学生が乗っていた。皆、お揃いの青い体操服を着ている。乗客の中には漢民族と顔立ちや衣装の異なる少数民族の姿が目立った。その中に日本人の旅人が一人。満員の車内は正に民族のるつぼだ。

暫くすると、日本語で書かれた旅行書を持つ私の存在が気になったのだろう。一人の男子生徒が声をかけてきた。

「日本人か?」

「そうだよ。」

それを機に、前後左右の座席から様々な質問が押し寄せた。

将来の夢、収入や物価、流行、親の職業、学校の様子、彼女はいるのか、日本人も中国語を話すのか…。無理もない。当時は今よりも地球が、とてつもなく大きかったのだ。

彼らの質問に筆談を交えながら答えているうちに様々なことが分かってきた。

一行は烏魯木斉市内の中学生。文化交流活動に参加すべく喀什に向かっているらしい。

バスは数時間ごと、休憩や食事のために停車する。そして夕刻、天山南路に沿って点在する街に、朝から喘ぎ続けた機関と車体を休める。乗客は運転手から翌朝の出発時刻を告げられて解散し、それぞれ近くの招待所や旅社に投宿する。

　相部屋で素泊り五元程度の宿に風呂は無いない。屋外に設けられた共同の水場で顔を洗い、濡らしたタオルで体を拭く。乾燥地帯故、それだけで充分快適に過ごせる。

　食事は裸電気を灯した食堂や宿の軒先で摂る。その折も生徒達が私の周りに集まってくる。食後、先生らと深夜まで語り合えたことも、忘れ難い場景として記憶に刻まれている。

　翌朝は短髪の女子生徒が私の隣に座った。名前は李宏。外国人の私に臆することなく話しかけてくる。理解できないことは筆談。二人の書き込む文字で手帳が埋まってゆく。

　中国語の特性上、単音だけでは文字を想像しづらい。李宏の二文字も彼女の手によってノートに書き込まれた。

　当時のバスにエアコンは無い。開けた窓からは熱風と砂塵が容赦なく舞い込んでくる。友達と過ごした夜は、さぞ楽しかったのだろう。彼女は私の肩にもたれて居眠りをし始めた。少しして目を開け、一瞬、恥ずかしそうな表情を見せたが、またすぐに目をつむった。

　どれくらいの時間眠ったのか。思い出せないのは、私にとってその時間が随分長く感じられたからだろう。

　目を覚ました李宏は、座ったままで窮屈そうに背伸びをした後、眠る前と同じ快活な声で話しかけてきた。翌朝も彼女は私の隣に座った。

　その後、中国は人類が体験したことのない速度で発展を続けた。劇的に変化する社会を生きたであろう生徒達は既に五十歳を越えた筈だ。

「大学に進学して、将来は教師になりたいの。」

　行きずりのエトランゼに語ってくれた少女の夢は叶っただろうか。もしかしたら、今も広い中国のどこかで、教壇に立っているかもしれない。

　古いアルバムのページを開けば、若さ弾ける彼らの声や、別れ際、今にも泣きそうな顔で手を振ってくれた李宏の姿が脳裏に蘇ってくる。

槌田 一成（つちだ かずなり）
十九歳の時、地元岡山市と友好都市縁組を結んでいる河南省洛陽市に語学留学。現地で一年間、ゼロから中国語を学んだ。帰国後、国内の短期大学に復学。卒業後は家業の二輪車販売業に携わる。三人の子育てを終え、一昨年から再び市内の教室に通い中国語学習を再開した。年一度開催される中国語スピーチコンテスト県予選で二年連続優秀賞獲得。二〇二四年に初めてＨＳＫ六級を受験し百九十四点を取る。

3等賞

中華の胃袋になるまで

会社員　安田　翔

僕は、この作文を書くにあたり、WeChatのモーメンツ（朋友圏）を遡ることにした。これは日本で言うところのLINEのタイムラインのことである。僕の歴史がここには詰まっていて、きっと日本人の誰よりも投稿している自信がある。

初投稿は二〇一五年九月。中国ハルビンに短期語学研修で行き、そこで初めてアルコール度数五十パーセントを超える白酒《バイジュウ》と出会う。一口飲んでみたが、喉が一瞬で焼けるような感覚だった。その後も、パンの味がする炭酸や蚕の幼虫など、中国は不思議な食べ物や飲み物が多いと感じた一年目だった。まだまだ日本の料理が恋しかった。

二〇一六年八月、次に北京に短期語学研修に行った。この時は、夏休み中でバイトも何もしていない時期だったため、思いっきり髪を染めた。金髪、青、緑、赤とこれでもかというくらい染めたいように染めた。初めて万里の長城に登ったのは僕の髪が緑色の時だった。まあ、そんなことはどうでもいいのだが、真夏に食べるスイカがとにかく美味しかったのを今でも覚えている。日本じゃ高くてなかなか食べられなかったから、「中国に行ったら果物をたくさん食べたい」という思考になっていた二年目である。

二〇一七年三月、僕はいよいよ半年にわたる中国留学をスタートすることになった。ここで出会ったのが今や一番大好きな料理である、東北地方の「地三鮮《ディーサンシエン》」だ。ジャガイモ、ナス、ピーマンを炒めた料理で、これが美味しすぎて、歌詞に「地三鮮」を入れた歌を作ったくらいだ。それくらい好きな料理。他にも日本円で六十円で食べられる食堂の定食も、見栄えはお世辞にも良いとは言えないが、味は米に合うこと間違いなし！　節約にもっ

中華グルメインフルエンサー中国人リンと結婚撮影している様子

てこいだった。毎日のように地三鮮を食べていたのが懐かしい。

二〇一八年二月、とあるブランド店で中国語での接客対応係として短期バイトをすることになった。そこで貯めたお金で日本縦断の旅やアジア友好の交流会を自ら開催した。そして道中に出会った中国人女性リンが僕の結婚相手となるのだが、この時は一ミリも想像できなかった。僕は当時大学三年生だったが、先にプロポーズをして社会人になってから結婚することを誓った。その年の九月に彼女の実家周辺の杭州に行き、初のカエルを食べることになった。まあ、原形はとどめていないから、鶏肉のようで味は悪くなかった。カエルを想像して食べるとちょっといやだけどね。そんなこんなで中華料理って刺激的で面白いなぁと感じる日々だった。

二〇一九年、いよいよ僕も就職活動に入る時期となり、地元北海道から東京へ上京した。就活期間は生活費も稼ぐために、面接がない日は大手ホテルの中華料理店でバイトをした。狙って中華料理店を選んだわけではなかったが、今となっては、これもまた一つのご縁というやつだったのかもしれない。お客さんが残したゴマ団子を裏でみんなでつまみあっていたのが懐かしい。その時のスタッフは今は元気にしているのだろうか。

　二〇二〇年、中国人の妻リンと無事結婚をすることができた。コロナ禍ということもあり、結婚式は挙げなかったが、和風、洋風、中国風の衣装を身にまとい、撮影をした。飼っているポメラニアンの秋ちゃんも同席することができたが、緊張と興奮でおしっこを衣装の上に二回してしまい、クリーニング代がかかったのは今となっては良い思い出だ。二〇二〇年、二〇二一年は外に出るのもなかなか難しい時期だったため、出前でよく中華料理を頼んでいた。これまた懐かしく、様々な美味を食す出来事となった。

　二〇二二年、ドラマで学ぶ中国語の本制作について、とある会社から依頼を受け、約一年で完成までこぎつけた。ドラマのセリフから学べることは学習ストレスも少なく、素晴らしい作品作りに携われて嬉しかった。いただいた報酬でいつもより多めに中華料理店のメニューを食べたり、普段は食べることのない上海のカニ料理を日本で食べたりした。贅沢な時間だった。

　そして時は流れ、二〇二三年。コロナの佳境も過ぎ、外出しやすくなった僕は、東京で数多くの中華料理店に足を運び、いろんな料理を食べた。というのも、中国人の妻リンがグルメのプチインフルエンサーとして活動しており、それに便乗して、自分もひっつき虫の如く、中華料理店に着いていき、美味しいものを平らげてきた。妻の影響で、自分も食べ物の写真を撮る習慣がついた。

　その結果、二〇二四年の今、僕は妻より中華の胃袋と化して、毎週末、いや、平日も、時間があれば「次はどの中華料理店で食べる？」とグルメ妻の金魚の糞のように中華料理を食べ続けるのであった。東京には本当に美味しい中華料理店がたくさんあり、毎回新しい発見がある。次はどんな料理に出会えるのか、楽しみで仕方がない。

安田 翔（やすだしょう）

一九九六年北海道札幌市出身。現在、㈱営業ハックで中国人が経営している企業の営業支援などにも参画している。学生時代はハルビン留学や中国縦断旅で経験してきたことをSNSや本出版にて展開。第二回の作文コンクールにて受賞し、ストーリーの続きを届けるべく、第七回目にして再エントリーを決意。学生から社会人へとステータスが上がり、あの当時の中国人彼女が今や妻となり作文内に登場。

3等賞

四川オペラを見て平和を考える
～国際観光の可能性～

会社員　石山　竜丞

二〇二四年二月、私は初めての中国旅行として、MBA（社会人大学院）の仲間と成都や重慶を訪れました。中国人留学生の友人がガイドとして案内をしてくれて、歴史的遺産や食文化を体験する貴重な機会となりました。歴史遺産のスケールの大きさや、食文化の豊かさ、そして経済発展著しい都市の風景などは期待通りの感動体験でした。その一方で、私の中国観を一変させる期待以上の体験がありました。それは、金曜日の夜、地元の人たちに交じって、おそらく海外からの観光客は私達だけであろうという状況で鑑賞した四川オペラでした。

四川オペラはシンプルながら多彩な演目で構成され、十分程度の短い出し物が次々と行われます。寸劇や手品、胡弓演奏、美しい舞、中国雑技団を想起させるサーカスのようなパフォーマンスなど、喜怒哀楽が詰まった一時間です。そのエンターテイメント性と手頃な価格から、家族連れを中心に老若男女が観客席を埋め、笑いと驚きで溢れています。

特に、心に残ったステージを幾つか挙げると、まず冒頭では三国志を表した演劇がありました。特に、劉備玄徳や諸葛亮孔明が登場する場面では、地元の人々の誇らしげな表情や歴史的偉人に対する尊敬の念を感じたことがとても印象的でした。また、日本の吉本新喜劇のようなドタバタコメディもあり、話している言葉は全くわかりませんでしたが、怖い奥さんに旦那が怒られるというシーンは世界共通で面白いもので、中国人も日本人も関係なく一緒に大笑いできました。そして、ショーのメインイベントである変面では、次々と面が変わる素早い動きに、息もつかせぬほどの驚きの連続で、歓声が途絶えることがありませんでした。まさに、観客のボルテージは最高潮で、興奮の中にも神秘的な魅力が溢れ、心から

四川オペラの劇場前で、登場人物を模した銅像と記念撮影

感動するステージとなりました。

観劇直後、私はとても幸せな時間を過ごしたという深い満足感を感じました。それは、異国の地で異国人である自分が、現地の観客が一体となって感情や雰囲気を共有したということに、エンターテイメントの根源的な魅力を感じたからです。これは、スマートフォンやインターネットに娯楽を依存する今日の日本人が忘れてしまったものなのかもしれません。四川オペラを通じて、家族や友達が揃って笑い、驚き、感動するという場の魅力を思い出すことができました。日本の家庭がかつてテレビの前でプロ野球を観戦する姿を思い出し、温かみとノスタルジーを感じました。そして、何より、このような空間に身を置くことの楽しさは、中国人であっても日本人であっても変わらず、共通する価値観の存在を確かに感じることができました。

このように、四川オペラというとても魅力的なエンターテイメントを満喫しましたが、それだけではなく、観光の在り方を見つめ直す貴重なきっかけともなりました。それは、四川オペラを通じて中国の成都の人々の心の豊かさや文化を垣間見ることができたということです。友人が連れて行ってくれた武侯祠や都江堰などの観光名所も大変すばらしいものでした。しかし、これらはあくまで過去の偉大な功績を振り返るものであり、今の中国を感じるものではありません。それに対して四川オペラは現代の市井の人々の生活を感じることができる唯一の場であり、他にはない魅力がありました。そして、正直に言うと訪問前は中国という国に不安を抱えながら渡った私にとって、中国がグッと身近に感じた瞬間でもありました。この「身近に感じる」という体験こそが、国境や文化を越えた人間と人間の交流であり、インターネットでは成しえない真の相互理解に繋がるのではないでしょうか。

　私は、観光とは、単なる名所巡りではなく、地域の人々や文化と触れ合うことが重要だと実感しました。そして、観光での交流を通じた相互理解によって、平和への道が開けると信じます。国際連合が掲げる「観光は平和へのパスポート」のスローガンは、観光が国際平和の実現に貢献する可能性を示しています。近年の日中関係の緊張を鑑みても、このメッセージは特に重要なはずです。私は中国滞在中に多くの親切なおもてなしを受け、異なる文化や言語を持つ人々との交流を通じて、共通の価値観を見いだすことができました。このような経験が、国際観光が持つ潜在的な平和の力を示しています。中国は、近代的に都市化する整然とした街並みの中に、悠久の歴史を感じさせる文化と、それを大切に守り続ける人々の生活を見ることができる非常に魅力的な国でした。孔子の言葉である「有朋自遠方来、不亦樂乎」を胸に抱きつつ、日中をはじめとして、世界中の旅行者が地域の人々との交流を通じて、世界平和に貢献することを心から願っています。

石山 竜丞（いしやま りゅうすけ）

一九七九年東京出身。立教大学観光学部を卒業後、鉄道会社にて沖縄県などのリゾート開発に携わっている。学生時代より旅行を趣味とし、アメリカやオーストラリア、インドネシア等をめぐる。二〇二二年から立教大学大学院の社会人MBAコースに通学し、卒業記念旅行として指導教授・同級生と中国旅行で成都・重慶を訪問した。四川オペラのほかに思い出に残ったのは、重慶の火鍋と白酒で地元の方と交流したこと。

3等賞

西安で天皇皇后両陛下をお迎えして

会社役員　山中　倭子

今から三十二年前、つまり一九九二年の中国での忘れられない思い出に遡ってみよう。

この年私は、海外で日本語を教え日本の文化を紹介し、自分もその国の言葉や生活習慣を学ぶという、いわゆる「民間大使」の試験に応募した。応募資格は、希望する国の簡単な日常会話が出来、年齢制限は六十歳だった。

私は中国を希望した。大阪での第一次試験は、筆記試験と希望する国別に分かれ、録音テープによるヒアリングテスト。合格通知と共に、第二次試験の幾つかのテーマが送られて来た。その中から自分の発表したいテーマを選んで、今度は東京の本部で教壇に立って十分間の実技テストである。第三次は、決められた時間に自宅に中国語で電話がかかって来て、五分間あまりのフリートーキングであった。何とか三回の試験をクリアした。

そして、九月から一年間、日本語科開設二年目の西安の西北大学に日本語教師として派遣されることになった。

日本語の教材は大阪の専門店に出向いて、見計らって取り揃えた。しかし日本文化の紹介については、頭を悩まされた。自分にできそうなことは、茶道、華道、和服の紹介しか思いつかない。とにかくやるしかない。

娘時代に習った茶道は、とっくに忘れている。近所の茶道教室の先生を訪ね、一番易しいお盆点前のお稽古をつけて頂くことにした。三ヶ月あまり通った。春には大学のキャンパスで野点を心づもりしていたので、雰囲気作りのため蛇の目傘、色紙用の掛け軸など用意をした。

華道は、未生流の教授の免状を持ち、日々生け花を嗜んでいるので問題はない。着物の着付けの資格も取っているので、浴衣に下駄、お点前用の着物、訪問着、娘が成人式に着用した振袖、和服の小物一式等々、手探りの準備に日々追われてた。

西北大学創立80周年式典後、学生達に囲まれて

そんな中、テレビ、新聞で日中国交正常化二十周年を契機に、中国からの招聘を受け、天皇皇后両陛下（現上皇ご夫妻）の初めての中国ご訪問のニュースが報じられた。ご日程も発表された。十月二十三日〜十月二十八日。ご訪問地は、北京、西安、上海であった。

私はひょっとしたら西安で、両陛下にお目もじ叶うかなと思った。そして田舎の実家にある古いダンボールの中に日の丸の旗がぎっしり詰まっていた事を思い出した。すぐさま取りに帰った。その日の丸は、戦時中祖父が村長を務めていた時、出征兵士を見送るために用意していた物だと聞いていた。白地は少しくすんでいた。持ち帰り西安への手荷物の中に、茶道具と共に入れた。

こうして子や孫達に見送られ西安へと飛び立った。初めての教壇に、とても緊張したが気さくな学生たちは日本から来た年配の教師を笑顔で迎えてくれた。休憩時間には、私の机の周りに集まって来て、日本での事を色々尋ねてくれた。こうして和やかな雰囲気ですべり出した。

そんなある日、西北大学創立八十周年の式典への招待状が届いた。私は訪問着を着て出席した。来賓が一人ずつ紹介され私も名前を呼ばれ登壇した。万雷の拍手と歓声が上がった。会場では日本語科の学生達が手を振っている私も手を振った。和服がこんなにウケるとは。あの時の光景は今も忘れられない。

両陛下ご訪問日も近づき、陝西暦史博物館でお迎えしようと考えていたので、前以って、所在と道順を確かめに出かけた。古都「長安」にふさわしい威容を誇っていた。いよいよ十月二十六日。はやる気持ちで午前中の授業を終え、そそくさと暦史博物館に向かった。まだ人影もまばらで、両陛下のお通りになる正面通路には、これから敷かれる赤い絨毯の大きな巻物が無造作に転がっていた。せっかちな日本人と違って、中国人の鷹揚な国民性を垣間見た気がした。

間もなく赤絨毯が敷かれた。一般の立入り場所との距離が意外と近いので驚いた。日の丸の旗を手に一番いい場所でお待ちした。いつの間にか私の周りに、数人の日本人観光客が集まって来た。多分この日の丸の旗に気付いて寄って来たのだろう。

そうこうしている間に、両陛下がご到着になった。そのお姿を目にした瞬間、私は我を忘れて大きな声で「天皇陛下！」と叫んでいた。両陛下もすぐにお気付き下さり、にこやかな微笑を浮かべながら、赤絨毯からお下りになり、私の目の前までお出まし下さった。感激の余り、その時の事を全く思い出せない。ただ私の周りの人々の「パシャ、パシャ」とカメラのシャッター音だけははっきり憶えている。

今度は、両陛下のお帰りのお車が通る博物館の横手に廻った。そこには誰もいなかった。お車は私すれすれの所をゆっくりとスピードを落として、再びにこやかにお手をお振りくださった。そして両陛下を歓迎する、鈴なりの中国の人達の待つ大通りへ進んで行った。

両陛下に、こんな間近で二度も拝謁の栄に浴せたことはこの日、この時、この場所で日の丸の旗を持っていたからこそと感慨も一入である。この滅多にない貴重な体験は、私の人生でのかけがえのない心の財である。

山中　倭子（やまなか　しずこ）

滋賀県立短期大学家政学部卒業。四七歳の時、ふとしたきっかけで中国語に興味を持ち、日中友好協会の中国語教室で初めて中国語を学ぶ。一九八二年京都府の委嘱を受け、中国残留孤児帰国者の生活指導員となり、帰国者の家庭訪問、区役所、病院、ハローワーク等に付き添う。一九八七年五十四歳で上海師範大学に二か月短期留学。一九九二年九月から西安の西北大学で一年間、日本語教師を勤める。一九九三年十一月ＫＹＯあけぼの賞優秀賞受賞。

3等賞

市場のおばちゃん

大学生 若林 実里

「合計四十五元よ。」

ＱＲコードをスキャン。四、五、送金ボタン。この動作ももう手慣れたものだ。

「唐辛子、多めに入れておいたよ。」

「ありがとう」

この会話を、もうおばちゃんと何回しただろうか。

「日本に帰っても、美味しいものたくさん食べるんだよ。」

今度中国にきたら、また野菜買いにくるね。そう言いたかったけれど、鼻の奥がつんとして、言葉が出なかった。玉米、番茄、土豆、胡萝卜、萵笋、辣椒が入った袋を肩にかけ、涙をこらえおばちゃんと笑顔でお別れをする。そう、今日は今まで通った第二の母とも言えるおばちゃんがいる市場を訪れることができる、最後の日だったのだ。おばちゃんのＱＲコードをスキャンするのも、今日が最後。


家のキッチンで、私は買ったものを一つずつ台所に並べていく。とうもろこし、トマト、じゃがいも、にんじん、チシャ、唐辛子。手に取るたびに、一つ一つの野菜にまつわる思い出が蘇ってくる。

まずはとうもろこし。おばちゃんの市場で初めて買った野菜だ。中国に来てまだ三ヶ月もたたない頃、私は探検好きの母に連れられ、地元の人しか買いに来なさそうな市場に足を踏み入れた。そこには野菜、魚、肉売り場が所狭しと並んでいた。真っ先に目に入ったおばちゃんの笑顔に吸い寄せられ、私たちは野菜売り場で買い物を始めた。私は当時、中国の現地校に通う高校生だった。しかし、当時はコロナ禍ではオンライン授業。今考えると、中国人と対面で会話した初体験だったかもしれない。授業で習った、「どれが一番美味しいですか」を使ってみる。しかし、答えを聞き取れるわけもなく、私はあの日、唯一聞き取れた玉米を買って、家に帰った。

今回の受賞が決まり、私が最後の日におばちゃんから買った野菜を、中国に住む母に買いに行ってもらった

そしてトマト。私が初めて選んで買った野菜だ。おばちゃんの市場には、二種類のトマトがいつも並んでいた。今までは指差しとグットのジェスチャーだけで野菜を買っていたが、どうしても甘いトマトが欲しかった私は、どれが甘いですか?と質問した。おばちゃんは少し目を見開いて嬉しそうに、こっちが酸っぱくてこっちが甘いトマトだよ。と教えてくれた。中国語が通じたこと、言っていることを聞き取れた喜びから、その日は番茄を五つも買ったのを今でも覚えている。

ジャガイモとにんじんは、冬休みに久しぶりに訪れた時に買った野菜だ。コロナ政策が終わり、私は寮に住みながら学校生活を送っていた。久しぶりに帰省し、私が一番に向かった先はあの市場だった。忘れられているかも。そう思いながらも、夏休み中あんなに通っていたのだから…と信じ、私はおばちゃんの野菜売り場に顔を出した。笑顔で手を振る私を見つけ、おばちゃんも両手を振りながら私に声をかけてくれた。

「少し前に、毎週ここに来ていた子よね?　元気にしてた?」

おばちゃんの言葉をすんなり理解できたことに、自分でもびっくりした。少し前は酸っぱい甘いを聞き取るのが精一杯だったはずなのに。おばちゃんに、今日は家族にカレーを作ってあげるんだと言うと、この土豆と胡萝卜はカレーによく合うわよ。と教えてくれた。いつものようにお会計を済ませ袋の中を確認すると、なぜか唐辛子が入っていた。これって？とおばちゃんに唐辛子を見せると、いいのよ、久しぶりに来てくれて嬉しかったから。と袋の中にもう一つ入れてくれた。今まで、辛いからという単純な理由で食べてこなかった辣椒。刻んでサラダのドレッシングにすると、とてもおいしかった。

冬休みの間、私は毎週おばちゃんのところに通った。唐辛子がおいしかったと伝えると、おばちゃんは毎回おまけの薬味と調理法を教えてくれた。たわいもない会話をしたり、野菜の調理法を教えてもらうあの瞬間が、とても楽しかった。おばちゃんに教えてもらった野菜の中で一番美味しいと感じたのは、緑色の茎野菜、チシャだ。これはお鍋に入れると美味しいのよ、とおばちゃんは白い息を吐きながら教えてくれた。萵笋をお鍋に入れてみると、おいしさが冷えきった体に染み渡り、新しい野菜を知ることは、こんなにも素晴らしいのだと気がついた。

そして今日、思い出のたくさん詰まった野菜たちを買いに、おばちゃんへ最後のお別れに、おばちゃんのいる野菜売り場に顔を出したのだ。日本の大学に通うのでもうしばらくは来られないと伝えると、おばちゃんは微笑みを浮かべ、美味しいものをたくさん食べるんだよと母のような眼差しで私を送り出してくれた。母に連れられて入った市場で、私はこんな素晴らしい出会いに巡り会えたのだ。

中国にはさまざまな配達アプリがあり、もちろん野菜もアプリ上で買うことができる。しかし、わざわざ市場まで足を運び、お店の人と話すことで、新鮮な野菜を買うと同時にたくさんの喜びや幸せを手に入れられるのだと、私は中国に来て気がついた。いつかまたおばちゃんのQRコードを読める日まで、私は日本でも中国語の勉強を続けようと思っている。

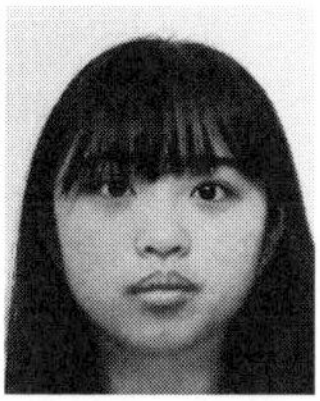

若林 実里（わかばやし みさと）

二〇〇五年福岡県生まれ。父の仕事の都合で東京都、マレーシアで幼少期を過ごす。その後父の中国転勤に伴い、高校は中国上海の現地校国際部へ進学。三年間、コロナウイルスの影響を受けつつも、友達や先生方に助けられながら楽しい中国生活を送った。現在はこれまでの言語を学ぶことの楽しさを子どもたちに伝えたいという思いから、北海道教育大学教育学部へ進学。北海道という地で、新たな生活をスタートさせている。

3等賞

赤ちゃん、中国で生まれる

ユーチューバー　モワンヌ前田未希

「キレイな女の子ですよ～」通訳さんが、私の手を握りながら、教えてくれた。ついに、中国で三人目のこどもが生まれた。これまでの苦労からの安堵で、胸がいっぱいになり、涙が溢れた。

当初、中国渡航の予定時に、私は妊娠していなかった。しかし、コロナで、突然、家族ビザが降りなくなり、私はこども二人と東京に残ることになった。そこで妊娠が発覚した。ワンオペ妊婦の仮住まい生活は、体力的にも精神的にも、激しく辛いものだった。お腹はどんどん大きくなるものの、ビザは一向に降りず、日に日に不安と焦りがつのっていった。妊娠末期は、飛行機に乗ることができない。諦めかけた時、奇跡的に、ビザが降りることになった。

半年以上の別居生活を経て、ついに家族全員で、広州の地を踏むことができた。しかし、安堵も束の間、妊娠八ヶ月の妊婦、こども二人、猫一匹とともに、雨が降りしきる真夜中、隔離ホテル行きのバスに乗り込んだ。そして、三週間のホテル隔離が終わるとすぐ、妊婦検診に向かった。

産院は、夫がいくつか見学して、先に決めてくれていた。当時の私は、テレビ電話越しに、どこも意外に綺麗だと感じていた。産院での検診は、通訳さんが、終始サポートをしてくれた。これまで何人もの日本人や外国人の出産をみてきたと聞き、とても安心した。病室や医療機器も、日本と同等か、それ以上の性能、清潔感があり、「中国での出産は怖い」というイメージは、初回の検診から払拭された。

中国と日本の妊婦検診で、大きく異なっていた点。それは、胎児の性別を事前に教えないことと、日本では任意である出生前診断が、中国ではほぼ必須だということ。出産に対するお国柄の違いを肌で感じた。

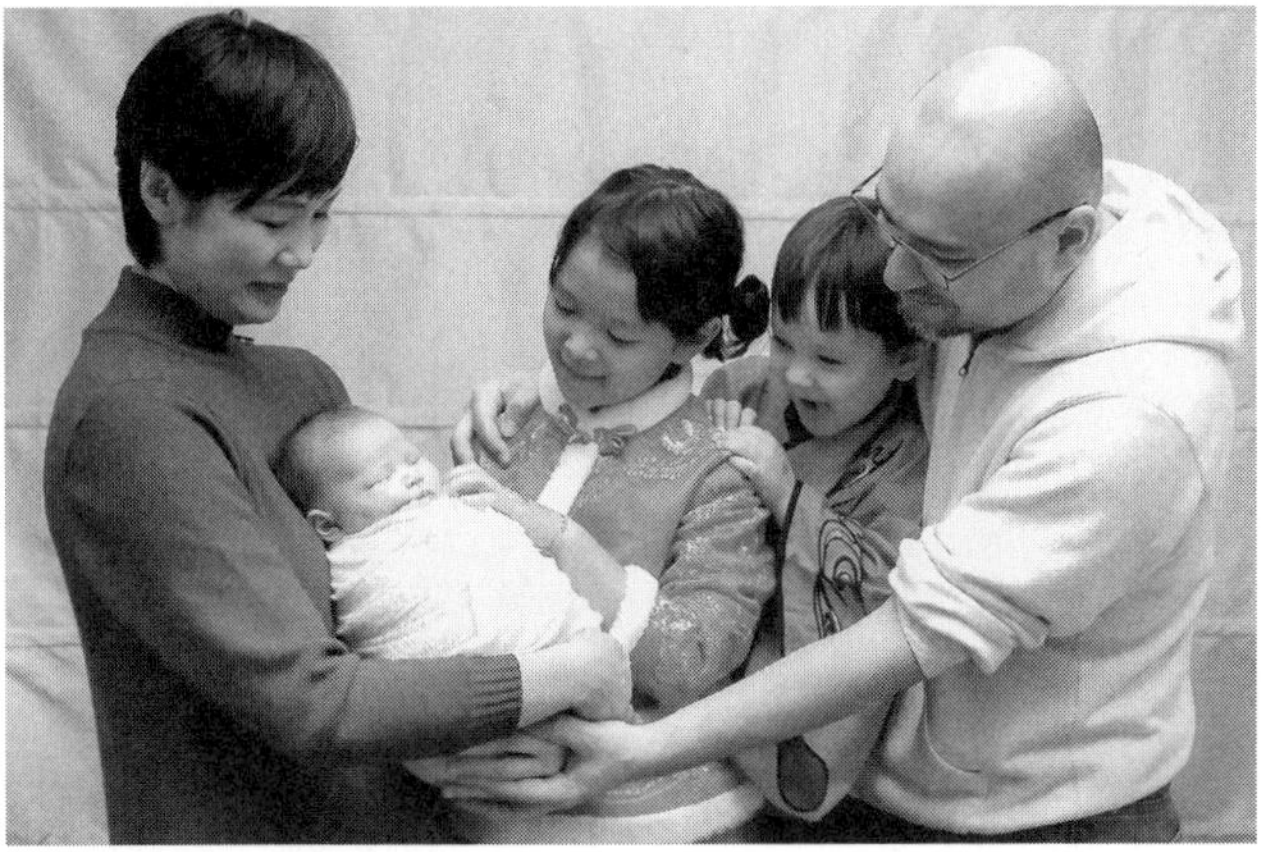

出産費用に含まれていた自宅でのベビーフォト

妊娠の経過は良好だったが、一つだけ懸念があった。私の場合、過去二回の出産とも帝王切開だったため、今回も帝王切開だと決まっていた。しかし中国は、いまも一人っ子が多く、三回目の帝王切開の事例はほとんどないのだろう。出産のリスクがやや高いと言われ、追加料金を支払った。

この時期の広州のコロナの感染は、厳しい規制のため、かなり抑制されていた。ＰＣＲ検査が陰性であれば、小さいこどもも含めて、病院の個室で一緒に過ごすことができた。一方、東京は、コロナがまたピークを更新したタイミングで、当時は、検診から出産まで、孤独に耐える他なかった。私は、東京よりもここで出産できることが、とても嬉しかった。

きたる出産当日、こどもたちは学校が休みだったため、一緒に病院へ。この時のこどもたちは、新しいインターの学校に通い始めたばかりで、まだ馴染めずにいた。「言葉が分からなくて、休み時間に遊ぶ人がいない」と切なく漏らす娘に、心を痛めた。彼らも新生活に強いストレスを感じていたが、新しい家族が増えることを心から喜んでくれていたことが、救いだった。

出産は、帝王切開なので、私は医師達に身を委ねるだけなのだが、やはり緊張する。特に、一切聞き取れない中国語が飛び交う中であれば、なおさらだ。しかし、手術室では、音楽が流れ、医師は鼻歌を歌い、看護師も談笑していた。少し気が抜けた。通訳さんが、手を強く握って、日本語で励ましてくれたことも、とても心強かった。

　下半身の麻酔を入れて、手術が始まる。しかし、いくらか麻酔を入れても、下半身の感覚は残ったままだった。これには、激しく焦った。ふと、目を閉じたら、急に意識がなくなった。そして、次の瞬間、赤ちゃんの泣き声で、目が覚めた。それが、本文冒頭の「キレイな女の子ですよ～」の台詞につながる。

　産後の入院生活は、看護婦さんと翻訳アプリを使いながら、何とか過ごすことができた。入院中は余裕がなく、中国語を覚える気力はなかったが、唯一、「痛《トン》」だけ、頻発したため、自然と覚えてしまった。日本では、産後すぐに、院内の授乳部屋に集まり、精神的にも体力的にも辛い中で、スパルタな授乳指導を受けることも多い。また、新生児の体重を測って、母乳やミルクの量を細かく管理する。しかし、ここでは看護師さんが個室にきて、終始、授乳を手伝ってくれた。私はほぼ寝ているだけで良かった。おおらかな育児が、私にはとても有り難かった。中国には、月子《ユエズ》という風習があり、産後の赤ちゃんのお世話やごはんを用意してくれる場所がある。私は残念ながら経験することはなかったが、日本でもこのような産後ケア施設が増えたら、助かるお母さんがたくさんいるはずだ。

　中国生まれの娘は、すくすく育ち、二歳になった。ちなみに、上のこどもたちは、中国広州のフランス学校に通い、フランス語、中国語、英語、日本語と、四カ国語の生活に染まっている。中国の文化だけではない、多文化が融合した国際的な広州の生活を、家族みんなで楽しんでいる。末娘とは、これから、何語で会話ができるのか、とても楽しみだ。

モワンヌ前田未希（もわんぬまえだ みき）

一九八六年生まれ、東京出身。青山学院大学を卒業後、法人向け教育研修会社にて、グローバル研修等の営業や講師に従事。フランス人の夫に帯同し、中国広東省広州市へ渡航。現在は、YouTube「中国広州の街歩き＊モワンヌファミリー」を通して、中国のリアルな日常を発信中。趣味は、中国の古典舞踊を踊ること。

3等賞

南京を想う

会社員　半田 実季

甘酸っぱくて真っ赤なランタンのような冰糖葫蘆、至る所に漂う桂花の香り、どこか寂しげに鳴り響く二胡の音……六年経った今でも中国で過ごした日々を毎日のように思い出す。勝手に自分の中で記憶を美化しているのだろうか。目を閉じてあの頃を思い浮かべるとまるで夢の中にいるような感覚になる。短い期間だったが、人生に大きく影響を与えた経験だった。

台湾地区の大学に四年間留学していた私は、大学四年時にさらに半年間、中国本土に留学した。留学先は南京にある大学。実際に自分の目で南京を見てみたいと思い、周りからの反対を押し切って留学を決めた。とは言え、出発の日が近づくにつれ、楽しみより緊張の方が強くなった。中国に行くのは初めてではなかったものの、南京は全くの見知らぬ土地だった。そもそも空港から大学にたどり着けるか不安だった。

無事、大学に到着して、まず広大なキャンパスに驚かされた。学校というよりもはや一つの街だった。食堂やカフェはもちろんのこと、スーパー、郵便局、病院、床屋、携帯ショップ……何から何まで揃っていた。半年間校外に出なくても十分生活出来るのではと思ったくらいだ。留学生には専用の寮が用意されていた。アジア、アフリカ、ヨーロッパ、南米など世界各国から中国語を学びに留学生が集まっていた。日本人学生は私一人だけだった。寮は二人部屋で、ルームメイトはエクアドル人の女の子。彼女の友人のエクアドル人たちが部屋に遊びに来ることが多く、周りはスペイン語が飛び交い、いつも賑やかだった。異文化の中での生活は多少のトラブルはあったものの、今となってはいい思い出だ。台湾で大学卒業に必要な単位はすでに取得していたため、南京では気楽に自分の興味のある授業を選択できた。中でも面白

蘇州・獅子林 大学の友人と杭州、蘇州を旅行した

かったのが、書道の授業。夜七時から始まり、終了は十時。いつも夜ご飯を食べて教室に向かい、達筆な生徒たちに交じって、和気あいあいと漢詩を練習した。

一度、中国人の家にお邪魔したことがある。国慶節の時、大学の友人の家族が西安からはるばる南京まで車でやって来た。私とは初対面だったにも関わらず、「これから親戚の家へ泊まりに行くけど、一緒にどう?」と誘ってくれて、友人一家の車に乗って近隣市の泰州へ行った。泰州では、街中を見て回ったり、ご当地グルメを食べたり、友人一家にも親戚一家からも熱くもてなしてもらった。大勢で囲んだ円卓には、数えきれないほどのお皿が積み重なった。帰り際、車の中で友人のお父さんが「これが中国人の好客だよ」と言っていたのを覚えている。好客とは、中国語でお客さんを温かくもてなすという意味。中国はまさに「おもてなし」の国だった。

海外の大学に進学した目的は、語学の習得。高校三年生の時に「十四億人が話す言語を学ぶと絶対将来役立つ」と周りからの勧めで留学を決め、ゼロから中国語の勉強を始めた。高校卒業から大学入学までの約半年間、毎日中国語の塾に通い、一日八時間、合計千時間以上勉強した。当時、中国語や中華圏の文化には全く興味がなく、知っている中国語と言えば「ニーハオ」くらいだった私にとって習い始めは苦痛でしかなかった。面白みを感じだしたのは、ある程度出来るようになってからだ。気の進まないまま始めたことが、いつの間にか自分自身を形作る要素になっていた。社会人になった今でもずっと勉強を続けている。語学は奥が深い。学べば学ぶほど難しく感じる。だがそれ以上に得るものがある。可能性や視野も広がる。中国語を学ぶことは、私にとってゴールのないライフワークだ。

「中国人と関わりたいのなら、中国の古典を勉強しなさい。」ある中国人から言われた。それ以来、古典を読むように意識している。中国人は会話をする時、古典を引用する。外国語というだけでも十分難しいうえに、さらに古典を理解していないと会話についていけない。最近は中国書籍のサイトから購入した「封神演義」の児童書を読んでいる。中国語で書かれた本を読むと語学の勉強も出来て一石二鳥だ。古典に触れることで中国という国や人々を創り上げている背景を知ることができる。また、古典には現代社会を生き抜く知恵や教訓が詰まっている。少し大げさな言い方だが中国は私の人生を変えた存在だ。中国語を学ぶ道のりで得た人との繋がり、異文化や異なる価値観への理解、苦労を乗り越えた経験は、何ものにも代え難い。一生中国や中国語と関わっていきたい。

南京は美しい街だった。活気に溢れて賑やかな一方、緑が多くしっとりとした雰囲気があり、どこか懐かしさを感じた。休みの日は江南建築の庭園を散歩した。長江を見に行ったこともある。海のように広かった。夕暮れ時は空が幻想的な赤紫色に染まった。日本では見たことない色だった。あの色は今でも忘れられない。

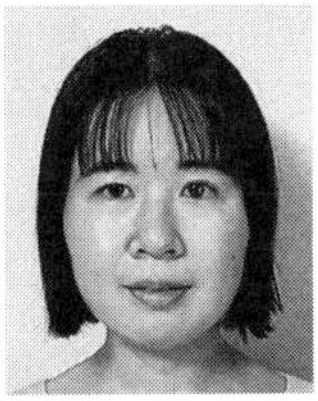

半田 実季（はんだ みき）

一九九五年福岡県生まれ。高校三年生の時、台湾留学を決め、中国語を習い始める。高校卒業後、台湾の大学へ入学。大学四年生の時、南京にある姉妹校へ半年間留学。その後、台湾へ戻り大学を卒業。帰国後、福岡の地場企業に就職。現在は中国語検定準一級取得に向けて勉強中。

3等賞

私、家族ができたよ

元パート社員　大岩　昌子

暑い午後、エレベーターから玄関ホールに足を踏み出した私は左足をつくことが出来なかった。左足の靭帯が切れたらしい。右足でピョンピョン飛び跳ねて何とか柱まで移動した。片足で立っているのが限界というとき、ホテルのフロントの人が駆け寄ってきた。

「どうしましたか?」「歩けない。この人に電話してください」

タクシーで迎えに来た劉さんは、アパートの入り口で私をおぶって階段を上がる。三階で小休止。ハアハアと息をはずませている。身長百八十五センチ、体重百十キロなのに。五階に着いた。

「Tシャツ汗でビショビショだよ。着替えないと風邪ひく」

「着替えたら家に帰ったことがバレるから、このまま会社に戻ります」アイスキャンデーを二本、あっという間に飲み込んで出て行った。

王さん所有のアパートに引っ越し、日本語学校の時間講師と家庭教師で生活費が確保できると思っていたのに歩けなくなってしまった。

王さんと劉さんは日本語学校で教えていた時の学生で日本での生活体験がある社会人。

「どうするんですか?入院しても私たち二人とも仕事があるから面倒見られない」

「大丈夫。自分で治します」

「わかりました。できる限り協力します」

人間は動物だから安静にしていれば体は回復するだろう。勿論、確信は無いけど。通常は手術で靭帯をつなぐのだから。

王さんは一日、会社を休んで水餃子と肉マンを山ほど作って冷凍した。私の昼食用に。「冷蔵庫にあるものは遠慮しないで何でも食べてね」

トイレに行く事さえ大変なのだから、アパートで一人暮らしていたら私は餓死していた。黒酢を水で薄めてタオルを浸し左足を湿布した。

一か月経って少し歩けるようになった。朝食用の豆乳と油条を買いに行くのが私の仕事になった。時々、少し遠くまで小籠包も買いに行く。

研修生と別れの日。右から２番目が筆者（2004年12月22日撮影）

日曜日、王さんと市場に行くのは楽しかった。桃を半分に切ったような果物を見つけた。「王さん、これは桃なの？」

「桃ですよ。甘くて一番おいしい桃です」

「買おうよ。食べてみたい、日本に無いもの」

三人とも大好きな、とうもろこしも買う。肉と野菜も買って大荷物。

王さんは貿易会社で仕事をしている。日本からの注文に応じて縫製工場を探し、出来上がった服を輸出する。時々、出張で留守になる。私の出番だよ。おでんやビーフシチュー、トマトの海鮮リゾットを作る。食材が駅前のスーパーでしか買えないから劉さんと出かける。劉さんは会社を辞めてパソコンおたくになった。人生どうやって生きていくのか少し心配。食いしん坊の彼は喜んで買い物に付き合ってくれる。

「劉さん、カロリー多すぎ。王さんに怒られるね」

「大丈夫、内緒にしとけば。『劉さん、何食べたの？』肉マンとサラダ」王さんの口調そっくりで笑ってしまう。

旧暦七月十五日は中国の中元節。王さんに日本行きを勧めてくれた大連の叔父さんは、今年癌で亡くなった。王さんは紙のお金や線香を用意して迎え火をした。地面に円を描く。お墓の方向一か所は開けておく。紙のお金を燃やして家族の近況を報告する。あの世で困ったことがあったら知らせて下さいと言う。線香を燃やして合掌。

九月、劉さんのお父さんは普欄店に日本語学校を開校することになり、校長の李さんという女性と一緒に劉さんの実家に招待された。劉さんのお母さんの手料理はすごく美味しかった。

開校式に出席した私は花火と爆竹にビックリした。みんなでテーブルを囲んで会食。

普欄店市は大連から車で一時間。私の引っ越し荷物は王さんの友達が車で運んでくれた。学生は社会人で日本に研修生として行く二十人の女性達。ほとんどの人が結婚していて子供もいる。中国は共働きが前提で女性の単身赴任も珍しくないと言っても、夫と子供を残して日本で三年間も働くのは相当に覚悟が要ると思う。学習から離れていた彼女達に、毎週中国語で作文を書いてもらい日本語に翻訳して返すことを繰り返した。餃子も食べられなかった春節、栄養失調で失明した祖母。だから彼女たちの思いは同じだった。「貧乏は私で終わりにしたい。子供を大学に入れたい」涙で霞んでしまった作文を忘れることができない。

普欄店の生活に慣れた私はアパートで一人暮らしをすることにした。

学校まで歩いて十二分。途中、羊まるごとナイフ一本で丸裸にする場面に遭遇した。怖いので明日は別の道にしようと思うのだけど、つい近道を行くことになる。そのうち顔を覚えられナイフの叔父さんが挨拶してくれるようになった。私もお辞儀をして通りすぎる。

二〇〇五年五月、帰国が決まった。朝、校長の李さんがタクシーで迎えに来て大連空港まで送ってくれた。途中の沿道に劉さんのお父さんが立っていた。「帰国しても必ず連絡してください」勿論ですよ、劉大夫。

彼は市病院の鍼の先生だ。

翌年、王さんと劉さんは結婚した。子供が生まれるという王さんの写真と手紙が届いた。「先生も、おばあちゃんになるんですよ」だって。

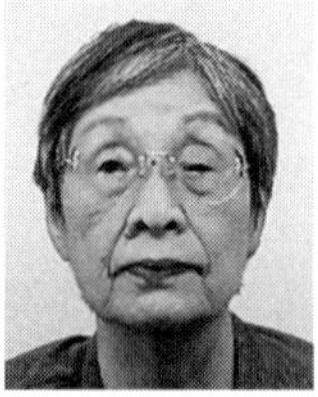

大岩 昌子（おおいわ まさこ）
一九四七年宮城県大崎市生まれ。両親と母方の祖父母が中国黒竜江省、牡丹江からの引揚者なので幼少時より中国が身近な存在でした。高卒後上京し中央大学第二文学部入学。二年で中退し、結婚して専業主婦。消費者運動を十年。以後パート社員。両親の介護のため東北と神奈川を往復。離婚を機に中国で日本語教師のボランティア活動をする。帰国後、清掃業のパート社員。脳梗塞後遺症で就労不能。現在は都営住宅で一人暮らし。週二回ヘルパーさんが来てくれる。週二回リハビリに通っている。

3等賞

日本語を話すガイド女性に九塞溝を案内され

会社員　鷹觜　勝之

古いパスポートを見返したら、あの旅行（二〇一一年）から、十三年も経っていた。航空会社が成田～成都就航記念で、往復五万円の格安チケットを売り出したことがあった。その衝動予約で、初めての中国旅行に妻と出かけることにした。現地の観光地を検索していると、有名なパンダの動物園もあったが、それよりも九塞溝地方へ数日のツアーで、ヒマラヤの七千メートルもの高峰が見える場所に行けることを知って、興味津々になった。出発前にネットで申し込んだ。

さて現地その当日、参加は私たち夫婦だけだったが、現地ホテルに迎えのハイヤーには、運転手と日本語の話せる女性ガイドが来ていた。三泊四日のツアーなのに、費用はわずかに数万円程度。物価が安いとはいえ、自販機の缶ジュース類も三十円程度だった。

「今日はここから現地まで四百キロ近くを移動しますね」

中国製の乗用車の乗り心地はどうなのかと心配したが、現地の「〇〇汽車」というメーカーで、いやいや私たちの勘違いは時代遅れだった。日本の高級車と変わらない。しかも日本とは逆で、左ハンドルの右側通行。ガイド女性の日本語が実に流暢で、旅行は楽しかった。

――どこで日本語は勉強したの

「日本語学校で一年半くらいです。お客様は日本のどちらから」

と聞かれ、東京から来たというと

「ああ、日本一の都会ですね」というから

――日本へ来たことは

と聞くと、

「まだ行ったことはないんです」

そのうちに、

展望台へ歩いていると、チベットの7000m級の山が見え始めて、意気揚々とする

「居住の許可の申請とかあって、田舎からこちらの都会（北京など）に住むのも、ちょっと難しいこともありますから」

私としては、中国での観光旅行もいいけれど、現地の日本語才媛に案内され、彼女たちの生活の一端を知ったことの方が、ずっと好印象だった。彼女は英語もしゃべった。

――二年で、これだけ話せるようになったの

「勉強はけっこう大変でした。実は……、さぼると先生に怒られました」

ハハハと笑って「実は……」はそういう時には使わないと教えた。「そうでしたか」

細身で長身な女性だった。

立派な高速道路を飛ばしながら、しかし昼食時には本場の中華料理の店に寄って、

――成都の四川料理は辛いから、なるべくふつう味のものを

と言えば、応じて彼女が上手に注文してくれた。

二日目の観光では、長いロープウェーで氷河を横断して、標高三千メートル近い高原に出た。すでに観光地として整備され、そこから冠雪しているヒマラヤの一端の、

ミニアコンカ（標高七千五百五十六メートル）という高峰が見えた。かつて四十年近く前に日本人登山パーティが遭難して、一人だけ奇跡の生還をした青年がいたことが、記念碑になっていた。中国とネパール国境がヒマラヤで、そこから延々と千キロも山脈を連ねて、都市の直前にまで山岳は迫っていた。そこが気軽に出かけられる観光開発に整備されていた。ちょっと恐れ入った。

散策の途中でも、

「機会があったら、私も日本にいってみたいわ」

と彼女が言う。つまりこうした勤勉な男女が現地にはいくらでもいて、いずれ欧米日本に出て医者やエンジニアになる者がいるし、その勉学の途中で私たちにガイドしてくれたのが彼女だった。ああこの若い人的なパワーには、日本はどうしようもなく遅れている。私は中高大学と、十年も英語を勉強して、未だにカタコトだった。十年経った今は、さらに日本の将来を危ぶむほどになる。

ツアーが終わった後は、先の国立パンダ公園で、放し飼いの様子を見て、世界のパンダの供給源は、まさにこの公園からだった。街の中を散歩しても、京都か奈良かと思うような大きな寺院が解放されていて、さすがに仏教国だと感心した。

海外旅行は物見遊山の楽しみもあるのだが、現地の人とカタコトの英語（今回は十分な日本語）で、彼ら彼女の日常を知って、それは日本とどう違うのかを理解することだとずっと思っていた。この旅行では運よくそれに巡り会うことになって、思わぬ中国パワーを知ることになった。

北京五輪の直後だったから、当時言われたいように、中国の都会はいつもスモッグで曇っているとか、レストランでの注文も遅いとか。いやそんなことよりも「一人っ子政策」と言われた中国で、若い世代が生き生きしていることに、あの超大国は政治体制だけに左右されない、大きな活力があるように思えた。

鷹觜 勝之（たかはし かつゆき）

一九五六年埼玉県生まれ。学卒後は志望通り出版社勤務になって、バブルと言われた三十代半ばの頃には、多くの遊びも経験したのだが、一週間程度の休暇を利用して欧米を中心に多くの海外旅行にも出かけた。北京五輪などで中国に興味を持って、縁あって格安ツアーで初めて成都を妻と訪問したのがこの旅行記になった。それが少しでも共感されれば幸いである。

3等賞

キャノン杯

～中日友好のために私ができること～

教員　佐藤　重人

台湾での留学生活を終えた私は、二〇一二年、知人からの紹介で、大連外国語学院の日本語教師として働き始めた。中国人学生に対して多くの授業を行ってきたが、一番印象に残っているのは、キャノン杯である。キャノン杯とは、日本の大手企業であるキャノンがスポンサーを務める日本語スピーチコンテストだ。毎年大連市内で行われており、小学生から大学院生まで参加することができる。各学校から代表者を選出して、準決勝・決勝へとコマを進める。最後の決勝戦では富麗華大酒店という有名なホテルの大広間で、数百人の前でスピーチをする。

私が在籍していた大連外国語学院は、毎年優勝している強豪校だった。よって、校内での競争も非常に激しい。当時は校内予選に百名以上が参加し、その中から選ばれた二十名の学生だけが、日本人教師の直接指導を受けることができた。もちろん選ばれた学生は皆優秀な学生である。日本語スピーチ経験者が多く、中国人と言わなければ日本人と勘違いするほど、流暢に話す学生ばかりだった。そんな優秀な学生たちを指導する日本人教師も強者ばかりだ。元大学教授や高校のベテラン教師、博士号取得者までいる。そんな中、新人教師でスピーチ指導もしたことがなかった私は、必死だった。

私は李さんという女子大生の担当になった。発表練習会でのスピーチテーマは、いつも二週間前に出題される。校内選考に残った二十名の学生が、順番に発表し、日本人教師がアドバイスをしたり、点数を付けたりする。しかし、この発表練習会は苦痛でしかなかった。「声が小さい」「何が言いたいのかわからない」「やる気がないならやめなさい」など、辛辣なコメントが飛び交い、否定や批判が当たり前であった。そのため、耐えられず泣き出す学生もいた。私自身も担当している学生への指導を

大連外国語学院の教室で撮られた思い出の写真。キャノン杯スピーチコンテストの参加者が多く、優勝者まで出たクラス

否定されているような気分になり、いつもビクビクしながら参加をしていた。

練習会で出題されるテーマは『環境問題と私』『私が紹介したい日本文化』『中国の更なる発展に必要なこと』など、中国で日本語を学んでいる大学生が考えさせられるものばかりである。多くのテーマを指導してきたが、忘れられないテーマがある。それは『中日友好のために私ができること』だ。

私はいつもと同じように作文原稿の指導を行った。李さんに対して「もっと具体的に書いてください」「個性が表現されていません」「正しい文法で書きましょう」などと、自分の経験不足を隠すかのように厳しく指導していた。そんな時、「先生、具体的な中日友好のために私ができることって何ですか?」と聞かれた。私は何も答えられなかった。私自身も何をしていいのか分からなかったからだ。

正直、私は中国に来るまで、中国に対して悪い印象はなかったものの、いい印象もさほどなかった。日本人の中には、中国人は乱暴だというイメージを持った人も少なくない。また、多くの中国人も日本に対していい印象を持っていないことを知っていた。そんな両国が友好国として未来を築いていくために、何をすればいいのか、私にも分からなかった。

私は現在、東京都にある日本語学校で働いている。中国人留学生が多く、毎日日本語を学んでいる。また、年に一回、校内でスピーチコンテストが行われている。そんな時、『中日友好のために私ができること』のテーマを思い出す。以前は何も考えられなかったが、今は自分の意見がある。『中日友好のために私ができること』は、日本語を教え、学生同士を交流させることだ。お互いの国の悪い印象は、新聞、テレビ、映画などのメディアによる影響が大きいように私は思う。私が実際に中国人と交流してみて感じたのは、真面目で優しい人が多いということだ。勤務してすぐの頃は、日本人ということで、差別や嫌がらせを受けるのではないかという不安もあった。しかし皆「困っていることはありませんか?」「心配なことがあれば言ってください」などと声を掛けてくれた。学生同士も実際に交流することで、誤解や蟠りが減っていくであろう。将来的には、小学生や中学生など、両国に対する偏見が出来上がる前から、日中両国が異文化交流を体験することができるようなプロジェクトを立ち上げたり、そういったことを実現できる学校を設立したりするなどの環境作りに、私も尽力したいと考えている。

近年のアニメ人気やインターネットの普及は、日中友好に追い風となっているように思う。中国の若者は日本のアニメを見て、日本の文化に興味を持ち、インターネットで調べることで、自国との違いを理解しているのだ。私はそういった、日本に興味を持ってくれた中国人に、これからも日本語を教えていきたい。語学を身に着け、自由に交流し、共に学び、共に成長することで、同じ価値観を共有することができれば、日中友好だけではなく、世界平和へと繋がっていくと私は信じている。

佐藤 重人（さとう しげと）
一九七九年宮城県生まれ。二〇一二年に大連外国語大学日本語学院（当時は大連外国語学院）にて奉職。その後、同じく大連にある遼寧師範大学心理学院博士課程（専門：創造性パーソナリティ）に在籍しながら、東北財経大学国際ビジネス外国語学部日本語科にて外国籍教師として日本語を教える。現在は帰国し、東京都内の日本語学校で専任教師として勤務している。そのため、帰国後も中国と関連する仕事を継続している。

3等賞

あの日、あの子が教えてくれたこと

高校生　石田　向日葵

大きく手を振り、私に駆け寄ってくる二人の女の子がいる。その手には私の真新しい学生証があった。ここから私の高校生活が始まった。

二〇二三年十月、上海虹橋空港に到着。翌日、上海外国語大学附属外国語学校へ向かった。初めての中国大陸、想像と現実のギャップに胸を躍らせながら日々を過ごしていた。友達や学校生活にも慣れてきた頃、私には悩みがあった。それは、授業の内容が理解できないことだ。「いきなり来たんだし分からなくて当たり前」「人生で一度も中国語で会話したことがないのだから仕方がない」焦っている私に声をかけてくれる友達もいた。そして、いつも私に寄り添ってくれる先輩たちは、あの日私に学生証を渡してくれた女の子だ。だが、あまりにも何を言っているのか分からない、困ったどころの騒ぎではない。入学する前に基礎的な中国語の勉強はしていたが、ネイティブの先生を前にするとその努力も諸刃の剣へと変化した。特に化学と数学が分からない。この二つの教科は専門用語が多い。用語の発音を知らないと単語の意味も理解できず、内容が何も分からなかった。化学に関しては、知らない単語が出てくる度に電子辞書片手に睨めっこしているため時間がかかる。他にも、課題が残っていたりすると眠気との勝負になり、体力的にも精神的にも辛くなっていた。そんな毎日を過ごし、ついにこの学校での初めてのテストを受ける日が来た。初めてだったためとても緊張した。焦りながらも乗り切ったテスト期間は疲労困憊だった。そんな私に追い打ちをかけるように続々とテストが返却されてきた。当然のように、日本にいた時の点数は取れずとても落ち込んだ。周りの子たちの会話を聞くと、私より良い点数の子が多そうで落ち込んだ。そしてテストの点数について考えた。その原因は、

休み時間クラスメイトと（右端が筆者）

まだ私には中国語が足りていないということだ。とても悔しかった。同時に、もっと頑張れたのでは?とも思えた。しばらく気分が沈んでいる日々を過ごしていたある日、私に転機が訪れた。

　授業が終わり、寮の部屋に帰ろうとエレベーターに乗ろうとしたときだった。スーツケースを持った女の子の母親にぶつかってしまった。そのとき私の口から出た言葉は、中国語の「対不起（ごめんなさい）」ではなく日本語の「すみません」だった。まだ自分の中国語の拙さを恥ずかしく思えた。その子は、同い年か私より下に見えた。ピカピカで大きなスーツケースを持っていたので、私と同じように編入してきたのだとわかった。私の部屋がある九階に上がるまでの間、無言の時間になると思っていたが、驚いたことに、その子が私に向かってカタコトの日本語で話しかけてきた。しかし言葉に詰まり母親を見ていた。母親がそれに気づき、中国語で話してくれた。「この子今、日本語を勉強していて、夏には一人で日本に行く予定なの」これは聞き取れた。そこで私は思った。あれ、これは私の逆バージョンなのでは？と。私は今、中国語を学ぶために一人で上海に来ているとともに他言語も勉強している。歳も同じくらいのあの子は、私に話しかけるとき笑顔だった。なぜ自分の第一言語ではない言葉を話していて、尚且つ日本人に笑顔なのだろうと不思議に思った。あの子が笑顔で話しかけてきてくれたことは、落ち込んでいた私にとってとても嬉しい出来事だった。エレベーターを降り、あの子と別れたあと考えた。あの子と私の違うところはなんだろうと。気づいたのは、自分から他人へ話しているかどうかだった。他言語をネイティブの前で話すのは緊張する。私は人の前で話すことが苦手だった。これらを解決するため大切なのは「自分に適度な自信を持つこと」と「笑顔」だと思った。大きな自信でなくとも、あの子のように自分に見合った自信を持つことが大切だと思った。そして、あの子のように笑顔でいることも大切だと気づいた。

　私が中国留学を決めたとき、日本の高校を卒業してからでもいいのでは？ そんな声もあった。いつか中国で勉強したい、そんな〝いつか〟は今、挑戦したいと思った気持ちを思い出した。

　思いがけないところで、思いがけない人達との出会いだったが、その出会いは私に大切なことを気づかせてくれた。今の私に必要なのは、少しの自信と、向日葵という名前のように、キラキラと周りさえも明るくできるような笑顔だ。あの子とはあれっきり出会えていない。どこの部屋でどこの班（クラス）にいるのかも分からない。たまにあの子とのことを思い出す。高校二年生になった今年、私は夏に中国人夫婦のところへホームステイすることにした。それは自主的に中国語を話せるようにための練習と少しの自信を得るためだ。あの子も夏には一人で日本に行く、私は一人で中国にいる。似ているようで対になっている私たちは、時々お互いを思い出しながら、これからも前に進んで行きたい。

石田 向日葵（いしだ ひまわり）
二〇〇七年東京都生まれ。中学在学中、中国の自然科学論文の記事を読み中国に興味を持つ。数多くの論文があることに驚き、シェアの高い中国で学びたいと思い、単身で中国の高校に転校を決意。入学当初は落ち込むこともあったが、たくさんの人に支えられ、忙しくも充実した日々を送っている。

3等賞

想像とは全く違う中国人

大学生　村瀬　未桜

　私は大学二年生の秋学期に中国の天津へ四か月の語学留学に行きました。たった四カ月間の留学中に沢山のカルチャーショックを受け、一生忘れられない経験をしました。その中でも一番印象に残ったのは中国人の人柄、国民性についてです。もちろん私は中国が好きで留学に行きましたが、少しだけ中国人に対して愛想が無い、態度があまり良くないなどの偏見を持っていました。しかし、実はほとんどの人が優しくて、良い意味でおせっかい。ここからは私の中で特に印象深い出来事を紹介したいと思います。

　まず、中国人の友達についてです。日本人とは違い、距離感があまりなく出会ったその日に急激に仲良くなれます。遊ぶ約束をするとほとんど毎回別の友達を連れて来るので、知らない間に沢山の中国人の友達ができました。体が痛かったのでマッサージを受けようと予約をしたのですがそこの店が男性の個人経営だったらしく、心配した二人の友達が付き添いでついて来てくれたこともあります。日本では中々無いですが、恋人を連れて来る人も多く、私を含め三人で遊ぶこともありました。日本では割り勘が主流ですが中国では男性が女性の分を全て払ってくれます。彼女の友達である私の分まで払ってくれるので毎回得をしていました。中国人は社交的な人が多く、そのレベルは日本人の比ではありません。動物カフェに行ったときに知り合った小学生くらいの小さな女の子は、少しも人見知りをすることなく私と友達に「この鳥の餌あげる～」「この猫はおとなしいから抱っこしやすいよ～」「こうやって触るんだよ～」と自ら話しかけてくれました。また、友達の彼氏は私が道路を渡るときに突っ込んできたバイクにぶつかりそうになって、急ブレーキをかけた運転手に「あわてないで、ゆっくり行

動物カフェで出会った小学生の女の子と撮った写真

ってね」と言って肩を撫でてなだめていました。

次に、タクシーの運転手についてです。日本では運賃が高いイメージのタクシーですが中国はとても安く、学生もたくさん利用しています。私は留学中、できるだけ沢山の人と話すことを目標にしていたのでタクシーの運転手にもよく話しかけていました。私が日本人だと分かると日本の曲を流してくれたり、簡単な日本語を話してくれた人もいました。中には運賃はいらないよと無料で乗せてくれた人もいました。帰り際にはみんな笑顔で手を振ってくれて感じの良い人ばかりでした。

そして、店員の接客についてです。ほとんどのお店でそうなのですが、料理を食べ終えて帰るときにとびきりの笑顔で「慢点儿走～」と言いながら手を振ってお見送りをしてくれます。特に、「海底捞」という火鍋のチェーン店は接客レベルが日本並みに高く、中国では珍しくおしぼりや飲み物を出してくれたり、上着を預かったり服が汚れないようにエプロンを貸してくれたり、長い髪の人には縛れる様に髪ゴムをくれたりしました。具材を鍋に入れて炊いてくれるのはもちろん、好みを聞いてソースやスープを作ったり飲み物を随時注いでくれたりと至れり尽くせり。帰り際には手土産をくれるし誕生日にはバースデーソングを流して盛り上げてくれます。麺を頼むと職人のような人が席の目の前まで来て麺生地を慣れた手つきで伸ばしてくれます。圧巻のパフォーマンスなのでぜひ実際に見てほしいです。一番驚いたのは食後にネイルまで無料でやってくれるところです。このお店がとても気に入ったので留学中に何回も食べに行きました。私には留学中に週一で通っていたカフェがあるのですがそこの店員のお姉さんは特に優しかったです。通うようになった理由は料理がおいしかったのもそうですがお姉さんがすごく優しかったのも要因の一つです。中国語があまりうまく話せない私にすごく寄り添ってくれ、拙い中国語で喋る私の話を笑顔でうんうんと頷いて聞いてくれたり、ゆっくりわかりやすい中国語で話しかけてくれてすごくうれしかったのを覚えています。通ううちに仲良くなり、毎回おまけでデザートをつけてくれたり割引きしてくれたり、お客さんが少ないときには隣に座ってお話してくれたりもしました。私は夜道に一人で歩くのが怖いのでいつも空が明るいうちにカフェを出ていたのですがある時勉強をしていたらうっかり外が暗くなってしまったことがあって、その時にお姉さんが最寄りの駅まで車で送って行ってくれたことがありました。それからはわざと暗くなるまで滞在し毎回駅まで送って行ってもらいました。中国人は仲良くなるととことんよくしてくれるのだなと思いました。

　このように、私が関わってきた中国人はみんな親切で、とても暖かい人たちばかりです。留学に行かなければ分からなかったですし、偏見も持ったままだったと思います。沢山の良い出会いに恵まれて、中国に行ってよかったと心から思っています！

村瀬 未桜（むらせ みお）
二〇〇三年愛知県生まれ。大学二年生の一学期間中国天津へ留学。今年の八月から三週間、上海の日系企業にて職業研修に参加予定。

3等賞

恩師と私

～一生忘れられない中国留学～

介護士　和田　桂奈

二〇一一年中国北京に一年留学していました。この一年は私にとって一生の宝物です。

私の家庭環境は最悪で、親も不仲、兄妹仲も最悪。学校は不登校で、子供の頃から精神安定剤と眠剤を飲んで生活していました。高校は通信教育、大学も赤本も無いような無名の小さな大学。友達もおらず、バイトもうまくいかない。なんの生きがいも無い、毎日未来には絶望しか無いと暗い思いで生きていましたが、ある時大学の茶道部に入部したところ、中国人の留学生達と知り合いに。この子達がたくさん声をかけてくれて、部活を通して徐々に仲良くなっていき少しずつ孤独だった生活に変化が訪れました。私の専攻は日本文学で、中国語は基礎の授業しか受けておらず、会話もままならない状態でしたが、このまま日本で過ごすより、中国留学に行き頑張れば人生を逆転できるかもしれないと一縷の望みを賭けて留学を決意しました。

留学先は北京外国語大学。この大学で出会った二人の先生達が私にとって一生忘れられない存在となる人達です。どちらも女性の先生で、一人は張先生、もう一人は王先生。

留学して最初のころは言葉も話せず聞き取れず、授業にも付いていけず、それでも何とかしようとしていましたが、現実そんなに上手くいくものではありません。留学して三か月ほど経った頃でしょうか、会話もできない、授業にも付いていけず、環境の変化で体調も崩しがちですっかり自信を無くし、もう駄目だ、このまま上手くいかずに終わるのだと絶望し、またどん底に落ちて行ってしまいました。そんな時に最後の頼みの綱である大学の先生の王先生にどうしたらようか相談をお願いし、会いに行きました。その時私はあまりにも思い詰めてしまっ

終業式にみんなと！

て、先生に会った瞬間にその場で泣き崩れてしまいました。これからどうしよう？　日本に帰れと言われるだろうか？　呆れられて見捨てられるだろうか？　等といろんな不安が心の中で渦巻き、ひたすら泣いていると、意外なことに王先生が私を優しく抱きしめて日本語で「大丈夫だよ、大丈夫だよ」と声をかけてくれました。怒って突き放されるのではないかと思っていた私は驚きで涙が止まらないまま、今現在の状況と、これからどうしたらいいかというのを拙い中国語で筆談も交えながら相談しました。親身に相談に乗ってくださり、「自信をもって」、「出来ないのなら予習をしっかりやりなさい」、「ひたすら努力なさい」と言ってくれました。

　この時まで人生で親も含めて誰からも期待などされたことなど無く、相談に乗ってもらえた、人に抱きしめてもらえたことなどありませんでしたので、なんだか戸惑うやら、驚くやらで、大混乱でした。しかし心のどこかでこうは言ってくれたけど、本当に見放さないでいてくれるだろうか、自分は挽回できるだろうかと不安でいっぱいでした。

　そこで事情を聞いたもう一人の大学の先生、張先生も声をかけてくれるようになりました。会うたびに笑顔で声をかけてくださり、「私はあなたを誇りに思っている」と言って私が分からないことがあればいくらでも笑顔で付き合って諦めずに中国語を教えてくれました。

その後先生に見守ってもらいながら勉強し続け、期末テストまで辿り着きました。期末テストの時はすごく緊張して今まで先生たちにすごくよく教えてもらったのに良い結果が出せなかったら合わせる顔がないとずっと考えていたのを覚えています。失敗して成績が悪かったら失望されるのではないかとひたすら悩みながらも、必死に問題を解き続けました。結果好成績を取ることができ、成績表を見た瞬間に泣きたいほど嬉しかったのを今でも昨日のことのように覚えています。

夏休みも帰国せず、ひたすら学生寮で発音矯正、シャドーイング、文法などを勉強し、中国のドラマを見たり、外に出かけることも増え、次第に中国人の方と話すのが楽しく、自分が話す中国語を褒めてもらえたり、笑いあえたり、話せば話すほど自信が付いていくのを実感し、とても幸せな時間を過ごすことができるようになりました。思えば何かを褒めてもらえるというのも人生で初めてのことでした。こんなことがあればあるほど精神状態は良くなっていきました。夏休み後に後期の授業が始まりたくさんの外国人留学生、中国人の方と交流し、中国語を身につけ、話せば話すほどに生き生きと自分の自信が増えてくのを実感しました。一年留学が終わり帰りの飛行機では本当にまだ中国にいたい、もっと中国語を勉強したいと泣きながら思いました。

帰国後も勉強を続け最終目標であった新HSK五級に受かることができました。この一年が無ければ自分は今も生きる意味を失ったような人間だったと思います。そして一年留学を乗り越えられたのは間違いなくこのお二人の恩師のおかげです。

中国人留学生と出会えたこと、恩師二人に出会えたこと、中国という国に出会えたことに感謝。

和田 桂奈（わだ かな）

一九八九年岐阜県生まれ。家庭環境不和、不登校、通信教育を経て、愛知文教大学に進学する。在学時に中国人留学生と交流した後、北京外国語大学に一年留学する。人生に絶望しきっていたが、この留学で出会った恩師達と、一年の留学生活が人生を大きく変えることとなる。現在は介護士として施設で働いている。中華ドラマを鑑賞するのが日課。

3等賞

AI時代の日中交流の提言

会社員　大澤　芙美

私は、AIが急速に発達した現代においてAIを積極的に主体性をもって活用し、日中交流を活発化させていくことが大切だと考えます。

AIが発達する前、日中交流を行うためには言語学習が前提条件にありました。もちろん、交流したいという意欲が言語学習のモチベーションになる場合も多々ある一方で、自分の中国語レベルが十分ではないからと、中国人の方との交流を尻込みした経験を持つ人は私に限らず多くいるのではないでしょうか。言語学習には長期の時間を要する一方、日中交流のタイミングは突然訪れます。会社の打ち合わせで取引先の方が中国人だった時、街で道を聞かれた時。とっさのタイミングで中国語で交流出来たら、と感じた事は数多くありました。しかし、例え第一声を你好と呼びかけたとしても、そのあとの早口の中国語について行けなくて結局曖昧に微笑みながら日本語に切り替えてしまって、会話が盛り上がらなかった経験も何度もありました。AIを使えば、このような自分では理解できなかった場合でも、相手の言語を翻訳してくれます。言語レベルが達していないからと交流をあきらめるのではなく、AIを活用すればどんな場面でも交流を行うことが出来る、非常に便利なツールです。中国語を学習したことがない日本人や、日本語を学習したことがない中国人でも、AIの活用によって日中交流に参加することが出来るようになれば、日中交流はより大きな規模で拡大することが出来るはずです。さらに交流をきっかけとして互いの言語に興味をもち学習する人が増えることが出来れば、より継続的な交流を活発化することが出来ます。

一方で、AIを利用する場合のリスクもあります。AIを利用する人間がしっかりとリスクを把握し、主体的

AIを使いこなすにはまずは自分の側の視野を広げなければ、となるべく中国にかかわるいろいろな場所に出かけて学びを深めている。写真は横浜の中華街に行ったときのもの

に利用の仕方を選択していくことで、適切に利用していく必要があります。ここ数年で生成ＡＩが一気に世界に広まりました。私自身、仕事やプライベートでほぼ毎日のように生成ＡＩを利用しています。日中交流をする上で生成ＡＩを活用するのは、中国語のネット記事の内容を日本語に翻訳してもらって確認したり、ＳＮＳやメールで中国語の文章を書く際に日本語から中国語に翻訳してもらったりと翻訳ツールとしての活用が多いです。さらに翻訳以外にも、中国の祭日の概要をまとめてもらったり、中国のビジネスマナーを説明してもらったりと、交流に必要な情報を提供してもらう、コンシェルジュのようにも活用しています。これだけ聞けばとても便利なツールですが、実施に使用する中でリスクを感じる場面にも出会いました。例えば、翻訳や要約をしてもらう際、専門用語の多いビジネスの話ではＡＩが正しく内容を理解しないまま誤った翻訳を提供してくる場合もあります。この場合でもＡＩ側が自分のアウトプットに自信がない、などと教えてくれるわけではないため、受け取る側がＡＩのアウトプットの信ぴょう性を自分で判断する必要があります。翻訳であっても、自分の原文の意図が正しくＡＩに理解されていなければ、アウトプットされてくる

ものも自分の意図と異なるものとなってしまったこともありました。このような場合、ＡＩのアウトプットをそのまま活用してしまうと、コミュニケーションに齟齬が生じ、かえって日中交流が阻害されてしまう可能性もあります。つまり、ＡＩのいうことをそのまま鵜呑みにするのではなく、ＡＩにどのようなリスクがあるのかを認識した上で活用する必要があります。

さらに、ＡＩを自分が主体的に使いこなさなければいけないという意識をもって活用する必要があります。ＡＩの発達とともに、ＡＩが人間の仕事を奪う、という主張をよく耳にするようになりました。しかし、ＡＩ自身が思考力を持っているわけではありません。私がよく利用している生成ＡＩも、こちらから質問を投げかけなければ、ＡＩからは何のアウトプットももらえません。生成ＡＩを使い始めた当時、私は翻訳ツールとしての利用しかしていませんでした。しかし、同僚がイベントの企画案を作成させたり、記事の要約をさせているのを見て、そんな使い方もあったのかと学び、自分でも実践するようになりました。日中交流においてＡＩを利用する際にも、ＡＩを利用する私たちが、どうやったら日中交流により貢献する使い方が出来るのか、ということを常に考えてアプローチをブラッシュアップしていく必要があります。

ＡＩが著しく発達している現代では、ＡＩの性質を正しく理解し、どうやったらよりうまく活用することが出来るか常に考えながら主体的に活用することで、今まで以上に日中交流の幅を広げることが出来ると考えています。自らＡＩを活用した日中交流を日々実践することで、自分の周りから日中交流を広げていきたいです。

大澤 芙美（おおさわ ふみ）

一九九三年埼玉県生まれ、埼玉育ち。早稲田大学法学部二年時に初の飛行機搭乗を経験するとともに一年間の米国University of Oregonへの交換留学を経験する。この際三人部屋のルームメイトが中国人で中華コミュニティにどっぷりと浸かる貴重な経験を得る。卒業後、東京都庁に入都し、教育行政及び東京オリンピック・パラリンピック事業に従事する。二〇二二年九月より日本の大手製造メーカーに入社し、国内外の関係企業の業務推進サポートに取り組んでいる。

3等賞

大連外語大留学の記

元小学校教員　船津　富美子

一九八四年夏、私は中国へ留学した。

ふと目にとめた広告に大連外国語大学の夏季短期留学の案内が出ていたのを見て友人と二人で申し込んだ。私が中国語を習い始めて一年目のことである。実力はまだ初級、片言も喋れない。

大学受験をひかえた高三の娘と当時猛烈社員の夫を残して四十日間の留学である。二人はこころよく同意してくれたが留守中の生活は大変だったらしい。帰国後たくさんの苦労話を聞かされた。

当時中国は文革が終わり、ようやく落ち着いてはきたものの生活はまだ苦しく、男女ともに地味な人民服を着ていたし、穀類なども食券で買っていた時代である。

私たち総勢三十名はまず東京に集合した。日本各地から集まった二十代から六十代の男女はここで初めて顔を合わせた。大学生もいれば定年退職をした人もいる。羽田で一泊したあと北京へ飛び、あとは列車で一昼夜揺られ、やっと大連駅に到着した。関空から三時間で行く今とは大違いである。

大連駅では外大の先生数名の熱烈な出迎えをうけ宿舎に案内された。宿舎は夏休みで空いている教室を利用し、ベッドと清潔な寝具、勉強机があり、共用の水洗トイレ、少し離れたところにシャワールームと食堂があり私たち第一回の留学生を非常に歓迎してくれているのがわかり嬉しかった。

その日早速歓迎会があり大連の海の幸で豪華な食事を供された。留学生のほとんどは中国語はまだあまり喋れないようで、先生との会話は日本語のできる先生が通訳をしてくれた。私はまだ初級レベルにもかかわらず知っている単語を並べて会話した報いに中級クラスに入れられてしまった。そしてその後の四十日間は猛烈な勉強の

大連埠頭前にて（左から４番目が筆者）

日々になってしまったのである。

授業が始まって知ったが、中国の先生は厳しい。間違えると「不対」不正解の一言でにこりともしないで正解を待つ。毎時間この調子で進むので部屋へ帰ってからも猛勉強をする。時には真夜中まで頑張ることもあった。中国語のあふれた街に出かけると下手ながらも生きた中国語を話すことができた。先生は私たちには常に「言い間違いを恐れるな」「積極的に話せ」と言っていたので街では実によく喋ったと思う。おかげではじめはまったく読めなかった看板などが四十日の間にかなり読めるようになったのは驚きであった。宿題も多かった。手に負えない問題は小李に手伝ってもらった。彼女は私たち留学生の身の回りの世話をしてくれるのだが、朝から晩まで付きっ切りで実によく気の付く女性だった。余談だが二、三年後に彼女は日本へ語学留学し、新橋の旅館に住み込み、日本語学校へ通っていた時、京都に招待して我が家に泊めてあげたことがある。

私が大連に滞在していた八四年夏はちょうどロスアンジェルスでオリンピックが開かれていたので、唯一テレビの置いてある階段前の踊り場で先生や職員と一緒に観戦した。先生も私たちも中国と日本を同じように「加油、加油」と応援したのは自然の成り行きだった。応援中の会話も生きた勉強になった。

留学生のために教室をあけてくれた外大の学生は夏休みというのに宿舎に残り猛勉強をしていた。朝五時ごろから校庭に出て日本語や英語を暗記しながら歩いている。それも一人や二人ではない。日本語で話しかけてくる学生もいてその相手をするのもおもしろかった。

学生生活のしめくくりの修学旅行は西太后の避暑地の承徳、北京の名所旧跡や万里の長城へ行き、美しい風景と歴史の重みに浸ることができた。観光客はまだほとんどなく、実にゆったりとした時間が流れていた。

先生との別れは辛くて涙があふれた。厳しかった女先生が私を抱きしめてくれた。また来ることを約束して別れた。本当にその後三回も短期留学に参加して先生たちにも会っている。

帰国して友人に会うたびに「細くなったね」と口々に言われ、留学生活は楽しかったが勉強はきびしかったと実感した。

語学はとにかくまちがいを恐れず喋ることと教えられた私は、その後残留孤児の仕事に従事し日本語のわからない彼らの手助けをすることができた。生きた中国語を教えてくれた「老師」に感謝している。

前述したようにその後大連に三回短期留学しただけでなく西安、太原にも参加した。実力はともかくとして中国は私の第二の故郷になったのである。

船津 富美子（ふなつ ふみこ）

一九三三年旧満州金州生まれ。十三歳で敗戦を迎え日本に帰国。京都で学生生活を送った後、埼玉県浦和市の教員になり十二年間勤務後、夫の転勤により京都に転居し教員も退職。五十歳の時に中国語学習を始め、五十一歳で大連外国語学院に夏期留学。その後、大連外国語大学、山西大学、大連交通大学に夏期留学。六十歳を過ぎた頃、中国から残留孤児の帰国がはじまり、指導員として帰国者の生活全般を支援。当時の帰国者たちとは現在でも交流を続けている。

3等賞

今だから言えるあの出来事

半導体エンジニア　嶋田　勝

私は半導体エンジニアの職業で海外に行って装置を据え付ける仕事をしています。現在半導体需要は世界的に欠かせない物になりました。以前までは半導体部品のシェアは日本が全盛期でしたが、近年では中国に順位が変わり劇的に状況が逆転している現状です。

今でも半導体装置は日本製を使用していることから日本の装置を中国の企業が購入し半導体の部品を製造しています。ですのでその当時中国への出張は頻繁にあり、そこで起きた印象深い内容を振り返ろうと思います。

今から約十七年前初めて中国へ出張する事になり準備物の内容がよくわからないまま渡航準備をしていざ、上海へ降り立ちます。私以外の同僚一人と移動を共にするのですが当然当時は中国本土内の移動をやった事が無い為、何処へ行ったら良いか分からない状況でただ、事前に用意された宿泊するホテルの住所だけが頼りでした。言葉もわからず身振り、素振りのコミュニケーションが難しく、空港出口で立ち往生していたら親切なタクシー運転手らしき人が現れます。日本ではよく見る光景。今思えば中国に無知な自分がまんまと罠に掛かった瞬間でした。また、空港から上海市内のホテルへタクシーは向かい異国の風景を眺め、驚きと不安と期待をしていたと思います。

目的地へ到着すると料金支払いをすることに……電子表示版には二千五百の表示があり、これがタクシー料金なのか？　と思い見ていました。スマートフォンなど無く紙幣を扱っていた時代で中国のお金のレートを当時あまり理解してなかった私は運転手の提示された金額に疑問をもたず、手渡ししてしまいました。

その後ホテルに到着して中国人同僚と合流し明日からの仕事の打ち合わせをすることになりました。

初めての渡航に気遣う中国人同僚と会話を進める中、空港からホテルまでの料金の内容になり自分の支払った

中国出張から数年後の北京にて。中国はエリア毎に変わった風景を見せてくれる。これまでの中国のイメージが変わる瞬間でもある。

金額を伝えるとその人の形相が変わるのがわかる位、動揺していたのを思い出します。そうです、私は初めて中国でぼったくりにあったのです。

今の自分でもタクシー代二千五百元の提示だったら同じリアクションでしょうね。

そしてそこから思い出深い出来事の始まりになるのです。

中国人同僚はタクシーの領収書を持っているかと聞かれ提示するも、会社名の無い領収書、タクシーナンバーも無く領収書は役に立たない。ホテルの従業員にタクシー運転手の顔とタクシーの特徴を聞くも、これも記憶に無いとの回答……中国人同僚は中国公安へ被害届を出してくれましたが、探し出すヒントが無い状態では捜索ができないらしく似顔絵を描いてほしいと言われて描きました。自分も初めての環境に運転手の顔を記憶できず似顔絵を描くのですが似ていない。少ない手がかりを提供し数日後にその運転手が捕まる話を中国人同僚から話を聞き驚きました。

まずどうやって見つけ出したのかと聞いたところ空港からタクシーまでの駐車場内の録画カメラを元に見つけ出したと言うのです。恐らく多くの人と途方もなく時間のかかった作業だったのでしょう。驚きと共にこの件に携わった関係者各位に感謝したい思いで一杯でした。

そして、次に驚いたのは金額の返金システムについてですが、その当時の説明では被害にあった金額の三倍になって被害者に返金されるという事でしたので二千五百元の三倍ですね。

そのシステムにも驚いたけど更に驚いたのはその事件が新聞やインターネットニュースに取り上げられた事……得をしてニュースになるとは思っていなかったので驚きの出張秘話です。が、この出来事は社内で伏せてあり関係者だけが知っている内容になるのです。もし、武勇伝のように口外するならば自分に不利益な事に成りかねないからです。

事件があった当時の手助けしてくれた中国人関係者は本当に親切だと思いました。日本人同僚間での助け合いが欠落していると思っていた時期だけにこの件でより一層好印象をもてたと思います。その事があってからの中国出張は入念の下調べと交通手段、相場の金額、領収書の内容確認運転手の確認をするようになりました。

他にも出来事は起きましたが渡航する度、注意の内容に盛り込んで決して油断をしない心の持ち様を学習した時期でした。

そしていつからか出張前MTGが開催されるようになったのはその一件が起きてからでしょうか。内容には会社で手配したタクシー以外には利用にしない事、または個人タクシーの利用をしない事の説明文が記載されていました。

その最初の事件から十七年の月日が経ちこの話は私の記憶に残る思い出深い中国の話の一つになります。時間が経過すると記憶は薄くなり経験した事が無くなりつつあります。自分が本当に実在したと言う確認の為、今回この機会に思い出を記憶にだけにせず記録にもとどめて置こうと行動に移してみました。

作成不十分な記録を最後までご拝読頂きありがとうございました。

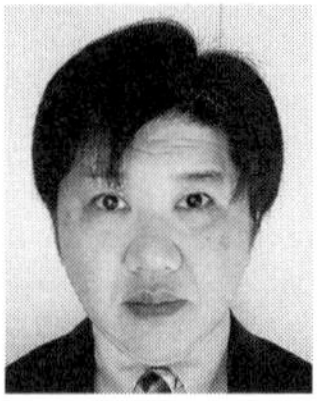

嶋田 勝（しまだ まさる）
一九七八年六月十二日熊本県生まれ。今の職業に就くまで中国に関する物は映画を見るほか、関わりを全く持たなかった。その後、広告デザインの専門学校へ行きデザイン系で就職したが、過酷な就労時間と先の目標が見えない環境に考えを改め退社。その後、半導体エンジニアのスタートアップと言う海外出張の職業に出会い今年で勤続十八年。作品の出来事が起きた時はまだ中国へ行き始めの頃の出来事。二〇二四年深圳へ滞在し、沢山の文化と風習が存在する事を実感。

3等賞

中国の山村で見つけた大切なもの

高校生 田村 心咲

中国に来てから早四年、私は様々な場所を旅した。普段生活する上海から一歩抜け出してみれば、そこは全くの別世界だ。中国には想像以上に文化、方言、歴史があふれている。去年の秋、貴州省に旅行した時のことだ。さらにその中でも、苗族《ミャオズー》という少数民族の生活する地域を訪れた。初めて現地の少数民族に触れあえる場所を訪れ、美しさに感動の連続だった。

苗族とは、山岳地帯で生活する民族で、新石器時代から続くと言われている。現地の人は、苗族特有の民族衣装を着ており、到着したそばから踊りで迎えてくれた。民族衣装は、細かな刺繍がなされており、煌びやかな銀製の装飾品が揺れている。山肌にはたくさんの家が建てられており、どこを見ても現実ではないようなきれいな景色が広がっていた。同時に、いたるところから鳥の鳴き声のような独特な楽器の音色が聞こえてくる。見れば、苗族の人たちが楽器を片手に行きかう観光者たちを眺めている。不思議な音色の雰囲気に連れられ、私は何の楽器なのか演奏していた人に尋ねてみることにした。それは芦笙《ルーシェン》という竹でできた楽器で、苗族の楽器の一つだという。この数年でたくさん勉強し、上達した中国語を使いながら、楽器の話で会話が弾んだ。すると、その方が「山の上のほうに昔からの家があって、そこに行けばたくさん苗族の品を見ることが出来るよ。」と言ってくれた。どうやら観光名所となっている山のふもとにはない、歴史ある衣装や楽器を見られる場所があるらしかった。私は、さらに新しいものや人との出会いを求めて、山を登って見に行くことにした。

翌日、階段を三十分ほど上り続けてたどり着いたのは集落全体を見渡せる山の上だった。山の上にはまだまだ人々の生活する家屋が続いており、その一つがちいさな

村で出会った苗族のおばあさんたちと。美しい民族衣装を見せてくれた

少数民族博物館だった。民族衣装に身を包んだおばあさんが中から出てきて、博物館の中を見せてくれた。どうやら個人の家の中を博物館にして現地の人たちの生活の品々を飾っているらしかった。壁にはたくさんの古めかしい銀製の装飾品や、楽器、少し色の褪せた民族衣装が飾られており、受け継がれている歴史を感じさせた。途中、おばあさんたち一家がみなやってきて、私たちに「どこから来たの？」と聞いた。普段は上海にいるけれど、日本人ですと伝えると、とても驚いた顔をしていた。この場所に来る外国人などめったにいないからだそうだ。生まれた時から山の中の集落で暮らしている彼女たちは、上海などの街に出ることも少ないからこそ、私たちとの繋がりを大事にしようと、苗族を伝えようと、考えてくれたのかもしれない。そこから、彼女たちは苗族の歴史について、人々の生活について教えてくれた。「この村は小さく見えるけど、本当は大きいんだよ。」ふと、最年長のおばあさんがそう言った。代々続く苗族の歴史を知っているおばあさんのこの言葉は、私の心に響いた。人と人との繋がりの強い少数民族の方たちは、同じ民族の中でみなのことを大切にしている。その繋がりの強さ、大きさは何にも代えられない、まだまだ未熟な私には想

像できぬほどのものなのだ。それと同時に、観光地としての役目を果たし、外の人に苗族を伝え続けている。彼女たちのそんな気持ちを感じ取った。その後、私たちの上海や、日本での生活も交えながら会話をした。中国語を使いながら、日本語の挨拶をいくつか教えたり、反対に方言を教えてもらったりし、忘れられない時間になった。最後にお別れするとき、「日本にもいつか行ってみたい」と言ってくださった。それもまた嬉しかった。

　彼女たちの教えてくれた苗族の大切さと偉大さに、私は感銘を受けた。人と人との繋がりをどんなことがあっても絶やさずにあることが、苗族のみならず、今でも続いている少数民族のいいところだと感じた。何より、自分の生まれた地を誇りに思いながらも、他の地域や国を知ることは、本当に素晴らしいことである。国を跨いで壁を作るのではなく、楽しく互いの文化を伝えあいながら少しずつ知っていくことの大切さが身に染みた時だった。小さなことを理解し合うことこそが、私たちに出来る国を超えた交流であり、国と国との交流とも言えるのだ。

　もう少しで、私は四年以上住んだ中国を離れ、日本に帰る。実際にその場に行くことは、人々の思いをじかに感じることができて、たくさん学ぶものがある。そして、出会ってきた景色と人々の思いは、忘れられないものになってゆく。日本の中では出会うことの出来ない、中国ならではの少数民族の歴史や文化を学んだこの経験は、日本に帰っても私の記憶の中で大切に残し続けたい。このような場が減ってしまうのは悲しいが、またいつか苗族の地を訪れたり、他の少数民族の地に訪れたりしたいと思う。

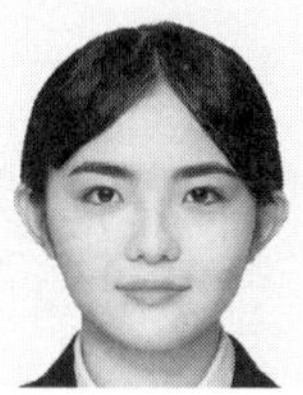

田村 心咲（たむら みさき）

父の転勤に伴い、二〇一九年七月に上海へ渡航。上海日本人学校浦東校中学部に編入するも、翌年一月、コロナウイルス流行により日本に一時帰国。弾力的編入にて日本で十か月間の中学校生活を送る。二〇二一年一月、中国に戻ったのち、二〇二二年三月、日本人学校浦東校中学部を卒業。同月、上海外国語大学付属外国語学校国際部に入学、在学中。

3等賞

華東で春節を過ごした一週間

語学留学生　木村　隆

二〇二四年の春節三日前、通路まで立ち客で混雑した快速列車に乗り、私は一路北京を出て南に下っていました。私は硬座車の喧騒の中で、訪れたことのない江蘇省の農村に期待と不安の入り交ざった思いをはせていました。十四時間ほど夜行列車に乗った後、翌日の朝に連雲港站で乗り換え、また一時間ほど列車に乗り、半日ほどで、私は灌南駅に降り立ちました。

なぜ、私がこの駅まで来たかというと、この地方の農村に住んでいる方から、春節を農村で過ごしてみないかと誘われたからです。

みなさんは日本人の私が中国の農村の方と知り合いになっている事を不思議に思われるでしょう、今回さそってくれた方は、中国の通信アプリ、微信のマルクス主義の学習グループで知り合い、名前を謝歓英さんと言います。こうした友人を「網友」と中国では言うそうです。はじめ私は、中国語がうまく話せないことと、農村の礼儀などをしらないので農村に行くのは難しいのではないかという理由で一度断ったのですが、謝さんからの「問題ないのでいらしてください」という温かい言葉をいただいたので、訪ねてみることに決めました。

駅で謝さんと合流し、江蘇省淮安市連水県高溝鎮へ向かいます。実は、淮安は日中友好に尽力されたことで有名な周恩来総理の故郷で、連水県は今の大阪総領事薛剣氏の故郷でもあります。景色をながめると周囲は山がまったくなく、一面の黄淮平原で、中国で最も平らな省と言われていることを実感しました。平原には畑が広がり、現在は主に米や粟、ジャガイモなどを育てているそうです。車に乗って外を眺めているうちに、広大な畑の中に点々と存在する農村の一つに到着して、「疲れたでしょうからまずはお昼ご飯にしましょう」と食事をいただき

穀物倉庫前でトランプに興じる謝さん達

ました。餃子と飲み物になんと白酒をいただくという素朴な農村の洗礼を受けた後に少しの休息を挟み、電動バイクに乗り高溝鎮を謝さんに案内してもらいました。鎮には有名な酒造メーカーである今世縁という酒造会社の本社があり、有名な高溝酒、今世縁、国縁などというお酒を造っています。特に国縁は空港などにも広告を出しているので、見たことのある方もいらっしゃるかもしれません。大きな社屋や会社の経営するホテルがあり、また春節期間中は休みでしたがそのほか博物館、会社が作った広場などもありました。春節を前にして飲食物の出店や輪投げ、子供用の乗り物などの屋台があり、人でにぎわって楽しそうでした。

北京を春節の三日前に出発しましたが移動時間が長かったので、一晩寝るとはやくも大晦日です。来る途中の列車の中からも花火が打ちあがるのを見ましたが、いよいよ中国らしく街中で爆竹の音が響き渡り始めました。日本では正月飾りを大晦日にするのは一夜飾りで良くないとされますが、中国ではそうではないようで大晦日の正午くらいまでは正月飾りを販売するそうです。謝さんの家でも門と台所の入り口に家族で春聯を張りました。春節で街には活気があふれ、日本で言う商店街のようなところでは、正月飾りや爆竹、日用品、食品の屋台などが道路上にまで広げられてにぎわっていました。その中の一つの雑貨店を謝さんのお兄さんが経営いて、そこで昼食をいただいた後、お兄さんの運転する電動三輪車に乗りお墓参りに行きました。この地方のお墓は土饅頭の前に石碑が立っている形で、家の墓という形式でなく夫婦単位で葬られていました。私はお墓の前までは行けませんでしたが、謝さんとお兄さんは、三つのお墓を回り、造花を墓にかけて紙銭を燃やしお参りしていました。夜になるとあたり一面に花火が打ちあがり、近所の子供たちも花火を楽しんで時には自分でロケット花火を打ち上げていました。この爆音の鳴る中で就寝したところ、夜の〇時過ぎに飛び起きることになりました。なんと家の入り口の前でとぐろを巻いた巨大な爆竹が打ち鳴らされたからです、まるで戦場のような轟音で、その後も早朝まで何度も爆竹に驚かされたので、結局元旦はやや寝不足気味でした。中国の春節での爆竹・花火はすごいとは聞いていましたが、実際に体験してみると聞きしに勝るもので驚きました。

　元旦には朝食に伝統料理の年糕を煮たものを食べ、お昼には親戚の皆さん総勢三十名ほどで行われる新年の宴会に参加して、農村の春節行事を心行くまで体感させてもらいました。

　春節中に私が謝さんの家にいた期間は一週間ほどと短いですが、謝さんのみならず、ご家族、親戚、ご近所の方にも本当によくしていただいた一週間でした。よく大都会だけが中国ではないとは言われますが、実際に日本人が中国の農村へ行くのはなかなか難しいことです。にもかかわらず私を家に招いてくれた謝さんには心から感謝しています。こうした中国人の温かさこそが今までの日中友好を支える一つの柱であったのでしょう。春節での体験を通じて私は、少しでも謝さんのように人を温かく迎えて友好活動に貢献し、この御恩を返したいという思いを新たにしました。

木村 隆（きむら たかし）

一九九七年大分育ち。大学在学中に中国に興味を持ち、大学のプログラムで中国農業大学に。

3等賞

コロナ禍の湖南工場閉鎖

会社員　町田 祐樹

中国には通算で八年滞在している。最初は大学時代に留学二年、その後一度日本に帰国して会社員となり駐在で三年、更にまた二年後の二〇二一年、コロナ禍に三度目の駐在生活が始まった。これまでそれなりに中国を現地で経験したり、人々の衣食住や生活を見聞きしたりして、自分なりの「中国」を経験してきたつもりであったが、この三度目の中国で、仕事上で大きな業務を任されることになった。

コロナウイルスの蔓延で経済が停滞し、多くの企業が倒産したのと同様に、所属する会社の中国工場も閉鎖することになったのである。コロナによる影響と社内の人事異動のタイミングもあり、現地で、私一人で閉鎖と解雇の業務を任されることになった。中国に赴任する直前に会社の上司から「周囲への影響を考慮し、秘密で準備を進め、閉鎖完了まで対応してきてほしい」という業務命令であった。

その日から本・インターネットで法律事務所のサイトなどを見て下調べを開始した。法律コンサルタントの知人や友人にも連絡し、アドバイスを仰いだ。「閉鎖」と「解雇」はそれぞれ別の業務であり、法律関係だけでなく、税務、政府、労務局など様々な対応が必要になることが徐々に分かってきた。

隔離期間は香港地区に入る際に二十一日、中国大陸に入る際に二十一日、これに加え、同じマンションの住人がコロナに感染し十日間、計五十二日の長期戦であった。今でこそ思い出として記述しているが、「このままエンドレスに続くのではないか」という非常に我慢を強いられる日々であった。ただこの間にも心を澄まし、インターネットや本などで上述の工場閉鎖などを調べられたため、良い準備期間にはなったと思う。

中国では広東省、広州や深圳での勤務経験があり、多少は慣れていたつもりだが、やはり工場閉鎖というこれ

閉鎖発表完了後、幹部クラスと食事会。緊張感も解け、寂しさも感じながらの和やかな会食となった

までに経験したことのない業務の為、不安に駆られる日々を過ごした。湖南省入りする時期が近づくにつれ、徐々に身の引き締まる思いがし、一日一日がとても長く感じた。

　春節休暇少し前に湖南に入った。初日に湖南工場の社員が暖かく拍手で出迎えてくれただけに、感謝ともうすぐ閉鎖することの申し訳なさ、無念さが入り混じった気持ちでいっぱいだった。上司やコンサルタント会社と相談し、閉鎖の前日に数名の協力者に打ち明けるまで誰にも言えないもどかしさもあり、複雑な気持ちで湖南での日々を過ごした。繰り返すが皆に申し訳ない、でも経済状況の悪化で仕方がない、全員を当日に速やかに解雇、工場閉鎖し、元居た広東省に戻ること、業務のミッションが徐々に明確になってきた。

　あとで知ったことだが、社員の中でも薄々閉鎖に気づいていた者もいたということだ。生産数は上がらない、材料情報も上がってこない、財務はずっと不況の影響で赤字続き…遅かれ早かれこうなるのではないか、と噂していたとのことだった。とはいえ、そのような状況を知る余裕もなく、その日は近づいてくる。閉鎖・解雇日を「Xデー」として、極秘で進めていたが、Xデー前日にドライバーが、「そういえば日本に一時帰国しているあの日本人の方はいつ戻ってくるのですか？」など聞かれ、もう戻ってこないので、「近日中……」という他なかったが、ドキッとしたことを鮮明に覚えている。

解雇当日、全員を工場四階の空きスペースに集め、まず私が閉鎖・解雇の発表に加え、経済補償金についての説明やこれまでの勤務に従事して頂いたことへの感謝を述べ、その後、コンサルティング会社の方から今後の手続きなどについて中国語で説明して頂いた。二月の湖南はまだ寒く、当日の気温は一度で、この発表の間、寒さと緊張とで足がすくむ思いがしたが、会社代表として胸を張り、誠意をもって対応し、この状況を目に焼き付けた。

感動を覚えたのはその際の社員の態度、対応である。全員が静かに耳を傾け、閉鎖・解雇という事態にも感情を露わにしたり、動揺することなく誠実にこちらの発表に最後まで耳を傾けてくれた。事前に調べた中では、従業員の不満によって現場が荒れたり、中々手続きがスムーズに進まないこともあるそうだが、つい先ほど解雇された社員たちが、率先して自分が働いていた職場を掃除してくれたり、互いに声を掛け合い、管理者や現場リーダーが率先して整理整頓してくれたりしていた。元々三日間予定していた閉鎖・解雇手続きは一日で終わり、最後には約三十名の希望者で食事会を開くまでとなった。閉鎖・解雇が本当にあったばかりかと思えるほど、実に和やかな食事会となった。ある社員の「今後皆で会う機会はあるのかな……」と言っていたこと、最終日に現場で涙を流していた社員がいたこと、それでも笑顔で私に手を振って去っていった光景、そして一旦は閉鎖・解雇業務が無事完了したこと、ホッとしながら約三ヶ月の湖南の滞在を終え、別拠点の広州に向かった。

「もう社員に二度とこんな思いをさせたくない！」と心に誓い、コロナ後の成長の機会を伺いながら、今後暫く中国で経験していきたいと思う。

町田 祐樹（まちだ ゆうき）

一九八四年大阪府生まれ。兵庫県育ち。大学時代に中国・天津の大学に留学後、中国や中国語に関心を持つようになる。大学卒業後はいくつかの職業を経験したのち、二〇一六年に広州に駐在員として赴任。二〇一九年に一旦帰国し、二〇二一年より再度中国に赴任。中国滞在歴は通算で八年目となる。二〇二二年に会社の業務の為、湖南工場の閉鎖・解雇を担当し、その時の経験を文章にしたいと思い、今回応募。

3等賞

旧正月の二泊分の下着

公務員　田仲　永和

湖南大学留学開始から半年弱の二〇〇三年旧正月。友人の鄧さんに「年越しのために実家に帰るから、一緒に来ない？」と誘われた。日本なら、そう誘われたら一～二泊をイメージするのが普通だ。下着の替えを、念のため二日分持ってついていくことにした。「ちょっとそこまで」くらいのトーンだったから、一時間くらいで着くのかと思いきや、バスを乗り継いで、半日かかって「遠江」という街に着いた。

初めて見る街並み。同じ湖南省だけれど、長沙市で聞いていた方言とも少し違う言葉に、耳が慣れない。そもそも私自身の普通話の能力も十分ではない。路上でサトウキビが売っていた。注文すると、食べやすい大きさにカットしてくれた。サトウキビをかじるのが初めての私は、鄧さんの食べ方を見よう見まねで試したが、外皮を歯でむくのに手こずっているうちに、唇が切れた。甘い汁に血の味が混ざったのが、私のサトウキビデビューとなった。果たして何人の外国人がこの街に来たことがあるのだろうか。そう思わせるくらい素朴だったが、活気があった。

実家に着くと、鄧さんのお父さんが出迎えてくれた。まずは、居間でお茶のおもてなし。お茶請けには定番のひまわりの種が出された。足元には炭を入れて使うコタツもあった。お父さんのなまりはひどく、鄧さんが間に入ってくれないと、意思疎通がとれないほどだ。台所には、燻製の魚と豚肉の塊が天井からぶら下がっていた。

ひたすらひまわりの種を食べているうちに、お母さんが仕事から帰宅し、夕食の時間になった。まずはお父さんと白酒で乾杯。食卓には食べ切れないほどの料理が並んだ。完食してしまうと、いつまでたっても終わらないことに気づき、適度に残すことを覚えた。

鄧さんのご両親と私とごちそう

一泊したら、二泊目を誘われた。持参した下着の数を考えると、長くても二泊だ。しかし、次の日も「今日も泊まっていきなよ」と、鄧さん家族に強く誘われ、下着を変えない作戦で三泊目に突入することにした。

翌日の朝。連日、お父さんと白酒を飲み交わした疲れも出てきたのか、朝九時過ぎになってようやく目が覚めた。なかなか起きない私を、そっと寝かせておいてくれたらしい。洗面所の方で音が聞こえたので行ってみると、お父さんがタライに水を汲んで、手洗いで洗濯をしていた。一瞬目を疑った。お父さんの手に、私の下着があったからだ。一泊目に脱いだ後、袋に入れて部屋のすみに置いてあったものだ。

「それって私の下着ですよね？ お父さんに洗わせるなんて申し訳ないので、自分で洗います！」タライごとお父さんから奪い取ろうとしたが、お父さんは絶対に離そうとしない。そうこうしている間に、鄧さんがどこからともなく割り込んできた。

「任せておけばいいんだよ。客人なんだから」

そうして、翌日分の下着が確保されることになった。結局「もう一泊」がその後も十回ほど繰り返された。なんと約二週間、旧正月をまるまる過ごすホームステイになるとは、夢にも思わなかった。

　昼間は鄧さんの案内で街を歩いた。友人が多く、至る所で声をかけられていた。外国人と一度も接したことがない人たちにも多く出会った。私が日本人であることが周囲に知られると、高確率で「日本鬼子」という言葉が飛んできた。条件反射のレベルだった。聞くと戦時中、旧日本軍から直接の被害を受けた地域らしい。「あなたは、日本軍が私たちの親や親戚にしたことをどう思うんだ？」と、何度も聞かれた。それに関する知識も、中国語のレベルも全然足りなかったが、自分の考えを誠実に伝えたいと思った。最初は攻撃的な口調でも、対話しているうちに、不思議と少しずつ和らいでくるのがわかった。

　街歩きを終え、家に戻り、夕食をたらふくいただいた後は、家族で年末のテレビ特番を見た。そして、毎晩寝る前には、鄧さんと語り合うのが日課になった。その日あった出来事のこと、政治のこと、戦争のこと、将来のこと、恋愛のこと、幼少期のこと……。つたない中国語ではあったが、激論も交わした。意見が平行線のまま、互いに譲らず何時間も過ぎることもあった。連日、いつの間にか変わっている日付。なぜ相手がそう考えるのかを知りたい。自分の思うことを何とかして伝えたい。辞書さえ持ち合わせていなかったけれど、みるみる中国語が上達しているのが自分でも分かった。

「鄧さんのお父さんはどんな思いで、私の脱いだ服を手洗いしてくれたのだろう」

　自分の子が連れてきた友人を信じよう、という気持ちの表れなのかもしれない。想いを直接聞くことはできなかったから、私の中に浮かぶ答えが正解かどうかなんて分からない。自分のめいっぱいの想像力で考えられれば、それでいい。

　実際に会って、話して、酒を飲んで。過去のわだかまりがあろうとも、きっと前を向ける。この出来事が、二十年以上たった今でも、国際理解教育に携わる自分の礎となったことは、まぎれもない事実だ。

田仲 永和（たなか ひさかず）

一九八三年千葉県木更津市生まれ。千葉大学在学中、湖南大学に一年間交換留学。卒業後、外務省在外公館派遣員として在中国日本国大使館に二年間勤務。総理訪中、六者会合などを経験。外務省国際協力局での勤務を経て、二〇〇八年から千葉県の公立小学校教員。JICA海外協力隊に現職参加し、マラウイ共和国の小学校教員養成校で指導しながら、現地語でかけ算ソングなどを製作した。二〇二一年から、君津市教育センター主査（指導主事）としてSDGs、国際理解教育、環境教育、ICTなどを担当。

あとがき

謝辞に代えて

主催者代表　段　躍中

今年二〇二四年は中華人民共和国成立七十五周年の記念すべき年にあたり、日本僑報社主催、中国駐日本大使館、読売新聞など後援の第七回「忘れられない中国滞在エピソード」コンクールが皆様の多大なるご支援、ご協力のもとで成功裏に開催できたことは、中国成立から四分の三世紀を迎えた節目の年への素晴らしい献礼となりました。

中国駐日本大使館には引き続きご後援いただきました。特に呉江浩大使におかれましては、大変お忙しい中、最優秀賞（中国大使賞）を授与していただき、本書出版にあたって温かいメッセージを頂戴いたしました。また大使館の関係各位より多大なるご理解とご支援をいただきました。主催者一同を代表し、心より感謝申し上げます。

神谷裕衆議院議員、舛添要一元東京都知事、元卓球選手の福原愛さまには、大変お忙しい中、特別にご寄稿いただきました。ここに深く御礼申し上げます。

本コンクールが順調に開催を続け、今回第七回を迎えられましたことは、ひとえにこれまで支えてくださった皆様の温かいご支援によるものであり、心より感謝申し上げます。これまでに福田康夫元首相、二階俊博前自民党幹事長、近藤昭一衆議院議員、西田実仁参議院議員、伊佐進一衆議院議員、鈴木憲和衆議院議員、矢倉克夫参議院議員、海江田万里衆議院議員、赤羽一嘉前国土交通大臣・衆議院議員、三日月大造滋賀県知事、落語家の林家三平さま、エッセイスト・絵本作家の海老名香葉子さま、俳優・旅人の関口知宏さま、俳優の矢野浩二さま、松山バレエ団総代表の清水哲太郎さま、プリマバレリーナの森下洋子さまなど、多くの方々からご支援をいただきました。深く感謝申し上げます。

ご後援をいただいた中国駐日本大使館、読売新聞社をはじめ、公益社団法人日本中国友好協会、日本国際貿易促進協会、一般財団法人日本中国文化交流協会、日中友好議員連盟、一般財団法人日中経済協会、一般社団法人日中協会、公益財団法人日中友好会館の日中友好七団体、そして中国日本商会の皆様にも、厚く御礼申し上げます。

また、各団体の皆様には、それぞれの機関紙（誌）、会報、ホームページなどを通じて、本コンクールの開催や関連情報を広く発信いただき、より多くの方の参加につながったことに心から感謝申し上げます。

日中両国のメディアには、本コンクールの日中交流に対する重要性へのご理解とご協力をいただき、厚く御礼申し上げます。日本側からは、読売新聞、共同通信、ＮＨＫ、日本テレビ、朝日新聞、毎日新聞、東京新聞、中日新聞、北海道新聞、西日本新聞、山陰中央新報、福島民報、沖縄タイムス、福井新聞、佐賀新聞、東奥日報、四国新聞社、岩手日報、聖教新聞、公明新聞、しんぶん赤旗、観光経済新聞、ＹＯＭＩＳＡＴ、日中友好新聞、日本と中国、日中月報、国際貿易、日中文化交流、週刊読書人、新文化、エキサイトニュース、ニフティニュース、公募ガイド、登竜門、ＢＯＯＫウォッチなど、また中国側からは、人民日報、新華社、経済日報、光明日報、中国青年報、中国新聞社、北京日報、中国国際放送、人民中国、中青在線、中国網などから、多彩なご紹介をいただきました（巻末に一部記事を掲載）。ここに挙げきれなかった多くのメディアからもご支援いただきました。この場を借りて改めて皆様に御礼申し上げます。引き続きご応援ご支持のほどよろしくお願いいたします。

株式会社トーハン、日本出版販売株式会社をはじめとする日本の図書取次関連会社、全国各地の書店や図書館、とりわけ創業二十八年となる弊社の書籍を長年ご愛読くださっている国内外の読者の皆様には、日本全国津々浦々で受賞作品集を通じて「中国故事（中国滞在エピソード）」を広げることにご尽力いただき、誠にありがとうございます。

日中相互理解に関心を持つ各界の方々、応募者や読者の方々などがご自身のＳＮＳで本コンクールを発信してくださいました。また、自治体、学校などでも本活動へのご支援や受賞者の方をご紹介いただき、心から感謝申し上げます。一人ひとりの拡散は小さいものと思われるかもしれませんが、多くの方に拡散いただけることで大きな力となります。今後とも、本活動を引き続き見守っていただけますようお願いいたします。

そして、応募していただきました皆さまに、心より御礼申し上げます。本コンクールに中国滞在中のかけがえのない体験を綴った素晴らしい作品が多数寄せられたことに深く感謝いたします。本当にありがとうございました。

今回のコンクールでは、日本各地および中国の上海など八省市区の皆さまから、合計で二百十八編もの作品をお寄せいただきました。年代別では最年少の応募者は十五歳、最年長の応募者は九十一歳と、幅広い世代からご応募いただきました。応募者の職業は会社員、公務員、中学校・高校・大学の学生と教員、医師、作家、主婦、会社経営者、団体職員など多岐にわたり、多様な視点から中国を見た個性豊かな作品が集まりました。

厳正な審査の結果、最優秀賞となる中国大使賞（一名）、特別賞（三名）、一等賞（四名）、二等賞（十名）、三等賞（二十五名）を選出させていただきました。

ご応募いただいた作品には、国境を超えた心のふれあいや中国の奥深い魅力など日本人が見たありのままの中国の姿や、真実の体験記録など、真実の体験記録など、オリジナリティーあふれる「リアルな中国故事」の数々が綴られていました。日中両国の懸け橋となるこれらの貴重な記録の数々を、少しでも多くの方にお読みいただき、さらに多くの方々と共有していただきたく、二〇一七年のコンクール開始以来、毎年受賞作品集を刊行しています。多くの方々に本書をお読みいただき、中国により深く関心を持ち、実際に訪問していただけることを心より願っております。

呉江浩大使は、「国と国との関係は、人と人との親しみ合いにあり、人と人との親しみ合いは、心と心の通い合いにあります。」と述べられました。本コンクールが日中両国の架け橋となることで、両国民の友好と相互理解の促進に寄与していければ幸いです。

引き続きご支援、ご協力のほどよろしくお願い申し上げます。

二〇二四年十月吉日

「忘れられない中国滞在エピソード」
第6回 受賞者一覧

特別賞

滋賀県知事
三日月大造
松山バレエ団総代表
清水哲太郎
プリマバレリーナ
森下 洋子

最優秀賞・中国大使賞

高畑 友香

一等賞

荻野 大
住友麻野香
飯岡 美沙
渡辺 千草

二等賞

木俣 肇
貴田 雄介
谷 拓篤
大塚 笑
大西 裕子
齋藤 裕之
大谷美登里
清水 あき
宇野 雄二
小石川美穂

三等賞

青山 恭子
瀬川多見子
四宮 陽一
細井 駿吾
小山 真理
羽毛友里恵
樋口 和憲
中嶋 健治
芹澤 暁子
山本 深雪
坂井 和代
村上 祥次
鈴木 明彦
松田 茂
岡川 秀毅
喜田久美子
小椋 学
浅井 和子
五十嵐一孝
木村 春太
中村 優芽
茂呂 亮太
福島 芽吹
清﨑 莉左
梁取 理慧

「忘れられない中国滞在エピソード」
第5回 受賞者一覧

特別賞

関口 知宏 俳優・旅人
矢野 浩二 俳優
赤羽 一嘉 衆議院議員

最優秀賞・中国大使賞

中ノ瀬 幸

一等賞

横山 明子
川村 範行
杉山 早紀
木村 吉貴

二等賞

清成 哲也
荻野 大
加山 到
清水絵里子
後藤 里奈
西村 文彦
久川 充雄
高橋 未來
森 英昌
大橋遼太郎

三等賞

亀崎 瞳
玉置 博計
秋谷 進

鈴木 大輔
塩見 正衛
神谷 東弥
矢野 眞澄
尾澤 結花
関口 政惠
大谷美登里
若林 実里
岡宗 慧麗
木村 隆
田村 心咲
興津 正信
大本 啓典
五十嵐 武
若狭谷理紗
恒冨 素生

高野 尚代
小林 未波
山本 可成
飯塚 有希
石塚 浩子
関 有代

「忘れられない中国滞在エピソード」
第4回 受賞者一覧

特別賞
落語家
林家 三平

最優秀賞・中国大使賞
田中 伸幸

一等賞
服部 大芽
西村 栄樹
林 鈴果
久川 充雄

二等賞
喜多 住香
石井 翔
丸山由生奈
板坂 梨央
大西 賢
田中 信子
服部未来子
福﨑 文香
塚越 誠
多田 記子

三等賞
安部 憲明
菱田 宇軒
大谷 亨
保坂 恵子
北岡 克子
橋詰麻里子
大川 智矢
一番ヶ瀬絵梨子
吉澤 栄
田上奈々加
古市 康夫
寺沢 重法
平手 千瑛
馬渡 愛
西村 範子
梅田 純子
豊田 恭子
伊藤 茂夫
木山誠一朗
秋元 文江
柳井 貴士
安 佳夏
有村 歩汰
吉村 美里
松村 萌里

貢献賞
三津木俊幸
小島 康誉
新宅 久夫
橋本 清一
神田さち子
浦野 紘一

「忘れられない中国滞在エピソード」
第3回 受賞者一覧

特別賞

衆議院議員 海江田万里
参議院議員 矢倉 克夫

最優秀賞・中国大使賞

池松 俊哉

一等賞

星野 信
岩﨑 春香
畠山 修一
田丸 博治
佐藤奈津美

二等賞

山本 佳代
築切 佑果
橋本 理恵
藤本 陽
宮坂宗治郎
濱岸 健一
橘 高子
湯山 千里
藤井 由佳
執行 康平
小椋 学
渡邊真理子
柳原 拓郎
浅岡 真美
上村 里央
五十嵐一孝
菅田 陽平
濱野穂乃香
角 文雄
沖島 正俊
久保田 嶺
大河原はるか
小牧陽二郎
平野 寿和

三等賞

与小田 茜
鈴木あいり
金戸 幸子
関本 康人
井上 尚子
平野 綾
山野井咲耶
石岡麻美子
高田 忍
長崎 彰
柳 文恵
浜咲みちる
尾崎健一郎
兼宗 遥
篠田 結希
一番ヶ瀬椿
大橋 拓真
芳賀 勲
有田穂乃香
赤池 秀代
山崎 恵子
岸 直哉
前川 友太
鈴木 啓介
井田 武雄
塚野 早紀
猪俣 里実
宮川 暁人
和田 廣幸
吉原 萌香
長崎美由輝
野田 義和
鈴木 高啓
橋本 岳
小田 紘平
神田さち子
三浦 功二
市原 佳子
柴野 知也
松山美奈子
千葉 由貴
船木 智美
鈴木 潤子
戸田 幸亜
畠山 友里
新井 博文
吉岡菜々美
齊木 桃子
中曽根正典
藤原 剛史

「忘れられない中国滞在エピソード」
第2回 受賞者一覧

特別賞

衆議院議員 鈴木 憲和

最優秀賞・中国大使賞

乗上 美沙

一等賞

山﨑 未朝
入江 正
横山 明子
片山ユカリ
森野 昭

二等賞

原田あかね
為我井久美子
田上奈々加
伊藤 美紀
野間 美帆
逸見 稔
中島さよこ
南部 健人
杉江 裕子
南 沙良
三輪 幸世
芦田 園美
小嶋 心
高橋 史弥
森原 智美
福島 達也
澤野友規子
神田 康也
岩崎みなみ
後藤 明

三等賞

宮崎 圭
藤盛 耕嗣
中村 美涼
丸山 香織
小田登志子
金子 聖仁
池田 亜以
永田 容子
伊藤 奏絵
岩崎 茜
井上 直樹
合田 智揮
豊崎みち子
河原 紫織
池乃 大
日比 野敏
大友 実香
金戸 幸子
張 美紗子
大野美智子
梅舘秀次郎
吉田 陽介
奥村 眞子
森 眞由子
辻 尚子
松本 匡史
玉城ちはる
日田 翔太
五十嵐真未
原山 敬行
前川 友太
松本 健三
谷川 靖夫
長崎たまき
安田 翔
田中 敏裕
新井 香子
吉岡 孝行
高橋 稔
桑田 友美
荒井 智晴
伊勢野リサ
森井 宏典
佐藤 正子

特別掲載

横井 陽一
白井 省三
和中 清
伊藤 俊彦
堀江 徹
安田 太郎
市川 真也

「忘れられない中国滞在エピソード」
第1回 受賞者一覧

特別賞
衆議院議員
伊佐 進一

最優秀賞・中国大使賞
原 麻由美

一等賞
中関 令美
三本 美和
相曽 圭
瀬野 清水
田中 弘美

二等賞
浦井 智司
青木 玲奈
浅井 稔

三等賞
佐藤 彩乃
秋山ひな子
大友 実香
大岡 令奈
吉田 怜菜
星出 遼平
坂本 正次
濱田美奈子
石川 春花
長谷川玲奈
大石ひとみ
佐藤 力哉
山本 勝巳
臼井 裕之
古田島和美
中道 恵津

佳作賞
須田 紫野
大北 美鈴
桑山 皓子
金井 進
浜咲みちる
堀川 英嗣
小椋 学
中瀬のり子
岡沢 成俊
佐藤 正子
福田 裕一
清﨑 莉左
牧野 宏子
浦道 雄大
小林 謙太
藤田 安彦
奥野 有造
金谷 祥枝
中島龍太郎
北川絵里奈
宮川 曉人
服部 哲也
菅 未帆
西田 聡
伴場小百合
荻堂あかね
小山 芳郎
村上 祥次
高橋 豪
荒井 智晴

特別掲載
小島 康誉
武吉 次朗

「忘れられない中国留学エピソード」受賞者一覧

特別賞

衆議院議員
近藤　昭一
参議院議員
西田　実仁

一等賞

堀川　英嗣
五十木　正
中村　紀子
小林　雄河
山本　勝巳
髙久保　豊
岩佐　敬昭
西田　聡
市川　真也

宮川　咲

二等賞

林　訫孝
千葉　明
鶴田　惇
林　斌
小林　美佳
山口　真弓
伊坂　安由
高橋　豪
吉田　咲紀
細井　靖
浅野　泰之
宇田　幸代
瀬野　清水

田中　信子
桑山　皓子

三等賞

廣田　智
岩本　公夫
稲垣　里穂
井上　正順
平藤　香織
畠山絵里香
矢部　秀一
吉永　英未
平岡　正史
池之内美保

石川　博規
井本　智恵
中根　篤
宮脇　紗耶
遠藤　英湖
塚田　麻美
根岸　智代
大上　忠幸
小林　陽子
坂井　華海

特別掲載

幾田　宏

付録

「忘れられない中国滞在エピソード」報道ピックアップ

日中両国のメディア各社などによる本コンクールへのご理解と精力的な報道に厚く御礼申し上げます。紙面の都合上、一部ではありますが報道記事を掲載し、コンクールの歩みを振り返りたいと思います。

THE YOMIURI SHIMBUN

讀賣新聞 2024.3.16

◆中国滞在経験の作文募集

日中関係の書籍を多く出版する「日本僑報社」（東京都）が訪中経験のある日本人を対象に、旅行や留学などで中国滞在中に感じたことや魅力などをつづる作文コンクール「忘れられない中国滞在エピソード」（読売新聞社など後援）の作品を募集する。

今年で７回目。訪中経験の有無を問わず応募できる特別枠も設定し、「ＡＩ（人工知能）時代の日中交流に関する提言」をテーマとした作文を受け付ける。

字数はいずれも日本語で1900～2000字。応募はメールで1122@duan.jpへ。受付期間は５月８～31日。詳細は日本僑報社のホームページで確認できる。

日本と中国 第2286号 2024年3月1日 （第３種郵便物認可）

第7回「忘れられない中国滞在エピソード」5月8日募集開始

●特別テーマ
ＡＩ時代の日中交流に関する提言

中国成立75周年を記念し、日本僑報社は日本人を対象に第７回「忘れられない中国滞在エピソード」コンクール（当協会後援）を開催する。

誰かに教えたくなるような現地でのとっておきのエピソード、学びと感動のストーリーなど、ポジティブエネルギーに満ちたオリジナリティーあふれる作品を募集。さらに、中国滞在経験の有無に関わらず、全ての日本人が応募できる特別テーマ「AI時代の日中交流に関する提言」を設ける。最優秀賞（中国大使賞）には賞金10万円が贈られる。

■応募受付期間
２０２４年５月８日（水）～５月31日（金）

■応募方法
①本文（日本語で１９００～２０００字）、②エントリーシート（ホームページからダウンロード）を添付し、事務局にメールで送付する。

詳細
http://duan.jp/cn/2024.htm

2024年2月1日　日中友好新聞　第2605号

中国を、あなたの言葉で語ろう

第7回「忘れられない中国滞在エピソード」募集要項

日本僑報社は第7回「忘れられない中国滞在エピソード」コンクールを開催します。今年2024年、中国は中華人民共和国成立75周年を迎えます。これを記念するイベントの一つとして、「中国を、あなたの言葉で語ろう」をコンセプトにした作文コンクールです。要項は次のとおりです。

受付期間＝5月8日(水)～31日(金)（メール送信締め切り時間は5月31日23時59分まで必着）

テーマ＝①忘れられない中国滞在エピソード②特別テーマ「AI時代の日中交流に関する提言」

応募資格＝①留学・駐在経験、旅行など中国へ行ったことのあるすべての日本人②すべての日本人

字数＝2000文字以内（タイトルと略歴は含まない）

応募方法＝①本文をA4・ワード形式・横書きで日本語。②エントリーシートをダウンロード（duan.jp/cn/2024.htm）し、必要事項を記入。③①と②を添付し、件名は「第7回応募＋応募者氏名」で事務局メールへ送信。

送り先＝40@duan.jp

賞＝最優秀賞（中国大使賞）1人、1等賞4人、2等賞10人、3等賞25人、団体賞（10作品以上応募した団体に授与）

副賞＝最優秀賞賞金10万円など

そのほか＝8月下旬に受賞者名簿発表、10月中旬に最優秀賞、受賞者名簿最終発表、11月上旬に受賞作品集刊行、11月下旬に中国大使館で表彰式・祝賀会開催予定（入賞者は招待）

問い合わせ先＝事務局03(5956)2808、FAX03(5956)2809（張本宛）

シャンシャン、中国で少しずつリラックス「リンゴを食べて寝て健康」

有料記事

黒田早織　2024年4月9日 18時30分

list 0

モニターに映し出された、四川省の中国ジャイアントパンダ保護研究センターでササを食べるシャンシャン＝2024年4月9日、中国大使館、黒田早織撮影

昨年2月に上野動物園から中国に返還されたジャイアントパンダ「シャンシャン」の様子をオンラインで中継するイベントが9日、中国大使館（東京都港区）であった。シャンシャンは少しずつ環境に慣れ、健康に暮らしているという。

中国に渡ったシャンシャンが吠えた夜　公開に半年超、飼育員語る歩み →

イベントは同大使館が主催。中国滞在体験をつづる日本人向けの作文コンクールの入賞者らを招待し、関係者も含めて約200人が集まった。呉江浩駐日大使らはあいさつで「パンダは中日友好の使者だ」「日本の人は涙ながらにシャンシャンを見送った。中日両国の人々が仲良くできないわけがない」などと述べた。

現在は四川省の中国ジャイアントパンダ保護研究センターで一般公開されているシャンシャン。この日はササを食べる姿がモニターに映されたほか、飼育員の趙蘭蘭さんが現在の健康状態などを解説した。

シャンシャンが映ると、参加者は「かわいい！」「ちゃんと食べてるね」などと歓声をあげ、スマホで撮影していた。

「中国語も聞き取れるように」

シャンシャンは当初、小さな音にも敏感に反応しストレスを感じていたといい、食事が終わると人目につかない場所に移動して寝るなど、慣れるのに時間がかかった。

趙さんによると、シャンシャンの好物のリンゴをあげたり、趙さんの声やにおいを覚えさせたりして少しずつ環境に慣れさせた。今では観光客の前でもくつろげるようになるなど、「大きな進歩があった」という。

食事は昼間に竹30キロやリンゴ400グラムなどを食べ、健康状態も良好。好きなことは「寝ること」で、「中国語の指示も聞き取れるようになり、静かで賢い」と話した。

イベントに参加した都内の会社員小林映子さん（54）は、「コロナ禍でも週2回は会いにいっていた」という大ファン。「今のシャンシャンが見られてうれしい。飼育員さんもよくしてくれているようで、安心しました」と話した。（黒田早織）

「シャンシャンは元気です」　中国・四川のパンダ飼育施設とオンライン交流会

2024/4/9 14:01

X ポスト　X 反応

オンライン交流行事でモニターに映し出されたパンダのシャンシャン（左）＝9日、東京都内の在日中国大使館（田中靖人撮影）

「シャンシャンは元気です」。昨年２月に中国に返還された雌のジャイアントパンダ、シャンシャン（香香）が暮らす中国四川省の飼育施設とオンラインで中継する行事が９日、東京都内の在日中国大使館で開かれ、日本の愛好家ら約２００人が参加した。

シャンシャンは２０１７年６月に上野動物園（東京都台東区）で生まれ、昨年２月に四川省雅安市の保護研究センターの施設に返還された。同１０月から一般公開されている。

会場では、座ったシャンシャンが器用に竹を食べる様子が映し出され、参加者から「かわいい」と声が漏れた。飼育員の趙蘭蘭さんが中継で「シャンシャンは今、故郷の環境に慣れ、元気に過ごしている」と紹介した。

中国四川省の施設からの中継でモニターに映し出されたパンダのシャンシャン＝9日、東京都内の在日中国大使館（田中靖人撮影）

趙さんによると、シャンシャンは臆病で音に敏感。返還から３カ月程度で中国語の指示を聞きとれるようになったが、現在も日本語と中国語では反応が違う。施設では１頭で飼育され、今年の繁殖計画に参加 していないため、「恋人」もいないという。

名前の公募で「シャンシャン」と応募した名付け親の一人、高畑友香さん（３０）は「雅安にはなかなか行けないので、姿を見られてうれしい」と話していた。高畑さんは、中国で生活していた頃の自身の呼び名がシャンシャンだったという。

日本と中国　第2286号　2024年3月1日　（第3種郵便物認可）　(12)

友好訪問

パンダ香香と振り返る人生 切り離せない私と中国

第6回忘れられない中国滞在エピソード中国大使賞受賞

会社員　高《たか》畑《はた》 友《ゆ》香《か》さん

【プロフィール】
1993年千葉県生まれ。
父の仕事の都合で幼少期に累計10年間中国に滞在。
お茶の水女子大学卒業後、2019年より仕事で中国上海に4年間駐在。
2023年「第6回忘れられない中国滞在エピソード」で中国大使賞を受賞。
日本帰国後も、中国に関わる仕事を続けている。

私は両親の仕事の関係で、1歳になる前から広州で過ごしました。その後、3歳から小学校2年生まで日本、その後再び広州に戻り、中学校からは北京に移り、現地の日本人学校に通いました。そのお陰か、帰国後の生活にも順応し、高校、大学、就職後も日本で過ごしました。一方で、海外に行きたい思いも強く、新卒で入社した会社では中国支社とのやり取りが多く、当時の上司とのご縁もあり、2019年から2023年前まで上海で駐在しました。ロックダウンも経験しましたが、今では不思議な空間の中で過ごせた、とポジティブに振り返ることができます。コロナ禍になってからは、中国から出られない環境を活用し、マラソンやロードバイクなどの趣味を開拓。中国国内の色々な場所へ、旅行にも行きました。特に印象に残っているのは、私は中国ワインが好きなのですが、お店で飲んで一目惚れした寧夏回族自治区産のワインを求め、ワイナリーに連絡し訪問したことです。広大な景色を眺めながら飲んだワインは、人生で最も美味しい一杯となりました。

香香《シャンシャン》の作文を書いたきっかけ

上海の駐在を終えるタイミングで、集大成として何か文章を書きたいと思っていた矢先、「第6回忘れられない中国滞在エピソード」（日本僑報社主催）に出会いました。私がパンダを好きになったのは北京時代。北京動物園で見た赤ちゃんパンダに一目惚れし、それから母、妹2人と毎週のように動物園に足を運びました。しかし帰国後、パンダ熱は下降気味に。そんな中、2017年6月12日に上野動物園で待望の赤ちゃんパンダが誕生。そこから連日の報道を見て、パンダ熱が復活していくのを自分自身で感じました。上野動物園で赤ちゃんパンダの名前を募集することになったときは居ても立っても居られず、北京時代に中国人のお手伝いさんから香香と呼ばれていたことから、その名前を応募。数ヶ月後、パンダの名前は皆さんご存知の通り「香香」と決まりました。本来であれば香香が中国に戻り現地で会えたのですが、コロナ禍で延期。その後も一般公開と帰任のタイミングが合わず会えずじまいです。この出来事を作文に書いたところ、なんとコンクールで中国大使賞を受賞しました。

今後も切り離せない私と中国

人生の半分近くを中国で過ごした中で、社会人として中国に戻ったことで大きな変化を感じました。中国の理解が深まったことはもちろん、仕事で携われたことでより全体的且つ客観的な理解も深まり、今の中国で取り組まれている先進例を体感できました。中国に携わる仕事に就き、これからも中国とのご縁は続くと思いますし、切り離せない関係と言っても過言ではありません。実際、私の周りにも中国で仕事をしてから中国の魅力にのめり込む人も多く、また2019年駐在当初は高校、大学の友人が上海を訪ねてくれて、中国のイメージが変わっていく姿も見てきました。これから中国と触れていく中で、仕事はもとより、周りの友人たちにも中国の魅力を伝えていきたいです。また今回のコンクールのご縁をくれた香香にも必ず会いに行きたいですし、香香に子どもができた暁には、その子どもたちも一緒に〝家族推し〟をしようと思います！

（井上正順）

2023年12月25日・2024年1月9日合併　第2425号　国際貿易

作文コンクール

4年ぶり受賞者一堂に

忘れられない中国滞在エピソード

第6回「忘れられない中国滞在エピソード」コンクール（日本僑報社主催、当協会など後援）の授賞式が12月12日、駐日中国大使館で開かれた。対面での開催は4年ぶりとなった。呉江浩大使はあいさつで「受賞者は中日関係の底力だ。両国関係の（揺るぎない）流れをつくってもらいたい。みんなの力で中日関係を支えよう」と述べた。

最優秀賞（中国大使賞）を受賞したのは会社員の高畑友香さん。17年上野動物園でパンダが誕生した。名前募集に、子供のころ中国のお手伝いさんから「シャンシャン」と呼ばれていたことからこの名前で応募した。このことを中心に綴っている。

高畑さんは0～3歳、8～15歳そして駐在員の4年間を含め人生の約半分（14年間）を中国で過ごした。23年4月の帰国を機に中国との関係を文章で残したいと思ったと授賞式で語った。

コンクールには14歳から85歳まで230本を超える応募があった。受賞作品（43本）を収録した『「香香」と中国と私』（2500円＋税）が日本僑報社から出版されている。

他には、10歳の時に1人で武術留学した思い出、中国で大けがをした時に助けてもらったこと、70年代末のトラック製造技術支援、岡山で育った大学生による孫悟空の桃と岡山の桃の話などさまざまなエピソードが収録されている。

日本と中国　第2285号　2024年2月1日　（第3種郵便物認可）　(10)

中国滞在エピソード　高畑友香さんが中国大使賞

受賞者と関係者らによる記念撮影

第6回「忘れられない中国滞在エピソード」コンクール（日本僑報社主催、中国大使館、当協会など後援）の表彰式が2023年12月12日、東京の中国大使館で開催され、受賞者や関係者約200人が出席した。呉江浩駐日大使は祝辞で、受賞者に「皆さまこそ中日関係の底力。中国の友人との友情を重ね、両国の明るい未来を切り開いてほしい」と語りかけた。当協会の永田哲二常務理事、埼玉県日中友好協会の橋本清一理事長、東京都日中友好協会の井上正順副理事長も来賓として出席した。

応募総数は238点。最優秀賞の中国大使賞を受賞したのは、東京の上野動物園で生まれ、昨年中国に返還されたジャイアントパンダ・シャンシャンの名付け親の一人で、2023年春まで上海に駐在していた会社員の高畑友香さん。受賞作（「香香《シャンシャン》」と中国と私）の中で、中国で過ごした幼少期、お手伝いさんに「香香《シャンシャン》」と呼ばれていたことからパンダの命名に応募したエピソードを明かし、「近くにいても離れていても、大好きだよ」と、シャンシャンへの愛と中国への思いを素直に込めた内容が高く評価された。高畑さんは受賞スピーチで〝推し活〟を通じ日中の相互理解を深めることが、友好への第一歩だと思う。〝好き〟を通して日中友好に貢献したい」と話した。

松山バレエ団・森下洋子さんがバレエを披露

同コンクールで特別賞を受賞した世界的プリマバレリーナ・森下洋子さん（松山バレエ団団長）は「この賞に恥じないよう、これからも勉強を続けたい」と述べ、同じく特別賞の松山バレエ団総代表・清水哲太郎氏は中国の周恩来元総理に「てっちゃん」と呼ばれたエピソードを紹介した。また、森下さん率いる松山バレエ団が、日中国交正常化前から両国で大切にされている『白毛女』の一部を披露し、客席は感動に包まれた。滋賀県の三日月大造知事も特別賞を受賞した。山東省で日本語教師として勤務していたときに出会った生徒たちとの思い出を綴った京都府日中友好協会の四宮陽一前副理事長と、2015日中友好大学生訪中団の団員で2018年に大学生訪中団同窓会の実行副委員長を務めた会社員の清崎莉左さんが、見事3等賞を受賞した。

《中国滞在エピソード受賞作品集》

「香香」と中国と私

日本と中国の相互理解と交流促進を目的に開催されている第6回「忘れられない中国滞在エピソード」コンクールの受賞作品集が日本僑報社から発行された。最優秀賞（中国大使賞）受賞作（「香香」と中国と私）のほか、特別賞3人、一等賞4人、二等賞10人、三等賞25人による、日本人が見たありのままの中国の姿、真実の体験記録など、オリジナリティーあふれるとっておきのエピソード計40点を収載している。

A5判220頁
2023年11月22日発行
日本僑報社
2,750円（税込）

(13)　No.934　2024. 1. 1　　日 中 文 化 交 流　　(第三種郵便物認可)

日本僑報社のコンクール
北京と東京で表彰式

第十九回「中国人の日本語作文コンクール」の表彰式と受賞者のスピーチ大会が、昨年十一月十日、北京で行なわれた。最優秀賞・日本大使賞には、趙志琳氏（吉林大学四年）の「囲碁の知恵とポストコロナ時代の中日交流」が選ばれた。また会場では、日本僑報社の日中友好促進への長年にわたる貢献を称え、垂秀夫前駐中国日本国大使から同社に「在外公館長表彰」が贈られた。

また、訪中経験のある日本人を対象にした第六回「忘れられない中国滞在エピソード」コンクールの表彰式が、十二月十二日に東京の中国大使館で開催された。最優秀賞・中国大使賞には、高畑友香氏の「『香香』と中国と私」が選ばれたほか、松山バレエ団代表の清水哲太郎、森下洋子夫妻らに特別賞が贈られ、呉江浩中国駐日大使から賞状が授与された。

いずれのコンクールも日本僑報社主催、当協会後援。両コンクールの関連書籍も同社から刊行されている。

観光経済新聞
kankokeizai.com　　2024. 1. 31

【本だな】「香香（シャンシャン）」と中国と私　段躍中編

2024年1月31日　NEW!　シェアする　ポスト　LINEで送る　コメント

本書は、日中関係の書籍を出版する日本僑報社（東京都豊島区）が昨年日中平和友好条約締結45周年を記念したイベントとして開催した、日本人を対象に中国での滞在経験や思い出などをテーマとした作文コンクール「第6回忘れられない中国滞在エピソード」の受賞作品をまとめた作品集。最優秀賞の会社員の髙畑友香さん、特別賞の三日月大造滋賀県知事、松山バレエ団総代表の清水哲太郎氏、プリマバレリーナ森下洋子氏ら計43人の上位受賞作品を収録している。

後援の中華人民共和国駐日本国大使館の呉江浩大使は、「受賞作品の中に『感謝』『友好『祝福』などのワードが多く見られた」と語る。国境を越えた心のふれあいや心を震わせる感動シーンなど、多彩なエピソードに心温まる1冊。

A5判224ページ。定価2750円（税込み）。発売＝日本僑報社。

(5) 2024年1月15日 日中友好新聞 第2604号

私と中国
〈1090〉

第6回「忘れられない中国滞在エピソード」コンクール最優秀賞（中国大使賞）受賞者

高畑 友香さん

人生の半分を中国で過ごす

呉大使（右）と高畑さん

昨年12月12日に中国大使館開催の第6回「忘れられない中国滞在エピソード」コンクール表彰式で、最も注目された受賞者は中国大使賞を受賞した会社員の高畑友香さん。

表彰式開始前に、呉江浩《ごこうこう》大使が貴賓室でコンクール主催者および1等賞以上の受賞者と会見しました。その場で、大使が受賞者の皆さんと1人ずつ言葉を交わしました。

高畑さんの発言にあった「今年30歳で、人生の半分を中国で過ごした」という一言が大使の心を動かしたようです。呉大使が表彰式でのあいさつで、高畑さんが語った言葉を約200人の出席者に紹介すると、会場から感動の拍手が送られました。

高畑さんは父親の仕事の都合で、0歳から3歳までの3年間、8歳から15歳までの7年間、そして彼女自身の仕事で駐在員として4年間、30年間の人生のうち、ほぼ半分の年数を中国で過ごしました。

1回目の滞在時にお世話になったお手伝いさんには、友香の香を重ねて「シャンシャン」と呼ばれていました。

そのエピソードを添え、上野動物園のホームページに応募したところ、パンダの名前が「シャンシャン」に決定したので、特に思い入れがあり、受賞作はそのエピソードを書きました。

表彰式であいさつした高畑さんは、次のように述べています。

「私はシャンシャンの推し活を通して四川省の成都からさらに奥の雅安まで行き、その地の食や文化に触れました。日本人、中国人を問わず、お互いの推しを通じて両国の文化を知っていくこと、これが相互理解の第一歩になる。これからも、日中友好に微力ながら尽力したい」

（段躍中）

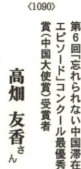

2022年 11月17日(木)

驻日本大使孔铉佑会见第五届“难忘的旅华故事”征文比赛获奖者代表

11月17日，驻日本大使孔铉佑会见第五届“难忘的旅华故事”征文比赛获奖者代表、熊本县高中生中之濑幸，名古屋外国语大学名誉教授川村范行，东京理科大学学生大桥辽太郎，东京艺术大学学生若狭谷理纱等。使馆张沛霖公参及日本侨报社总编段跃中参加会见。

孔大使向获奖者表示祝贺并颁发奖状，对日本侨报社长期坚持举办征文比赛表示评价和鼓励。孔大使表示，中日地理相近、文化相通，有深厚历史渊源。同时两国在民族风俗、价值取向等方面也存在很多差异。多样性是世界活力的源泉，应该成为交流的动力而不是壁垒。今年是中日邦交正常化50周年，50年来中日关系给两国和地区带来的最大财富是和平，未来双方应在相互尊重、互利共赢基础上继续发展和平友好关系。希望你们以此次获奖为契机，进一步加深同中国的交流，传播中日互为合作伙伴、同为命运共同体的理念，投身中日友好特别是青少年交流，为两国关系贡献智慧和力量。

日方谈及自身在中国学习、常驻及生活等经历和趣事，表示通过亲身接触和交流，感受到中国发展变化和中国民众的友善热情。人与人之间没有国界，今后愿继续致力于日中交流事业，为增进两国相互理解和信任作出努力。

第五届“难忘的旅华故事”征文比赛由日本侨报社主办，中国驻日本使馆、日中友好七团体等担任后援单位。此次共征得稿件200余篇，投稿人涵盖日本社会各界人士。

讀賣新聞 オンライン　2022年 11月17日(木)

ホーム ＞ ニュース ＞ 国際

忘れられない中国滞在エピソード…上海ロックダウン経験した高３の作文が最優秀賞

2022/11/17 17:33　新型コロナ　この記事をスクラップする

日中関係の書籍を出版する「日本僑報社」（東京都豊島区）が主催し、日本人を対象に中国での経験や思い出などを集めた作文コンクール「第５回忘れられない中国滞在エピソード」（読売新聞社など後援）の受賞作品が決まった。

▸国内の新規コロナ感染、３日ぶりに１０万人下回る…東京は１３日連続で１週間前を上回る

孔大使（右）から表彰を受ける受賞者（１７日、東京都港区の中国大使館で）＝田村美穂撮影

最優秀賞の中国大使賞には、中国上海市在住の高校３年、中ノ瀬幸さん（１８）が、同市のロックダウン（都市封鎖）中の生活を振り返った「私は隔離生活を通して成長しました」が選ばれた。

中ノ瀬さんは作文の中で、長引くロックダウン中の生活で不安やストレスを抱えながらも、食料を差し入れ、声がけしてくれた中国人の隣人たちとの交流に救われ、精神的にも成長できた経験をまとめ、「親切な人がたくさんいることを知った」「上海を嫌いにはなれない」とつづった。

現在、中ノ瀬さんは日本に一時帰国中で、１７日に東京都港区の中国大使館を訪れ、孔鉉佑駐日大使から直接表彰を受けた。中ノ瀬さんは「現地の人の良さが伝わったらうれしい」と受賞を喜んだ。将来は中華料理の良さを広げられるような飲食店の経営や、フードジャーナリストを目指すという。

今回は１５～８７歳の男女２２５人から応募があり、約４割が１０～３０歳代の若者だった。主催した日本僑報社の段躍中編集長は、「若い世代が日中の友好関係の発展を担ってくれたらうれしい」と期待する。受賞作をまとめた「驚きの連続だった中国滞在」は書店などで発売中。

第五届“日本人讲中国故事”征文比赛结果揭晓

2022年11月18日11:30 | 来源：人民网-国际频道　　Tт 小字号

人民网东京11月18日电（记者岳林炜）为纪念中日邦交正常化50周年，由日本侨报社主办、中国驻日本大使馆等担任支持单位的第五届“日本人讲中国故事”征文比赛评选结果日前揭晓。日本高中生中之濑幸获得“中国大使奖”，日本前国土交通大臣、众议院议员赤羽一嘉和著名演员关口知宏、矢野浩二获得“特别奖”。

中国驻日本大使孔铉佑向第五届“日本人讲中国故事”征文比赛部分获奖者颁发奖状。人民网记者 岳林炜摄

中之濑幸的获奖征文作品以亲身经历讲述了她离开父母和家人，独自与周围中国人在上海共同抗疫、获得成长的宝贵经历。她在文中写道，“我体会到了中国邻居的温暖，在看不见的地方，有很多中国朋友在支持着我。”赤羽一嘉在《惊喜不断的旅华生活》的征文中表示：“我将尽绵薄之力，通过促进国民的友好往来，加深两国经济、文化、艺术、体育、旅游交流等，以此强固日中友好纽带。”

17日，中国驻日本大使孔铉佑向中之濑幸等部分获奖者颁发奖状。孔铉佑表示，中日地理相近、文化相通，有深厚历史渊源。同时两国在民族风俗、价值取向等方面也存在很多差异。多样性是世界活力的源泉，应该成为交流的动力而不是壁垒。今年是中日邦交正常化50周年，希望获奖者进一步加深同中国的交流，传播中日互为合作伙伴、同为命运共同体的理念，投身中日友好特别是青少年交流，为两国关系贡献智慧和力量。

据主办方介绍，本次征文比赛共征得稿件200余篇，投稿人涵盖日本社会各界人士，比赛还评出一等奖4人、二等奖10人、三等奖25人。获奖作品已辑集出版，并于今年11月在日本全国上市。

(责编：艾雯、杨牧)

中国网 Japanese.CHINA.ORG.CN

2022年 11月29日(火)

第5回「忘れられない中国滞在エピソード」の受賞作が発表

タグ：中国大使賞　価値観　文化　受賞作

発信時間：2022-11-29 11:57:35 | チャイナネット | 編集者にメールを送る

中日国交正常化50周年を記念すべく日本僑報社が主催し、中国駐日本大使館などが支持する作文コンクール、第5回「忘れられない中国滞在エピソード」の受賞作がこのほど発表された。日本の高校生の中ノ瀬幸氏が「中国大使賞」を受賞した。元国土交通大臣、衆議院議員の赤羽一嘉氏、俳優の関口知宏氏と矢野浩二氏が「特別賞」を受賞した。

中ノ瀬氏の受賞作は、親と家族の元を離れ周囲の中国人と共に上海で感染症と戦い成長したという貴重なエピソードだ。中ノ瀬氏は作文の中で、「私は中国の隣人の暖かさを実感した。見えない所で多くの中国の友人が私を応援してくれた」と記している。赤羽氏は「驚きの体験の連続であった中国滞在」の中で、「微力を尽くし、国民の友好往来の促進を通じ、両国の経済・文化・芸術・スポーツ・観光交流などを掘り下げることで、日中の友好の絆を強める」と記している。

中国の孔鉉佑駐日大使が17日、中ノ瀬氏ら受賞者に賞状を授与した。孔大使は、「中日は地理的に近く、文化が相通じ、深い歴史の源を持つ。同時に両国は民族、風習、価値観などの面で差がある。多様性は世界の活力の源泉で、壁ではなく交流の原動力になるべきだ。今年は中日国交正常化50周年だ。受賞者が中国との交流をさらに深め、中日は互いに協力パートナーとなり同じ運命共同体になるという理念を広め、中日友好、特に青少年交流に身を捧げ、両国関係に知恵と力で貢献することを願う」と述べた。

主催者側によると、今回の応募作品数は200作を超え、日本社会の各界から応募があった。コンクールの1等賞は4人、2等賞は10人、3等賞は25人。受賞作はすでに編集され、11月に日本全国で発売された。

新華社新媒体 2022年11月18日

AI合成主播丨日本第五届“难忘的旅华故事”征文比赛颁奖仪式在东京举行

由日本侨报出版社主办的第五届“难忘的旅华故事”征文比赛颁奖仪式17日在中国驻日本大使馆举行。

本次比赛共收到来自日本全国各地的225份参赛作品，参赛者年龄从15岁至87岁不等。比赛评出最高奖“中国大使奖”1名、“特别奖”3名以及一、二、三等奖若干名。

编辑：李子怡

讀賣新聞
2022年 11月18日(金)

中国滞在記 中ノ瀬さん最優秀

日中関係の書籍を出版する「日本僑報社」（東京都豊島区）が主催し、日本人を対象に中国での経験や思い出などを集めた作文コンクール「第5回忘れられない中国滞在エピソード」（読売新聞社など後援）の受賞作品が決まった。

最優秀賞の中国大使賞には、中国上海市在住の高校3年、中ノ瀬幸さん(18)が、同市のロックダウン（都市封鎖）中に自宅マンションの隣人に支えられた経験をまとめた「私は隔離生活を通して成長しました」が選ばれた。

中ノ瀬さんは日本に一時帰国中で、17日に東京都港区の中国大使館を訪れ、孔鉉佑駐日大使から表彰を受けた。中ノ瀬さんは「中国の人々の親切さに助けられた」と受賞を喜んだ。今回は15〜87歳の男女225人から応募があり、約4割が10〜30歳代の若者だった。受賞作をまとめた「驚きの連続だった中国滞在」は書店などで発売中。

週刊
観光経済新聞
2022年12月19日

本だな

忘れられない中国滞在エピソード第5回受賞作品集 驚きの連続だった中国滞在

日本僑報社

日中の文化交流、人的交流、相互理解を促進するために日本僑報社2017年から毎年、留学・駐在経験者、旅行者など、現在、滞在している人も含めて、実際に中国に行ったことのあるすべての日本人を対象とした「忘れられない中国滞在エピソード」コンクールを実施している。

誰かに教えたくなるような現地でのとっておきのエピソード、学びと感動のストーリー、国境を超えた心のふれあい、驚くべき体験や新たな発見、心震わせる感動の物語、中国の奥深い魅力、不幸な歴史の記憶への共感など、中国滞在経験者以外にはあまり知られていない、日本人が見たありのままの中国の姿、真実の体験記録など、両国のウィンウィンの関係に寄与するポジティブエネルギーに満ちたオリジナリティーあふれる多くの作品が毎年寄せられている。

同書は2022年、日中国交正常化50周年を記念して開催された第5回「忘れられない中国滞在エピソード」コンクールの受賞作品集。

発行は日本僑報社。定価2500円（税別）。

讀賣新聞

7　コラム　D・圏北 12S　　2023年(令和5年)1月15日(日曜日)

日中で活躍する俳優

矢野《やの》浩二《こうじ》さん 52

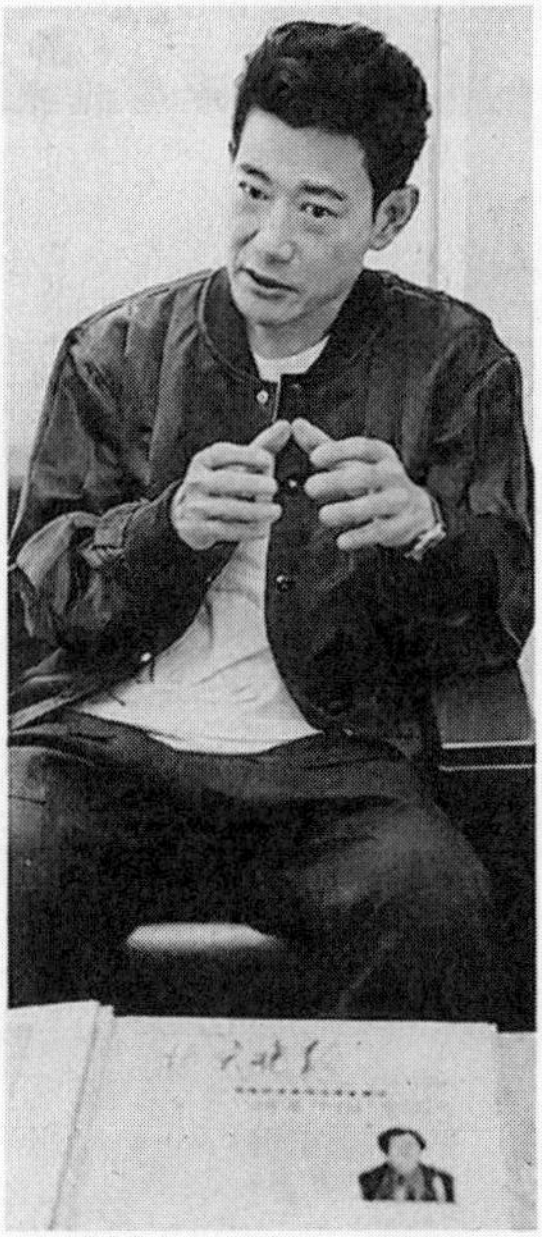

撮影・武藤要

できることを続けるのみ

顔 *Sunday*

中国で俳優を始めて20年が過ぎた。愛称は「浩二哥（浩二お兄ちゃん）」。テレビや映画で活躍を続け、中国で最も有名な日本人と言われる。

無名の俳優だった2000年、中国の恋愛ドラマに日本人留学生役で出演することが決まった。言葉は分からなかったが、仕事仲間の中国人に支えられて役を演じ切り、翌年、俳優業を中国で本格的に始める。中国で演じる日本人俳優の「先駆者」を自任した。

ところが、依頼されるのは抗日ドラマの日本兵役ばかりだった。見知らぬ人から「鬼子」と呼ばれることもあった。残忍な日本兵を意味する蔑称だ。日本では逆に、中国に迎合しているとの非難も受けた。心が折れそうになった。

ふと、「悪役でも日本人の良さを伝えられるのではないか」と考えた。監督を説得し、日本人らしい自然な所作やセリフを盛り込むと、視聴者からの好感度が上がった。ショートコントやゲームをするテレビのバラエティー番組で、レギュラー司会の座も得た。

中国の俳優仲間から「日中のパイプ役になって」と言われ、自分でもそうありたいと強く思う。日本での見聞を中国語で中国に、中国のことを日本語で日本に伝える。SNSのフォロワー数は合計で2000万を超える。昨年は、日中交流をつづる作文コンクール「忘れられない中国滞在エピソード」で入賞した。

日中間には政治的課題も多いが、「順其自然」を心がける。「なるようになる」の意だ。「自分はできることを続けるのみ」。互いの良さを伝え続けることが関係改善につながれば、と願っている。

（国際部　田村美穂）

大阪府生まれ。俳優出身で前千葉県知事の森田健作氏の付き人を1992～2000年に務めた。日中の相互理解に貢献したとして、15年に外務大臣表彰を受賞した。

（第5回「忘れられない中国滞在エピソード」受賞者の矢野浩二さんのインタビュー記事）

讀賣新聞 オンライン　2023年3月7日(火)

「忘れられない中国滞在エピソード」5月から募集…訪中経験なくても応募できるテーマも

日中関係の書籍を多く出版する「日本僑報社」（東京都）が、日本人を対象に、旅行や留学などで中国滞在中に感じたことや魅力などをつづる作文コンクール「忘れられない中国滞在エピソード」（読売新聞社など後援）の作品を募集する。

今年は、日中平和友好条約締結から４５年となるのを記念し、中国を訪れたことがなくても応募できる特別テーマも設定した。「日中『次の４５年』への提言」と、東京・上野動物園で生まれ育ち、中国に返還されたジャイアントパンダ「シャンシャン」についてつづる「シャンシャン、ありがとう」の二つだ。

字数はいずれも、日本語で１９００～２０００字。応募はメールで45@duan.jpへ。受付期間は５月１～３１日。詳細は日本僑報社のホームページに掲載されている。段躍中編集長は「日中交流への思いやアイデアを寄せてほしい」と話している。

中国滞在エピソード作文募集

日中関係の書籍を多く出版する「日本僑報社」(東京都)が、日本人を対象に、旅行や留学などで中国滞在中に感じたことや魅力などをつづる作文コンクール「忘れられない中国滞在エピソード」(読売新聞社など後援)の作品を募集する。

今年は、日中平和友好条約締結から45年となるのを記念し、中国を訪れたことがなくても応募できる特別テーマも設定した。「日中『次の45年』への提言」と、東京・上野動物園で生まれ育ち、中国に返還されたジャイアントパンダ「シャンシャン」についてつづる「シャンシャン、ありがとう」の二つだ。

字数はいずれも、日本語で1900～2000字。応募はメールで45@duan.jpへ。受付期間は５月１～31日。詳細は日本僑報社のホームページに掲載されている。段躍中編集長は「日中交流への思いやアイデアを寄せてほしい」と話している。

讀賣新聞
2023年3月8日

2023年4月1日　（毎月1、15の日、月2回発行）　日中友好新聞

追加テーマ発表

第6回「忘れられない中国滞在エピソード」作文募集

日中関係の書籍を出版する日本僑報社が、今年の日中平和友好条約45周年を記念して第6回「忘れられない中国滞在エピソード」を開催します。コンクール詳細は2月1日号6面で既報。新たに、追加テーマが決まりましたのでお知らせします。

追加テーマは「シャンシャン、ありがとう」

日本僑報社は追加テーマについて次のように説明します。

2月21日、上野動物園のジャイアントパンダ「シャンシャン（香香）」が、22日には和歌山県のアドベンチャーワールドから「永明（エイメイ）」「桜浜（オウヒン）」「桃浜（トウヒン）」の3頭が、それぞれ中国へ返還されました。

1972年の日中国交正常化および「カンカン（康康）」「ランラン（蘭蘭）」の寄贈以来、パンダたちは両国の人びとから大切にされ可愛がられ、元気に成長して私たちに楽しい思い出を残してくれました。

2023年は日中平和友好条約締結45周年の節目の年であり、これを記念するとともに、日中の友好交流と相互理解の促進のため、新しい時代の中日関係構築に寄与することを願い、この度、特別テーマ「シャンシャン、ありがとう」を設ける運びとなりました。

シャンシャンへのメッセージ、パンダを通した日中友好の思い出など、日中両国の未来に希望を持てるような作文を期待しています。

日中文化交流　No.926　2023. 5. 1

第6回忘れられない中国滞在エピソード

中国に滞在した経験がある日本人が応募できる作文コンクール。日本僑報社（段躍中代表）主催。当協会後援。今回はさらに日中平和友好条約締結四十五周年を記念して、「シャンシャンありがとう」「日中『次の45年』への提言」という特別テーマも設定。同テーマには中国滞在経験の有無に関わらず全ての日本人が応募できる。本文は一，九〇〇字から二，〇〇〇字。受付期間は五月一日から三十一日。問合せは同社（〇三・五九五六・二八〇八）まで。

日本と中国　第2275号　2023年4月1日

【作文募集】当協会後援／日中平和友好条約締結45周年記念

第6回 忘れられない 中国滞在エピソード

特別テーマ「シャンシャン、ありがとう」

日中平和友好条約締結45周年を迎えることを記念して、日本僑報社が主催、中国大使館や当協会などが後援する第6回「忘れられない中国滞在エピソード」作文コンクールが開催される。誰かに教えたくなるような現地でのとっておきのエピソード、学びと感動のストーリーなどを記した、オリジナリティーあふれる作品を募集する。

また、特別テーマ「シャンシャン、ありがとう」と「日中『次の45年』への提言」が追加発表された。パンダを通した日中友好の思い出など、日中両国の未来に希望を持てるような作文が期待されている。特別テーマは中国滞在経験の有無にかかわらず、すべての日本人が応募できる。

■応募受付期間：5月1日（月）～31日（水）

■応募方法：①本文（日本語1900～2000字）②エントリーシート（ホームページよりダウンロード）を添付し、45@duan.jp 宛に送付

■賞・特典：最優秀賞・中国大使賞（1名）……賞金10万円 ほか

■お問い合わせ：事務局 張本（はりもと）宛

☎03-5956-2808

✉45@duan.jp

公明新聞　2023年3月10日

◆第6回「忘れられない中国滞在エピソード」募集

日本人が旅行や留学などで中国を訪れ、現地で経験したさまざまな触れ合いと、学びや感動のエピソードを募集。日本僑報社が主催。今回は中国に行ったことがない人も応募できる「シャンシャン、ありがとう」と「日中『次の45年』への提言」の二つの特別テーマも設定。文字数は1900～2000字で、応募期間は5月1～31日。応募方法など詳細はホームページ（http://duan.jp/cn）で確認を。

(5)　No.923　2023. 2. 1　　日中文化交流

日本僑報社から受賞作品集 二冊刊行さる

日本僑報社（段躍中代表）主催、当協会後援による「第5回忘れられない中国滞在エピソード」受賞作品集（計四十三編、本体二千五〇〇円）。同コンクールは、旅行、留学、駐在など、一度でも訪中経験のある日本人を対象にしたもので、二〇一七年から続いている。特別賞は前国土交通大臣の赤羽一嘉氏、俳優で旅人の関口知宏氏、俳優の矢野浩二氏が受賞した。

日本僑報社など主催、当協会後援による「第18回中国人の日本語作文コンクール」受賞作品集（計六十一編、本体二千円）。同コンクールは、中国の学校で日本語を学ぶ中国人学生を対象に二〇〇五年から開催され、既に延べ五万人を超える学生が応募している。

問合せは、日本僑報社（電話〇三・五九五六・二八〇八）まで。

「涙なしには読めない」と感動の声—第5回「忘れられない中国滞在エピソード」コンクール表彰式

写真拡大 (全5枚)

11月26日午後、日本僑報社主催、駐日中国大使館、読売新聞社、日中友好7団体、中国日本商会など後援の第5回「忘れられない中国滞在エピソード」コンクールの表彰式がオンラインで開催された。

表彰式に先立つ17日、中国大使館で孔鉉佑大使が中国大使賞の中ノ瀬幸さんら受賞者代表と会見し、孔大使から受賞者に賞状が授与された。この会見は17日に中国大使館HPにて記事が掲載された他、翌日には読売新聞および人民日報、19日には新華社でも報道された。

ライブドアニュース、レコードチャイナ　2022年11月29日

2023年2月15日　第2396号　　国際貿易

近着の 図書紹介

■『驚きの連続だった中国滞在』(2500円＋税)

■『日中「次の50年」』(2000円＋税)

ともに段躍中編、日本僑報社発行の作文コンクール受賞作品集で、当協会が後援している。『驚き～』は第5回忘れられない中国滞在エピソード、10代から80代まで225本の応募があった。3等賞以上の43本と俳優の関口知宏さん、矢野浩二さんなどの寄稿3本を収録。最優秀賞は高校生の中ノ瀬幸さんで、上海での隔離生活について言及。柔道や二胡を通じた交流、中国での入院生活に関する作文などが収録されている。

『日中～』は第18回中国人の日本語作文コンクール、3362本の応募があり、3等賞以上の61作品を収録している。最優秀賞は西北大学の李月さん。おにぎりを作った時の体験から中日関係はおにぎりのようなもので、そのお米の一粒であると同時に握る両手だと感じたと語る。日本人に対して良い印象を持っていない祖母に日本製製品（炊飯器）を送り、日本への親近感を高めた話しなどがある。

（亜娥歩）

中华人民共和国驻日本国大使馆
EMBASSY OF THE PEOPLE'S REPUBLIC OF CHINA IN JAPAN

中文　日本語

ホームページ　大使館メッセージ　中国フォーカス　中日エクスプレス　中国ボイス　中国エクスプローラー

トップページ　> 大使館メッセージ

孔鉉佑大使、第4回「忘れられない中国滞在エピソード」コンテストの受賞者代表と会見

2021-11-23 09:00

１１月２２日、孔鉉佑大使は第４回「忘れられない中国滞在エピソード」コンテストの特別賞受賞者・落語家の林家三平氏、大使賞受賞者・会社員の田中伸幸氏らと会見した。大使館の張梅参事官、日本僑報社の段躍中編集長、張本景子社長らが同席した。

孔氏は、コンテストの受賞者に祝賀を表し、日本僑報社と受賞者が中日市民の相互理解、両国の民間交流のために努力してきたことを称え、引き続き中日友好に尽力し、両国の利益が溶け合い、民心が打ち解けるようにしてほしいと述べた。また中日関係発展の歩みを説明し、次のように指摘した。両国関係は幾多の困難を経てやっと今日の発展が実現した。来年は中日国交正常化５０周年であり、双方はこれを契機に、一段と交流を拡大し、友誼を増進し、小異を残して大同につき、中日関係の長きにわたる健全で安定的な発展を図るべきだ。より多くの日本の友人が感染症の終息後に中国を見て回り、実際の中国をさらに理解し、全面的・客観的な「中国観」を形成することを喜んで受け入れる。

日本側は自身の中国公演や交流などの経験を話し、次のように語った。実際に訪れ交流を通じて、まったく違う中国を知り、中国に対する印象がまったく変わった。日中は地理的に近く、文化が相通じており、たえず交流を強め、理解を増進するべきだ。今後引き続き身をもって、日中友好事業のため努力したい。

第４回「忘れられない中国滞在エピソード」コンテストは日本僑報社の主催で、駐日中国大使館、日中友好７団体などが後援している。募集対象は中国滞在経験のあるすべての日本人で、今回は計２１０本の作品が寄せられ、応募者は日本社会の各界をカバーしている。受賞作はすでに一冊の本に編集され、日本僑報社により刊行・発売された。

中華人民共和国駐日本国大使館HP（日本語）　2021年11月23日

讀賣新聞 オンライン
2021年10月4日

ニュース > 国際

「忘れられない中国滞在エピソード」、赴任の思い出つづった会社員が最優秀賞に

2021/10/04 23:31　この記事をスクラップする

日中関係の書籍を出版する「日本僑報社」（東京都豊島区）が主催する「第４回忘れられない中国滞在エピソード」（読売新聞社など後援）の受賞作品が決まった。最優秀賞の中国大使賞には、三重県四日市市、会社員田中伸幸さん（４４）が浙江省杭州に駐在中の思い出をつづった「中国生活を支えた仲間」が選ばれた。特別賞は落語家の林家三平さんが受賞した。応募総数は約２１０点だった。

田中さんは作品で、慣れない環境に不安を抱えていた赴任当初、日本語を学びたい中国人が集う交流会に友人を作ろうと思い切って飛び込んだ経験を「大きな転機だった」と振り返った。

日本語の会話の練習相手になるだけでなく、中国人参加者から文化や考え方を学んで交流を深め、帰国から２年以上過ぎた現在も、オンラインで交流を続けているという。田中さんは「中国に滞在した思い出を記念に残そうと応募した」と話し、「当時の仲間たちにも受賞を伝えたい」と喜んだ。

２０２２年は日中国交正常化５０年の節目を迎えることから「貢献賞」を新設し、６点が選ばれた。受賞作を収めた作品集は１１月上旬に日本僑報社から刊行される。

中華人民共和国駐日本国大使館

フォロー中

中華人民共和国駐日本国大使館
@ChnEmbassy_jp フォローされています
China government organization

中華人民共和国駐日本国大使館の公式Twitterです。中日関係、国民交流、また中国経済・文化・社会及び大使館行事などを皆様にご紹介させていただきます。大使館HPはこちらへchina-embassy.or.jp/jpn/

日本　china-embassy.or.jp/jpn/
2014年4月からTwitterを利用しています

766 フォロー中　8.7万 フォロワー

中華人民共和国駐日本国大使館さんがリツイート

孔鉉佑 @AmbKongXuanyou · 13時間
「忘れられない中国滞在エピソード」中国大使賞、特別賞の受賞者、田中伸幸様と林家三平様@3pei_hayashiyaを迎えました。心温まるいい話、ありがとうございました。そして、ご受賞おめでとうございます！

孔鉉佑大使Twitter　2022年11月22日
（画像は中華人民共和国駐日本国大使館によるリツイート）

中国网 Japanese.CHINA.ORG.CN

中日関係>

japanese.china.org.cn 07. 10. 2021

第4回「忘れられない中国滞在エピソード」コンクール受賞者発表

このほど日本僑報社が主催し、在日本中国大使館などが後援する第4回「忘れられない中国滞在エピソード」コンクールの受賞者が発表された。会社員の田中伸幸さんの「中国生活を支えた仲間」が最優秀賞（中国大使賞）に、落語家の林家三平さんの「日中文化のキャッチボールを絶やさないように」が特別賞に選ばれた。

日本企業で働く会社員の田中さんは受賞作の中で、杭州市に駐在している間、周囲の中国人の心のこもったサポートを受けて現地の生活に溶け込んでいった心温まる物語を伝えた。作品の中で、「中国滞在時は多くの仲間達と充実した時を過ごしていた。……私の自慢は、中国在住時から帰国した後の今でも素晴らしい日中友好交流を実施していることとたくさんの中国の仲間がいることだ」と感慨深く振り返っている。落語家の林家さんは受賞作の中で、「私は若い頃から幾度となく中国を訪れて人々の温かさを感じているので……昔から脈々と続いている文化のキャッチボールを絶やさないことが、今後の日中関係をいい方向にもってゆくために重要なことだと思います」と述べた。

このほか、大学生の服部大芽さんの「例えたどたどしくても、それはほんわか温かい」、公務員の西村栄樹さんの「本当の宝物」、高校生の林鈴果さんの「我愛中国！」、中国在住の日本語教師である久川充雄さんの「愉快な中国人」の4作品が一等賞に選ばれた。主催者によると、今年も例年に引き続き、上位受賞作品を1冊にまとめた受賞作品集を刊行し、11月に日本で発売するという。（編集KS）

「人民網日本語版」2021年10月7日

チャイナネット　2021年10月7日

2021年12月2日

2021
12/02
21:15:48
来源：新华网

第四届“难忘的旅华故事”征文大赛颁奖典礼在线举行

新华网东京12月2日电（记者郭丹）近日，由日本侨报出版社主办的第四届“难忘的旅华故事”征文比赛颁奖典礼在线上举行。

日本著名落语家（日式单口相声名家）林家三平撰写的《继续传承日中文化交流》获得中国驻日本大使颁发的“特别奖”，日企驻华员工田中伸幸撰写的《支持我中国生活的小伙伴们》获得“中国大使奖”。

中国驻日本大使孔铉佑此前会见了两位获奖者，并在颁奖仪式当天发来贺词。孔铉佑积极评价日本侨报社及获奖者为加深中日民众相互理解、促进两国民间交流所作努力，鼓励其继续致力于中日友好，推动两国利益相融、民心相亲。孔铉佑表示，2022年是中日邦交正常化50周年，希望此次参赛选手的获奖作品集能给更多的日本人一个观察中国的新视角，成为日本民众与中国及中国人接触的契机，成为参与中日友好的原点。

11月22日，中国驻日大使孔铉佑（中）、中国驻日大使馆新闻和公共外交处参赞张梅（右二）在使馆会见“难忘的旅华故事”主办方日本侨报社总编段耀中（右一）、社长张本景子（左一）及获奖者等人。（图片来源：中国驻日大使馆官方网页）

林家三平在颁奖仪式上表示，他曾多次访问中国，真切感受到中国人的温暖。田中伸幸回忆了他在驻华期间因为生病受到许多中国小伙伴照顾的真实经历，他表示，返日后仍与许多中国小伙伴保持联系，中国朋友越来越多。

日本《读卖新闻》东京总社编辑局国际部副主任柳泽亨之出席了颁奖仪式。他表示，此次作文比赛让他看到了日中民间交流之中无数的感人场面，未来他将做更多有助于日中交流的报道。

前日本驻重庆总领事、日中协会理事长濑野清水也出席了颁奖仪式。他介绍说，虽然目前受疫情影响，很难前往中国，但是还有日本侨报社每周日举办的“汉语角”等在线交流活动。他希望日本民众能利用身边的机会，加深与中国民众的民间交流和相互理解。

第四届“难忘的旅华故事”征文比赛由日本侨报社主办，中国驻日本大使馆、日中友好七团体等担任协办单位。征文对象为有旅华经历的日本人，此次共征得稿件210篇，投稿人涵盖公务员、公司职员、学生、教师等日本社会各界人士。目前获奖文章已编辑成书，由日本侨报社在日本出版发行。

【纠错】【责任编辑:刘钟昊 李雪梅】

人民日报 2021年10月6日 星期三 3 要闻

多国政要和国际组织负责人祝贺中华人民共和国成立72周年

为地区经济发展繁荣夯基垒台

“祖国的发展让海外中企更加行稳致远”
——海外共建一带一路项目建设者心系祖国、坚守岗位

“让数字文明造福各国人民”

“为我们提供了学习实践的重要平台”

第四届“难忘的旅华故事”征文比赛结果揭晓

人民日報
2021年10月6日

第四届“难忘的旅华故事”征文比赛结果揭晓

《人民日报》（2021年10月06日　第03版）

本报东京10月5日电　（记者岳林炜）日前，由日本侨报社主办、中国驻日本大使馆等担任支持单位的日本第四届“难忘的旅华故事”征文大赛评选结果揭晓。田中伸幸撰写的《支持我中国生活的小伙伴们》获得“中国大使奖”，林家三平撰写的《继续传承日中文化交流》获得“特别奖”。

田中伸幸在一家日本企业工作。他的获奖作品回顾了他赴杭州工作期间，在周围中国人的热心帮助下融入当地生活的温暖故事。他在文中感慨：“在中国，我和很多小伙伴度过了充实的时光。我引以为傲的是，我的中国朋友越来越多。”日本相声演员林家三平在获奖作品中写道：“我从年轻时开始就多次访问中国，感受到了中国人的温暖。我认为，从古至今一脉相承的日中文化交流要不断地传承下去，这对于今后日中关系向更好的方向发展非常重要。”

另外，日本大学生服部大芽的《在中国感受到的温暖》、公务员西村荣树的《真正的宝物》、高中生林铃果的《我爱你，中国！》、在华日语教师久川充雄的《愉快的中国人》等4部作品获得一等奖。据主办方介绍，本次征文比赛的获奖作品将和往年一样辑集出版，并于今年11月在日本全国上市。

首页　使馆快讯　聚焦中国　中日动态　倾听中国　探索中国

首页 > 滚动新闻

驻日本大使孔铉佑向第三届"难忘的旅华故事"征文比赛线上颁奖仪式发送书面致辞

2020/12/02

11月29日，由日本侨报社主办、中国驻日本大使馆任后援单位的第三届"难忘的旅华故事"征文比赛举办线上颁奖仪式，驻日本大使孔铉佑向仪式发送书面致辞。

孔大使祝贺比赛成功举办并表示，在各方不懈努力下，"难忘的旅华故事"征文比赛连年取得新发展。今年共有居住在中国、日本、法国、智利等四个国家的日本朋友投稿参赛，参赛者居住范围之广创历届之最。参赛作品主题涵盖新中国71年来的发展历程、阅读《三国志》获得的人生转机、对中国制造的重新认识、对中日间悲惨战争历史的独立探究以及对中国基层扶贫干部的崇敬等，不少参赛作品围绕抗击新冠肺炎疫情，生动描绘了中日民众面对共同挑战展现出的"一衣带水、同舟共济"、"山川异域、风月同天"的宝贵精神。

孔大使表示，许多参赛者在作品中谈到了与中国和中国人接触前后对华情感的转变，异口同声地发出了"百闻不如一见"的感慨。大家正是通过亲身体验，第一次直接触摸到中国强劲的发展脉搏，真切感受到中国人的亲切随和，从而打破了受媒体报道影响而形成的脸谱化对华印象。

孔大使表示，国之交在于民相亲，对华认知的好转有助于两国国民情感的改善，也将有助于巩固中日关系发展的民意基础。当前中日关系保持改善发展势头。不久前，习近平主席与菅义伟首相首次进行通话，双方一致同意不断增进政治互信、深化互利合作、扩大人文交流，努力构建契合新时代要求的中日关系。新形势下，中日民间交流必将进一步蓬勃发展。

孔大使表示，希望更多日本朋友通过征文比赛，认识一个真实的中国，独立形成全面客观的"中国观"。期待大家积极行动起来，推动两国民众相互理解不断深化，实现中日关系持续改善发展。

"难忘的旅华故事"征文比赛由日本侨报社主办，中国驻日本大使馆、日中友好协会等担任后援单位。征文对象为所有有旅华经历的日本人，第三届比赛共征得稿件219篇，获奖文章已编辑成册，由日本侨报社在日本出版发行。

"特别奖"获得者、众议院议员海江田万里

"中国大使奖"获得者、公司职员池松俊哉

"特别奖"获得者、参议院议员矢仓克夫

中華人民共和国駐日本国大使館HP　2020年12月2日

第五届日本人讲述“难忘的中国故事”征文大赛评选结果揭晓

播报文章

中国青年报
2022-09-21 19:36 中国青年报社

关注

中国青年报客户端东京9月21日电（中青报·中青网驻日本记者 贾沂蒙）为纪念中日邦交正常化50周年，由日本侨报出版社主办，中国驻日本大使馆、读卖新闻社等协办的第五届日本人讲述“难忘的中国故事”征文大赛，经过半年多的征稿和严格审査，于9月21日揭晓评选结果。高中生中之濑幸荣获最优秀奖“中国大使奖”；日本前国土交通大臣、众议院议员赤羽一嘉，演员关口知宏、矢野浩二分别荣获“特别奖”。

在上海留学的日本女高中生中之濑幸在获奖作品《我通过隔离生活成长了》中，讲述自己离开父母和家人，与身边中国人共同抗疫的经历。“我体验到了中国邻居的温暖，在看不见的地方，有很多中国朋友在支持自己，”中之濑幸说，“虽然因隔离期间的不自由而难过，但我看到了上海人新的一面”。评委之一的日本侨报出版社总编辑段跃中表示，中之濑幸通过自己在中国的真实体验，写出了令人感动的抗疫故事，传播了齐心抗疫的正能量，实在难能可贵。

曾任日本国土交通大臣的众议院议员赤羽一嘉的《惊喜不断的中国驻在生活》被授予“特别奖”。文中生动地记录了他年轻时作为三井物产公司职员派驻北京的故事。他在获奖作品中写道：“我本人将尽绵薄之力，通过促进国民间友好往来，加深两国经济、文化、艺术、体育、旅游交流等，以此加强日中友好纽带。”

出演过日本广播协会（NHK）纪录片《关口知宏之中国铁道大纪行》的知名演员关口知宏在获奖作品《异乡有悟》中，讲述了他在中国铁路旅行时受到热烈欢迎的故事，并表示中国之行最大的收获是对自己和日本有了重新认识。

中国青年报
2022年9月21日

首页 → 国际新闻　　分享到：

第五届日本人讲述“难忘的旅华故事”征文大赛结果揭晓

2022年09月22日 10:21　来源：中国新闻网　　大字体　小字体

中新网东京9月22日电 (记者 朱晨曦)为纪念中日邦交正常化50周年，由日本侨报出版社主办，中国驻日本大使馆等担任支持单位的第五届日本人讲述“难忘的旅华故事”征文大赛评选结果21日揭晓。

高中生中之濑幸获比赛最高奖项“中国大使奖”，日本前国土交通大臣、众议院议员赤羽一嘉，演员关口知宏、矢野浩二分别获“特别奖”。此外还评出一等奖4人、二等奖10人、三等奖25人。

在上海留学的日本女高中生中之濑幸在获奖作品《我通过隔离生活成长了》一文，讲述她离开父母和家人，与身边的中国人共同抗疫的故事。“我体验到了中国邻居的温暖，在看不见的地方，有很多中国朋友在支持自己。”中之濑幸说。评委之一的日本侨报出版社总编辑段跃中指出，一个外国人通过自己在中国的真实体验，写出了令人感动的抗疫故事，传播了齐心抗疫的正能量，实在是难能可贵。

曾任日本国土交通大臣的众议院议员赤羽一嘉在获奖作品《惊喜不断的旅华生活》中生动地记录了他年轻时作为三井物产公司职员派驻北京的故事。“我本人将尽绵薄之力，通过促进国民的友好往来，加深两国经济、文化、艺术、体育、旅游交流等，以此强固日中友好纽带。”他在获奖作品的最后表示。

出演过日本广播协会(NHK)纪录片《关口知宏之中国铁道大纪行》的知名演员关口知宏在获奖作品《异乡有悟》中，讲述了他在中国进行铁路旅行时受到热烈欢迎的故事。

活跃在中日两国的演员矢野浩二在获奖作品《推动日中两国市民彼此更亲近》中，讲述了他20多年中国演艺活动中的趣闻、友情和感动，他表示要为日中两国的交流做出更大贡献。

据主办方介绍，本次征文大赛来稿数量比去年增加一成以上，投稿人涵盖公务员、医生、学生、教师、围棋棋手等日本社会各界人士。获奖作品将在今年10月由主办方日本侨报出版社以《惊喜不断的旅华生活》为名结集出版。(完)

【编辑:孔庆玲】

中国新闻网 中新网
WWW.CHINANEWS.COM
2022年9月22日

讀賣新聞 2021年10月5日

中国滞在記 田中さん最優秀賞

日中関係の書籍を出版する「日本僑報社」（東京都豊島区）が主催する「第４回忘れられない中国滞在エピソード」（読売新聞社など後援）の受賞作品が決まった。最優秀賞の中国大使賞には、三重県四日市市、会社員田中伸幸さん(44)が浙江省杭州に駐在中の思い出をつづった「中国生活を支えた仲間」が選ばれた。特別賞は落語家の林家三平さんが受賞した。応募総数は約210点だった。

讀賣新聞 2022年(令和4年) 2月2日 水曜日

…新聞東京本社 〒100-8055 東京都千代田区大手町1-7-1 電話(03)3242-1…

中国滞在エピソード作文募集

東京都内の出版社「日本僑報社」が日本人を対象に、中国滞在中の思い出などをつづる作文コンクール「忘れられない中国滞在エピソード」（読売新聞社など後援）の作品を募集する。応募期間は５月９～20日。日本語で1900～2000字にまとめる。メールで50@duan.jpに送る。募集要領の詳細は同社ウェブサイトに記されている。

日中国交正常化から50年の今年は、滞在経験がなくても応募できるテーマ「日中国交正常化50周年を思う」、「次の50年・日中交流への提言」も設けた。段躍中編集長は「今後50年の両国関係を考えるきっかけになれば」と語る。

毎日新聞 2022年1月12日

■忘れられない中国滞在エピソード

日本僑報社が主催する第４回「忘れられない中国滞在エピソード」の最優秀賞（中国大使賞）に会社員、田中伸幸さんの「中国生活を支えた仲間」が輝いた。特別賞は落語家、林家三平さんの「日中文化のキャッチボールを絶やさないように」。中国への旅行、留学生活のエピソードなどをつづった作品を募集し今回は210点が寄せられた。受賞作を収めた「中国生活を支えた仲間」＝写真＝を販売している。2750円。

公募ガイド

2022年4月8日

文芸 / アート / 写真・動

第5回

体験記・作文ほか

「忘れられない中国滞在エピソード」募集

副賞 10万円 / 前回 208編 / 原稿 1900~2000字 / 2022 5/20

近くて近い国！中国とわたしのイイ話

今年は日中国交正常化50周年。お隣なのに、知らないことも多い。そこで、あなたが知る中国を伝えよう。滞在経験者はもちろん、中国に行ったことがない人の思いや提言もOK。「今後の日中関係を考えるヒントとなる作品に」と、代表の段躍中さん。(三)

応募要項

●内容／中国滞在エピソードを募集。テーマは①中国生活を支えた仲間、②中国産の現場を訪ねて、③中国で叶えた幸せ、④心と心つないだ餃子、⑤私を変えた北京の夏、⑥生きる希望と光を与える三国志、⑦私の初めての中国、⑧日中国交正常化50周年を思う、⑨次の50年・日中交流への提言。　●規定／メールで応募。本文はA4判Word形式で1900~2000字。横書き。A4判別紙に、氏名(ふりがな)、生年月日、年齢、性別、〒住所、職業、メールアドレス、TEL、微信ID(あれば)、作品タイトル、本賞への応募歴、略歴(200字程度)を明記して添付。件名は「(応募者名)+第5回応募」。エントリーシートをWEBから入手も可。応募数自由。　●資格／現在滞在中も含め、中国に行ったことのある日本人(⑧⑨はすべての日本人可)　●賞／最優秀賞・中国大使賞1編=10万円、ほか　●応募期間／5月9日~20日　●発表／10月下旬予定

応募先 50@duan.jp　問合せ 03-5956-2808　03-5956-2809　(同応募先)　http://duan.jp/cn/2022.htm　主催：日本僑報社

登竜門とは　ニュース　特集　結果発表　メルマガ登録

2022.2.25掲載

あと84日

第5回 忘れられない中国滞在エピソード

Googleカレンダーに追加

● 文芸・コピー・論文

登竜門

日本最大級のコンテスト情報サイト

2022年2月25日

締切

2022年05月20日 (金)

作品提出・応募締切、必着

賞

●最優秀賞・中国大使賞（1名）　賞金10万円

●1等賞（4名）　3万円相当の書籍

●2等賞（10名）　2万円相当の書籍

●3等賞（25名）　1万円相当の書籍

●団体賞（10作品以上応募した大学・企業等を対象に授与）

Record China　重要ニュース　最新　カテゴリー　オリジナル記事

TOP ＞ 社会

中国での「とっておきのエピソード」はありませんか？ 第5回「忘れられない中国滞在エピソード」大募集！

日本僑報社　2022年2月10日(木) 17時0分

2022年は日中国交正常化50周年の節目の年です。これを記念して日本僑報社主催、駐日中国大使館・読売新聞社など後援の第5回「忘れられない中国滞在エピソード」コンクールを開催します。

2022年は日中国交正常化50周年の節目の年です。これを記念して日本僑報社主催、駐日中国大使館・読売新聞社など後援の第5回「忘れられない中国滞在エピソード」コンクールを開催します。

【その他の写真】

誰かに教えたくなるような現地でのとっておきのエピソード、学びと感動のストーリー、国境を超えた心のふれあい、驚くべき体験や新たな発見、心揺わせる感動の物語、中国の奥深い魅力、不幸な歴史の記憶への共感といった貴重な記録の数々…中国滞在経験者以外あまり知られていない、日本人が見たありのままの中国の姿、真実の体験記録など、両国のウインウインの関係に寄与するポジティブエネルギーに満ちたオリジナリティーあふれる作品を、是非お寄せ下さい。

Record China

2022年2月10日

R 世界に通用する18歳 立命館慶祥中学校・高等学校 NEWS

2021年10月1日

「忘れられない中国滞在エピソード」一等賞！

本校生徒の林鈴果さんが、「第４回忘れられない中国滞在エピソード」（日本僑報社主催、駐日中国大使館・読売新聞社など後援）で一等賞を受賞しました。林さんには３万円相当の書籍が贈られ、受賞作品を１冊にまとめた受賞作品集が刊行される予定です。

「忘れられない中国滞在エピソード」は、留学・駐在経験者、旅行者など、現在滞在している人も含めて、実際に中国に行ったことのある全ての日本人を対象にしたコンクールです。日中国交正常化49周年の9月29日に第４回の受賞者が発表され、落語家の林家三平氏が特別賞を受賞しました。

三重県出身の林さんは、両親の海外赴任に伴ってタイと中国に居住、深圳日本人学校中学部を卒業して昨年本校に入学しました。

週刊観光経済新聞

2021年12月6日

本だな

中国生活を支えた仲間 「忘れられない中国滞在エピソード」第４回受賞作品集

林家三平、田中伸幸など47人共著、段躍中編

日本僑報社は、日中の相互理解、文化・人的交流を促進するため２０１７年から毎年、実際に中国に行ったことのある日本人を対象として「忘れられない中国滞在エピソード」コンクールを開催している。２０２１年に開催された第４回の同コンクールの作品集。

今回のコンクールでは、北海道から九州まで25都道府県にわたる日本各地と中国各地から約２１０本の応募があった。年代別では40代以下を中心に、最年少は14歳、最年長は85歳と幅広い世代にわたる。最優秀賞となる中国大使賞（１人）、特別賞（１人）、１等賞（４人）、２等賞（10人）、３等賞（25人）、貢献賞（６人）が選ばれた。

日本僑報社の段躍中氏はあとがきでこう語る。

「経験者以外にはあまり知られていない、日本人が見たありのままの中国の姿が綴られており、真実の体験記録です。そこには中国滞在中の国境を超えた心のふれあいや中国の奥深い魅力、そして不幸な歴史の記憶への共感などがつぶさに記されています。この貴重な記録の数々を、より多くの方々、特に若い世代の皆さんに伝えたい」。

発行は日本僑報社。定価は本体２５００円（税別）。

日本文化交流

2022年5月1日

◎第５回忘れられない中国滞在エピソード

日本僑報社（段躍中代表）が主催する日本人を対象とした作文コンクール「第５回忘れられない中国滞在エピソード」では、５月９日から20日まで、「日中国交正常化50周年を思う」「誰かに教えたくなるような中国でのエピソード」などを募集する。字数は１９００字から２０００字。

応募方法は、日本僑報社のＨＰ(http://duan.jp/cn/2022.htm）から確認できる。

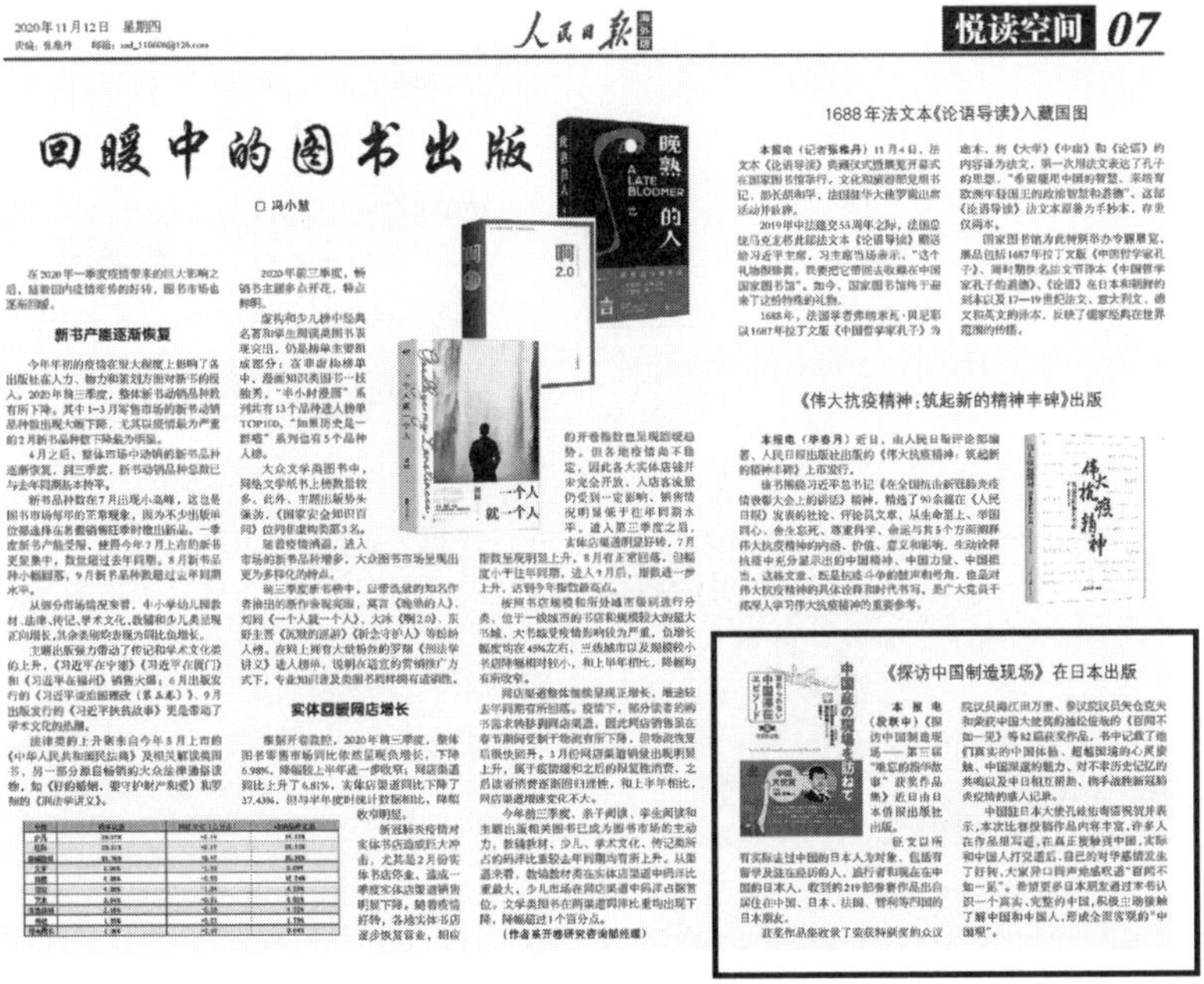
2020年11月12日　星期四　人民日报海外版　悦读空间　07

回暖中的图书出版

1688年法文本《论语导读》入藏国图

《伟大抗疫精神：筑起新的精神丰碑》出版

《探访中国制造现场》在日本出版

返回目录　放大　缩小　全文复制　上一篇　下一篇

《探访中国制造现场》在日本出版

《人民日报海外版》（2020年11月12日　第07版）

人民日报
2020年11月12日

本报电　（段跃中）《探访中国制造现场——第三届"难忘的旅华故事"获奖作品集》近日由日本侨报出版社出版。

征文以所有实际去过中国的日本人为对象，包括有留学及驻在经历的人、旅行者和现在在中国的日本人，收到的219部参赛作品出自居住在中国、日本、法国、智利等四国的日本朋友。

获奖作品集收录了荣获特别奖的众议院议员海江田万里、参议院议员矢仓克夫和荣获中国大使奖的池松俊哉的《百闻不如一见》等82篇获奖作品，书中记载了他们真实的中国体验、超越国境的心灵接触、中国深邃的魅力、对不幸历史记忆的共鸣以及中日相互帮助、携手战胜新冠肺炎疫情的感人记录。

中国驻日本大使孔铉佑寄语祝贺并表示，本次比赛投稿作品内容丰富，许多人在作品里写道，在真正接触到中国，实际和中国人打交道后，自己的对华感情发生了好转，大家异口同声地感叹道"百闻不如一见"。希望更多日本朋友通过本书认识一个真实、完整的中国，积极主动接触了解中国和中国人，形成全面客观的"中国观"。

首页　使馆快讯　聚焦中国　中日动态　倾听中国　探索中国

大使专栏

使馆介绍

驻日本大使孔铉佑会见第四届"难忘的旅...

使馆快讯

驻日本大使孔铉佑会见第四届"难忘的旅华故事"征文比赛获奖者代表(2021-11-22) NEW

孔铉佑大使出席中国女排在日本大阪首夺世界冠军40周年纪念活动并致辞（2021-11-16）

驻日本大使孔铉佑会见全日空社长

驻日本大使孔铉佑会见第四届"难忘的旅华故事"征文比赛获奖者代表

2021-11-22 17:17

11月22日，驻日本大使孔铉佑会见第四届"难忘的旅华故事"征文比赛特别奖获得者、落语家林家三平,大使奖获得者、会社职员田中伸幸等。我馆张梅参赞，日本侨报社总编段跃中、社长张本景子等在座。

孔大使对征文比赛获奖者表示祝贺，积极评价日本侨报社及获奖者为加深中日民众相互理解、促进两国民间交流所作努力，鼓励其继续致力于中日友好，推动两国利益相融、民心相亲。孔大使介绍中日关系发展历程，指出两国关系历经风雨才得以实现今天的发展。明年是中日邦交正常化50周年，双方应以此为契机，进一步扩大交流、增进友谊，求大同、存小异，推动中日关系长期健康稳定发展。欢迎更多日本朋友疫情平息后到中国走一走，看一看，进一步了解真实的中国，形成全面客观的"中国观"。

日方谈及自身赴华演出和交流等经历，表示通过实地走访和交流，认识了一个完全不一样的中国，完全改变了对中国的印象。日中地理相近、文化相通，应不断加强交流，增进理解。今后愿继续身体力行，为日中友好事业作出努力。

第四届"难忘的旅华故事"征文比赛由日本侨报社主办，中国驻日本使馆、日中友好七团体等担任后援单位。征文对象为所有有旅华经历的日本人，此次共征得稿件210篇，投稿人涵盖日本社会各界人士。获奖文章已编辑成书，由日本侨报社在日本出版发行。

中華人民共和国駐日本国大使館HP
（中国語）2021年11月22日

人民网 people.cn
日本語版
2021年10月6日

第4回「忘れられない中国滞在エピソード」コンクール受賞者発表

人民網日本語版　2021年10月06日15:59

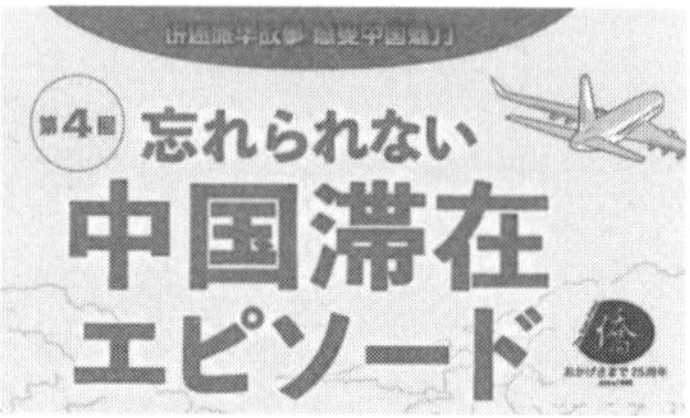

このほど日本僑報社が主催し、在日本中国大使館などが後援する第4回「忘れられない中国滞在エピソード」コンクールの受賞者が発表された。会社員の田中伸幸さんの「中国生活を支えた仲間」が最優秀賞（中国大使賞）に、落語家の林家三平さんの「日中文化のキャッチボールを絶やさないように」が特別賞に選ばれた。

日本企業で働く会社員の田中さんは受賞作の中で、杭州市に駐在している間、周囲の中国人の心のこもったサポートを受けて現地の生活に溶け込んでいった心温まる物語を伝えた。作品の中で、「中国滞在時は多くの仲間達と充実した時を過ごしていた。……私の自慢は、中国在住時から帰国した後の今でも素晴らしい日中友好交流を実施していることとたくさんの中国の仲間がいることだ」と感慨深く振り返っている。落語家の林家さんは受賞作の中で、「私は若い頃から幾度となく中国を訪れて人々の温かさを感じているので……昔から脈々と続いている文化のキャッチボールを絶やさないことが、今後の日中関係をいい方向にもってゆくために重要なことだと思います」と述べた。

このほか、大学生の服部大芽さんの「例えたどたどしくても、それはほんわか温かい」、公務員の西村栄樹さんの「本当の宝物」、高校生の林鈴果さんの「我愛中国！」、中国在住の日本語教師である久川充雄さんの「愉快な中国人」の4作品が一等賞に選ばれた。主催者によると、今年も例年に引き続き、上位受賞作品を1冊にまとめた受賞作品集を刊行し、11月に日本で発売するという。（編集KS）

『中国を、あなたの言葉で語ろう』

日本僑報社主催・第5回「忘れられない中国滞在エピソード」募集要項

日中関係の書籍出版や、日本語作文コンクールなどを主催している日本僑報社が、第5回「忘れられない中国滞在エピソード」コンクールを開催します。

要項は次のとおり。

▽募集資格＝留学・駐在経験者、旅行者など実際に中国に行ったことのある日本人（現在滞在している人も含む）

▽テーマ＝「日中国交正常化50周年を思う」または「次の50年・日中交流への提言」

▽募集受付期間＝5月9日（月）～20日（金）

▽応募方法＝①本文（A4、Word形式、横書き、日本語2000文字まで②エントリーシート taizai_entrysheet.doc（live.com）の①と②を添えてメールで送信

▽送り先＝Eメール 50@duan.jp メール件名は「（応募者氏名）と第5回応募」と明記

▽賞・特典＝最優秀賞・中国大使賞（1人）賞金10万円

1等賞（4人）3万円相当の書籍

2等賞（10人）2万円相当の書籍

3等賞（25人）1万円相当の書籍

団体賞（10作品以上応募した大学・企業などを対象に授与）

▽主催・問い合わせ＝日本僑報社「忘れられない中国滞在エピソード」事務局 張本☎03（5956）2808

2022年3月1日

2021年4月1日

2022年5月15日

第4回「忘れられないい中国滞在エピソード」大募集

最優秀賞・中国大使賞1名に賞金10万円も！

日本僑報社（段躍中代表）は2021年、中国に行ったことのある日本人を対象とした第4回「忘れられない中国滞在エピソード」作文コンクールを実施します。

募集要項は以下の通り。

1、テーマ

【今年の特別テーマ】

①コロナとの闘いから感じた日中の絆

②ポストコロナ時代の日中交流

【一般テーマ】

①「中国のここが好き、これが好き」

②私の初めての中国

③中国で叶えた幸せ

④観光、留学、ビジネス、文化交流などを通して感じた中国の魅力

⑤中国で人との出会い、文化・認識・価値観などの違いから気づいたこと

⑥中国のSNSやIT技術の進歩、イノベーションなどから見た中国

⑦不幸な歴史の記憶への共感

※テーマの選択は自由。複数応募も可能。

2、応募資格

留学・駐在経験者、旅行者など、実際に中国に行ったことのある日本人（現在滞在している人も含む）。

特別テーマは中国滞在経験の有無にかかわらず、すべての日本人が応募できます。

3、賞・特典

応募作の中から最優秀賞・中国大使賞1名（賞金10万円）、1等賞4名（3万円相当の書籍）、2等賞10名（2万円相当の書籍）、3等賞25名（1万円相当の書籍）、団体2賞（10作品以上応募した大学・企業などを対象に授与）

4、応募方法

（1）文字数＝本文・日本語1900字以上2000字以内。（タイトルは含まない）

※本文のほか、エントリーシート（http://duan.jp/cn/taizai_entrysheet.doc）からダウンロードし必要事項を記入、本文とエントリーシートを添付。メール件名に「応募者の氏名と第4回応募」と明記すること。

（2）送付先＝70@duan.jp

（3）受付期間＝5月10日（月）～5月20日（木）必着

▼問い合わせ

☎03（5956）2808、FAX03（5956）2809

E-mail＝40@duan.jp

URL＝http://duan.jp/cn/

担当＝張本《はりもと》

日中友好新聞

私と中国〈1066〉

「忘れられない中国滞在エピソード」で「中国大使賞」を受賞

田中 伸幸さん

日中相互理解促進に努力したい

3月27日に開催された第694回東京漢語角（中国語サロン）オンライン交流会の司会は、第4回「忘れられない中国滞在エピソード」の最優秀賞（中国大使賞）を受賞した会社員の田中伸幸さんが務めました。

昨年末、孔鉉佑《こうげんゆう》大使は中国大使館で田中さんに大使賞の賞状を授与したほか、記念品も贈りました。さらに、コンクール主催者からは賞金10万円が贈られました。

孔大使は、田中さんに祝賀を表し、主催者と受賞者が中日市民の相互理解、両国の民間交流のために努力してきたことを称え、引き続き中日友好に尽力し、両国の利益が溶け合い、民心が打ち解けるようにしてほしいと述べました。

また、中日国交正常化50周年を契機に、中日双方が一段と交流を拡大し、友誼を増進し、中日関係の長きにわたる健全で安定的な発展を図るべきだ、と強調しました。

田中さんは受賞後、マスコミに「これからも日中相互理解促進に一層努力する」と、決意を述べました。本当に有言実行になっています。田中さんは中国杭州滞在中に参加していた日語角の仲間や日本在住の中国語学習者と共にオンライン日中交流会を設立し、言語交流を通じて日中友好を図っています。さらに東京漢語角のオンライン交流会にも司会者の一人として尽力し、毎回の充実したプログラムで参加者から高い評価を受けています。

田中さんは、1976年福岡生まれ、東京育ち。東京理科大学卒業後、大手電機メーカーに就職し、ソフトウェア開発に従事。長野県、三重県勤務を経て中国杭州に2年駐在。現在は三重県在住。2021年「中国生活を支えた仲間」をテーマに、第4回「忘れられない中国滞在エピソード」最優秀賞（中国大使賞）を受賞しました。（段躍中）

日中のポジティブな情報発信を続ける

段躍中

30年前の8月、初めて日本の土を踏んだ。当時33歳の私は「日本円ゼロ、日本語ゼロ、日本人脈ゼロ」であることから「3ゼロ青年」と言われた。

留学生時代の5年間は、多くの日本の皆さんに日本語を教えていただき、アルバイトも一生懸命した。博士課程在籍中の1996年に、日本のメディアにおける在日中国人のマイナスな報道が大変多いことを少しでも変えたく、同胞たちの活躍情報を発信するため、出版社「日本僑報社」を創設し、以来25年間、『在日中国人大全』など400点以上の書籍を刊行し、日中のポジティブな情報発信を続けている。

書籍出版のかたわら、中国人向けの日本語作文コンクール、日本人向けの「忘れられない中国滞在エピソード」を同時に主催している。日中友好の基礎は民間にあり、中国の日本ファン、日本の中国ファンを1人でも多く育てることができたらと考えているからだ。

中国人の日本語作文コンクールは今年で17回目、中国全土の大学や大学院、専門学校、高校など約500校から延べ約6万人の応募があり、たくさんの優れた作文が受賞した。特に最優秀賞受賞者の訪日の時、日中友好協会本部を表敬訪問させていただき、「日中友好新聞」にいつも大きく取り上げていただいたこと、この場を借りて深くお礼を申し上げたい。

「忘れられない中国滞在エピソード」は、今年で5回目。約9割の日本人が中国に対する親近感があまりない時勢に、実名で中国での感動を語ってくださる皆さんに感謝したい。特に多くの協会員が応募され、昨年は大阪と福岡在住の協会員2人が一等賞を受賞、素晴らしい作品が多くの読者から賞賛された。改めてお礼を申し上げたい。

中国に関する情報は依然マイナスなものが多く、日中友好をめざしている方、特に若い方は、もっと発信者として、SNSなどニューメディアを活用し、日中両国のポジティブな情報を積極的に発信してほしい。

そのような目標をめざして、2018年に日中ユースフォーラムを新たに創設し、日本語作文コンクールと「忘れられない中国滞在エピソード」コンクールで受賞した若者に主役になってもらい、それぞれの体験と提言を語ってもらっている。

昨年末に開催した第3回の成果として『ポストコロナ時代の若者交流』をタイトルに単行本の刊行もできた。日中両国の若者たちの知識に裏打ちされた意見は、これからの日中関係の改善と発展を促進するヒントを探り、両国に新たな活力とポジティブエネルギーを注ぎ込むものであり、若者ならではの視点による具体的かつ有意義なアイデアに満ちあふれている。日中交流正常化に向けた取り組みには、この本が参考になると信じている。

21世紀の日中交流に資することをめざして、より良い書籍、より実りあるイベント開催をこれからも頑張っていきたい。皆さん、よろしくお願い申し上げます。

（日本僑報社代表）

日中友好新聞　2021年10月15日

www.news.cn
新华网
NEWS
www.xinhuanet.com

专访：百闻不如一见——日本侨报社“第三届难忘的旅华故事”征文获奖者池松俊哉眼中的中国制造

2020-11-18 20:07:49　来源：新华网

关注新华网
微信
微博

新华社东京11月18日电 专访：百闻不如一见——日本侨报社“第三届难忘的旅华故事”征文获奖者池松俊哉眼中的中国制造

新华社记者郭丹

“中国工厂的高标准、高效率让我吃惊。中国人的友善、好客让我感动。”近日，在日本侨报社主办的“第三届难忘的旅华故事”征文比赛中荣获中国大使奖的日本青年池松俊哉这样讲述他的中国之旅感受。

今年32岁的池松俊哉，在日本著名的罗森便利连锁公司总部从事原料采购、调配及商品开发工作。2019年7月，因工作原因，池松被派往中国相关食品供应企业进行考察，开始了他首次中国之旅，这也为他参加“第三届难忘的旅华故事”征文活动创造了条

2020年11月18日

凝聚侨心　贡献侨智

仙游人书法被刚果女王收藏

日本民众撰文讲述“难忘的旅华故事”

返回　上一篇　　放大+　缩小-　默认0　朗读

日本民众撰文讲述“难忘的旅华故事”

第三届“难忘的旅华故事”征文比赛近日公布评选结果。在日本一家企业工作的池松俊哉撰写的《百闻不如一见》获得“中国大使奖”。

池松俊哉讲述了2019年去中国考察食品工厂的见闻。“我在全国约有1.4万家店铺的连锁便利店总部、做着原料采购和商品开发的工作。现在，连锁便利店的供应离不开中国。例如，收银台旁边热柜里的炸鸡、配菜蒸鸡、鸡胸肉沙拉等，原料大多数都是中国产的。这不仅仅是因为其价格优势，还有高水平的品质管理和技术实力。”池松俊哉在文章开头写道。他亲眼见证了中国食品工厂的先进质量管理、高水平卫生标准以及中国人民的热情好客。文章最后写道：“百闻不如一见。只要去一次中国，你也会像我一样成为中国的粉丝。”

比赛还有5篇作品获一等奖，分别是星野信的《日中携手战胜新冠肺炎》、岩崎春香的《山川异域风月同天》、畠山修一的《和焦裕禄精神在一起》、田丸博治的《追寻战争真相之旅》和佐藤奈津美的《给予生活希望和光明的三国演义》。

人民网

仙游今報　2020年11月27日

毎日新聞 2020年6月3日

■「忘れられない中国滞在エピソード」募集中

日本僑報社は「忘れられない中国滞在エピソード」の原稿を募集している。一般テーマは「中国のここが好き」「中国で考えたこと」など。中国に行った経験のある日本人なら応募できる。３回目の今年は「中国で新型肺炎と闘った日本人たち」など特別テーマを設定。すべての日本人、中国人が応募できる。応募作のうち70点を作品集として刊行する予定。最優秀賞（中国大使賞）には賞金10万円を贈る。応募は原則メール（70@duan. jp）で６月15日必着。応募方法や過去の受賞作品などを専用サイト（http://www.duan. jp/cn/）で紹介している。

公明新聞 2021.4.23

◆第４回「忘れられない中国滞在エピソード」募集

応募資格は留学・駐在経験者、旅行者など、実際に中国に行ったことのある日本人（現在滞在している人も含む）。詳細はhttp://duan.jp/cn/2021.htmで参照を。文字数は1900～2000字で。応募期間は５月10～20日。入選発表は10月上旬の予定。作品はＥメールアドレス＝40@duan.jpに送信を。毎年受賞作品集を書籍として出版する。詳しい問い合わせは日本僑報社☎03・5956・2808へ。

讀賣新聞 2021年3月23日

中国滞在エピソード募集

日中関係の書籍を多く出版する「日本僑報社」（東京都）が、日本人を対象に、「忘れられない中国滞在エピソード」（読売新聞社など後援）を募集する。

中国旅行や留学生活などで気がついた魅力や、滞在中にかなえた幸せを、2000字以内でまとめる。新型コロナウイルスの流行を受け、中国を実際に訪れたことがなくても応募できる特別テーマ「コロナとの闘いから感じた日中の絆」「ポストコロナ時代の日中交流」も設けた。

応募はメールで40@duan.jpへ。受付期間は５月10～20日。詳細は同社ホームページで。編集長の段躍中氏は、「自分の言葉で中国を語り、相互理解を深めてほしい」と呼びかけている。

人民中国 PEOPLE'S CHINA 2021.1

「中国産の現場を訪ねて」

海江田万里など 著　段躍中 編集

同書は中国に行ったことのある全ての日本人を対象にした、日本僑報社が主催する第3回「忘れられない中国滞在エピソード」の受賞作品集だ。特別賞に輝いた海江田万里衆議院議員、矢倉克夫参議院議員の作品をはじめ、最優秀賞・中国人使賞を受賞した池松俊哉さんの「百聞は一見に如かず」など82編の受賞作を収録。そこには実際の中国での体験や国境を超えた心の触れ合い、中国の奥深い魅力、不幸な歴史の記憶への共感、そして中日が互いに助け合いながら新型コロナを乗り越えようとする感動的な物語がつぶさに記録されている。孔鉉佑駐日中国大使が同書の刊行に当たり、「この作品集の刊行で、より多くの日本の方々が、等身大の中国を認識し、全面的で客観的な中国観を持つことを希望しております」と特別メッセージを寄せている。（日本僑報社 2020年11月　2860円<税込み>）

中国滞在で得たこと

友は宝 信頼、誠実の大切さ

文化

公明党参院議員 矢倉 克夫

日中友好の進展をめざして出版する日本僑報社（東京）の作品集『中国産の現場を訪ねて／忘れられない中国滞在エピソード』に寄稿した。そこで要約してお伝えしてみたい。

◇

「中国に行こう」。米国の法律事務所で働いていた2005年、心が直感的に叫びました――「これからの世界を知るには中国を知らなければ駄目だぞ」と。06年6月、勇んで上海へ。タクシーの運転手に復旦《ふくたん》大学の住所を書いた紙を手渡し、身振り手振りで何とかたどり着きました。

24時間すべて中国語、中国語、中国語漬け。学校に行く途中もベッドの中でも中国語。屋台で売っている3元（当時のレートで45円）の焼きそばを食べながら猛勉強でした。

時間があればバスで中心部へ移動。上海語と普通語が入り混じる車内が好きでした。人民公園では、中国将棋をしている人たちといつも会話しました。古きと新しきが同居した新世紀中国の胎動を現場で感じることができたことは、間違いなく私の一生の財産です。

07年に北京へ。法律事務所の職に就きました。合間に太極拳を踊ったり、カフェでゆったり仕事も。当時は建設ラッシュ。新世紀中国の胎動を感じました。のちに公明党衆院議員になった伊佐進一さんも当時、北京にいらして、よく火鍋をおごってもらいました。この恩は忘れません（笑）。

日本僑報社「中国滞在エピソード」特別賞受賞の賞状と本を手にする矢倉氏

中国滞在の一年、中国を知り、世界を知り、そして人間を知りました。なかでも一番の宝は多くの友人です。彼らとはよく卓球をしながら（絶対に勝てませんでした）、会話をしました。中国語と日本語の“互相学習”をした毛《マオ》さんの協力には感謝してもしきれません。

彼ら彼女らは、私にとって単なる友人というより同志と言っていいものです。というのも、ともに連れ立ったバスツアーで事故に遭い、生命の危険を乗り越えた仲間だからです。私たちが乗ったバスが山道を走行中、天候不順もあってガードレールを突き破り、下に落ちてしまいました。幸い、すぐ近くが土手だったのでみな助かりましたが、今思い出してもゾッとします。

私たちは、喜怒哀楽の極限を共有し、互いがまるで生まれる前からの友人であるかのような絆を感じました。以来、私が中国を語る時、常に心に浮かぶのは、彼ら彼女らの顔なのです。

13年、公明党参院議員に送り出していただきました。18年5月、日中友好議員連盟の一員として訪中。帰国後には来日されていた李克強国務院総理を歓迎しました。

私の中国経験から、国と国との語らいといえども、最終的に、同じ人間同士の語らいであるという信念を与えてもらい、外交に必要な根気と辛抱強さ、信頼と誠実の大切さを教えてもらいました。私を「中国に学びにきた外国人」から「同じ大地に根付く同じ人間」に脱皮させてくれたのです。

公明党青年委員長として、日中の青年たちの交流をより深め合い、一人でも多くの青年たちが、同じ人間として魂と魂の触発を豊かに語らい合うことを望んでいます。人間主義の外交を草の根レベルから広めたい。それが私の決意です。（やくら・かつお）

◆『中国産の現場を訪ねて／忘れられない中国滞在エピソード』（2600円＋税）の購入申し込みは☎03・5956・2808へ。

公明新聞 2021年3月26日

公募ガイド　2021.2.10発売の3月号

＼第4回／

体験記・作文ほか　「忘れられない中国滞在エピソード」募集

副賞 10万円　前回 219編　原稿 1900～2000字　〆 2021 5/20

中国を、あなたの言葉で語ろう！

コロナで揺れる今だからこそ、人々の心の文流が大切だ。中国に渡航経験のある人が対象の本公募。今回は誰でも応募できる、コロナ関連の特別テーマが設けられた。あなたの感じた中国をポジティブに伝えて。（議）

応募要項

●内容／中国滞在エピソードを募集。テーマは①中国のここが好き、これが好き、②私の初めての中国、③中国で叶えた幸せ、④観光、留学、ビジネス、文化交流などを通して感じた中国の魅力、⑤中国での人との出会い、文化・認識・価値観などの違いから気づいたこと、⑥SNSやIT技術の進歩、イノベーションなどから見た中国、⑦不幸な歴史の記憶への共感、⑧コロナとの闘いから感じた日中の絆、⑨ポストコロナ時代の日中交流。　●規定／メールで応募。Word形式で1900～2000字。文頭にテーマ、文末に200字程度の略歴をつける。〒住所、氏名、年齢、性別、職業、連絡先（メールアドレス、TEL、あれば微信ID）を明記。件名は「（応募者名）+第4回応募」とする。応募数自由。　●資格／中国に行ったことのある日本人（⑧⑨はすべての日本人可）　●賞／最優秀賞・中国大使賞1編＝10万円、ほか　●応募期間／5月10日～20日　●発表／10月上旬予定

応募先 40@duan.jp　問合せ 03-5956-2808　03-5956-2809　http://duan.jp/news/jp/20210113.htm　主催：日本僑報社

人民中国 PEOPLE'S CHINA　2021.1

東京　北京など　現地へ行き、その土地のファンに

日本僑報出版社が主催する第3回「日中ユースフォーラム」が昨年11月29日、テレビ会議形式で開かれた。中国の孔鉉佑駐日大使、日本の垂秀夫駐中国大使が祝辞を送った。

今回のフォーラムのテーマは「ポストコロナ時代の若者交流」。第3回「忘れられない中国滞在エピソード」作文コンクールで受賞した日本の6人の若者、第16回「中国人の日本語作文コンクール」で受賞した中国の6人の若者が代表者としてオンラインで交流し、約100人の中日友好事業の関係者が会議を傍聴した。

フォーラムで、第3回「忘れられない中国滞在エピソード」作文コンクールの最優秀賞（中国大使賞）を受賞した池松俊哉さんは、「中国の工場の高品質管理水準と中国人の温かさが忘れがたい。今や私は完全に中国のファンになった。中日の交流が今後いっそう活発化することを願う」と、中国の工場を訪問した時の印象を語った。参加者はインターネットとSNSの交流を通じ相手国の真の様子を知り、中日友好のバトンを多くの人につなぎたいと表明した。

正月の推薦図書

『中国産の現場を訪ねて―第３回「忘れられない中国滞在エピソード」受賞作品集』（池松俊哉他著・日本僑報社・2600円＋税）

厳しい現実だが希望も

今回のコンクールにはこれまでの最多219本の応募があり82本の受賞作が収録されている。書き手は留学・駐在経験者、旅行者など、現在滞在している人も含めて実に多様だ。

最優秀賞・中国大使賞を受賞したのは大手コンビニで原料調達・商品開発を担当する社員。日本では中国産を避ける消費者が少なくない。だが彼は製造現場での品質管理と衛生基準のレベルの高さに驚き、その理由を知って納得した。そしてこう結んでいる。「イメージと実際は全然違う。百聞は一見に如かず。1回行けば、あなたも私のように中国のファンになる」。

稲作指導をきっかけに中国を訪れ、貧困脱出に命を捧げた「英雄」に鼓舞された地方公務員。戦争の歴史をたどる旅で平和の大切さを痛感し、友好を深めることの意義を訴える団体役員。三国志への関心から留学し、10代の多感な時期にいじめを受けた痛手を中国の「恩師」との出会いで克服した作家。バラエティーに富んだ数多くのエピソードは、自らの体験に基づくものだけに説得力があり共感を呼ぶ。

新型コロナウイルスを巡っても多数の原稿が寄せられている。感染拡大の初期段階に中日友好病院でボランティアとして活動した看護師。「中国の友人を助けたい」という夫の一言からマスクを中国に送る活動に懸命に取り組んだ教師。隔離病棟で感染疑惑患者としての過ごした大学院生。江西省南昌市でコロナに見舞われた街の様子を綴る日本語教師。マカオでの感染拡大の状況と政府の支援策をレポートする会社員。それぞれに興味深い。

多くの執筆者が中国・中国人と触れ合う前の自らの中国への感情が決して良いものではなかったと正直に告白している。それが実際に中国へ出掛け中国の様子を知り中国の人たちと接する中でイメージが変わったと記す。

言論NPOが最近発表した世論調査結果によれば日本人の対中意識は一層の悪化をたどっている。国交正常化からもうすぐ半世紀が経つ。両国の相互依存関係は年を追って強まっているのになんという厳しい現実か。コロナ禍の中でいま中国を訪れるのは難しい。だが本書を通じて生々しい中国を知ることは可能だ。読者は調査の数字とは別にここに対中意識改善に向けての希望を見出すだろう。

（岡崎雄兒・元中京学院大学教授）

国際貿易　2021年新春号（2020年12月25日・2021年1月5日合併号）

原稿募集

第4回「忘れられない中国滞在エピソード」

日中の相互理解、文化交流、人的交流の促進をめざし、第4回「忘れられない中国滞在エピソード」コンクールが開催される。中国に行ったことのある日本人であれば、誰でも応募可能だ。

また日中両国が手を携えてコロナと闘うため、特別テーマ「ポストコロナ時代の日中交流」等も設定。こちらは中国滞在経験の有無に関わらず、全ての日本人が応募できる。

■応募受付期間：5月10日（月）～5月20日（木）※必着

■主催：日本僑報社

忘れられない中国滞在エピソード

応募要項

日本と中国　2021年4月1日

日本僑報社から新刊『中国産の現場を訪ねて』

日本僑報社（段躍中代表）から、『中国産の現場を訪ねて』が刊行された。

同書は、日本僑報社が今年実施した日本人対象の第3回作文コンクール「忘れられない中国滞在エピソード」（当協会後援）での受賞作82篇を収録したもの。中国での留学、駐在経験や中国文化の深い魅力、コロナ禍に関するエピソードが記されている。この中には、来年3月、中国残留婦人を描いた独り芝居「帰ってきたおばあさん」上演200回目を迎える俳優・神田さち子氏の作品も掲載されている。

お問い合せは、日本僑報社（電話03・5956・2808）まで。

日中文化交流　2020年12月1日

受賞者代表らが喜びの声

中国滞在エピソードコンクール表彰式

「忘れられない中国滞在エピソード」作文コンクールを主催する日本僑報社は昨年11月29日午後、今年の第3回コンクールの表彰式を初めてオンラインで開催しました。

表彰式では、中国の孔鉉佑《こうげんゆう》大使のメッセージを鄒健《しゅうけん》・駐日中国大使館三等書記官が代読。本コンクールが年々成長を続け、3年目の今回は、合計219本の応募作が中国、日本、フランス、チリなど4カ国に在住する日本人から寄せられ、より国際化したこと、また応募者の職業も、国会議員、会社役員、団体職員、公務員、大学教師など多岐にわたり、年齢層も9歳から高齢者までと幅広く及んだことなどを紹介。

「多くの応募者は、中国そして中国人と触れ合う前後の対中感情の変化に言及しており、口をそろえて『百聞は一見にしかず』と感心している」「国の交わりは民の親しみにあり、こういった認識の好転が必ず国民感情の改善につながり、両国関係発展の民意的基礎を打ち固めるでしょう」と、本コンクール開催の意義を強調しました。

自民党の二階俊博幹事長からのお祝いの言葉が、画面上で紹介されました。

この後、後援団体を代表して、読売新聞社の幸内康国際部次長、来賓として武田勝年・元日中友好会館理事長がそれぞれあいさつしました。

受賞者代表として「特別賞」を受賞した矢倉克夫参議院議員と海江田万里衆議院議員（ビデオ）、最優秀賞（中国大使賞）の池松俊哉さん（東京都）、1等賞の星野信さん（福岡県）、岩崎春香さん（神奈川県）、畠山修一さん(埼玉県)、田丸博治さん（大阪府）、佐藤奈津美さん（秋田県）があいさつし、それぞれ受賞の喜びと感謝の気持ちを伝えました。

閉会に当たり、瀬野清水・元重慶総領事が「コンクールのますますの発展を祈るとともに、受賞作品集を多く

池松俊哉さん

星野信さん

日中友好新聞
2021年1月1日

本だな

日中交流研究所所長　段躍中　編
中国産の現場を訪ねて　第三回「忘れられない中国滞在エピソード」受賞作品集　日本僑報社刊

留学・駐在経験者、旅行者や現在滞在している人も含めて、実際に中国に行ったことのある全ての日本人を対象にした、日本僑報社主催第三回「忘れられない中国滞在エピソード」の受賞作品集。

特別賞に輝いた海江田万里衆議院議員、矢倉克夫参議院議員の作品をはじめ、最優秀作品・中国大使賞の「百聞は一見に如かず」など82編の受賞作品を収録。そこには真実の体験記録や国境を超えた心のふれあい、中国の奥深い魅力、不幸な歴史の記憶への共感、そして日中が互いに助け合いながらコロナ禍を乗り越えようとする感動的な記録がつぶさに記されている。

価格は2600円（税別）。320ページ。11月22日発行。問い合わせは、日本僑報社☎03（5956）2808。

観光経済新聞　2020年12月19日

1等賞に協会から2人が受賞！

日本僑報社の作文コンクール

日中関係の書籍を出版する日本僑報社は2020年6月1日から15日まで、第3回「忘れられない中国滞在エピソード」の作文を募集。

中国に行ったことのある、または現在滞在中の日本人を対象に、①「中国のここが好き、これが好き」②「中国で考えたこと」③「私の初めての中国」④「中国で叶えた幸せ」の一般テーマのほかに、特別テーマとして①「中国で新型肺炎と闘った日本人たち」②「新型肺炎、中国とともに闘う―日本からの支援レポート―」の2つを設定しました。

今回のコンクールには日本、中国のほか、フランス、チリからも応募があり、作文総数は219本になりました。厳選な審査を経て、9月に受賞80作品（最優秀賞・中国大使賞1本、1等賞5本、2等賞24本、3等賞50本）を決定しました。

1等賞では、協会大阪府連合会堺支部の田丸博治さん、福岡県連合会の星野信さんの作文がそれぞれ受賞。次に2人の受賞の喜びをお伝えします。

日本僑報社は、入選作品を収録した『中国産の現場を訪ねて　忘れられない中国滞在エピソード』を20年11月に発行。定価2600円＋税。問い合わせ＝日本僑報社☎03（5956）2808

（表彰式の記事は14面）

心に残る戦争の真実をたどる旅

田丸博治

中国への8回の旅は、「烏魯木斉」から始まってシルクロードをたどり、上海までの感動の連続が第一の要因です。

妻の出生地のハルビンを訪れ、その近くの平房にある悪名高い731部隊の跡地を訪れ、日本の軍隊の実像を理解することになりました。

また、日中友好協会主催の旅で「侵華日軍南京大虐殺遇難同胞記念館」への訪問が強烈な悲劇的印象を私の心に与えました。南京陥落後、長期間にわたって、日本軍の行なった人類として許すことのできない残虐極まりない行為について今後に伝えなければならないという強い衝動を覚えました。

この残虐な行為を目撃した東史郎氏の言葉について訴えられました。裁判において、詳しい真実の証明、証拠が提出されたにもかかわらず、東京地裁、高裁、最高裁すべてにおいて却下された事実に強い憤りを覚えます。

以上の内容について私自身の感じた印象を作文に書いて、提出したものが想定外の1等賞5人の中に入れてもらって恐縮の限りです。2等賞、3等賞まで82人の作文すべてが、320ページの1冊の単行本にまとめられ、『中国産の現場を訪ねて　忘れられない中国滞在エピソード』第3回受賞作品集の題名で発行されました。

私の作文も入れられ、喜んだり、恐縮したりしています。大阪府連合会堺支部の、浅田勝美支部長にお願いされて、引き受け、副支部長として7年目になります。協会の目標が着実に実現することを切に望んで、私のメッセージとします。

（大阪府連合会・堺支部・副支部長）

友好発展に貢献、人生の歴史の1ページに

星野　信

このたび、1等賞を受賞いたしまして光栄に思います。この賞は、協会をはじめ福岡県連合会の皆さんの活動の結果です。ともに喜び合いたいと思います。

私がレポートした「ともにコロナの災いを乗り越え友好の絆強く」は三つの視点から書きました。

第一は医療支援です。武漢で新型コロナ感染が急拡大するなかで、協会がいち早く支援を呼びかけました。福岡県連合会は医療物資の調達に走りましたが、なかなか手に入りませんでした。その時、病院を運営する健和会より「救援キット」120セットが提供されました。八幡支部の皆さんの協力を得て福岡総領事館へ届けました。

第二は中国残留孤児帰国者の視点です。帰国者の皆さんは戦争中に孤児となり養父母に育てられました。「命の恩人である中国は故郷」という気持ちを一時も忘れることはありませんでした。四川《しせん》大地震（08年）の時も募金を大使館へ送り、今回も募金を呼びかけて福岡総領事館へ届けました。

第三は友好の視点です。福岡県連合会は毎年、日本軍が中国へ侵略した戦跡を巡る平和の旅を行なっています。一昨年ハルビンにある日本孤児養父母連合会を訪ねました。この連合会より、このたびマスクが送られてきたのです。養母李淑美さん（95歳）の優しい瞳が思い出されます。マスクとともに「山川異域　風月同天」「青山一道　同担風雨」の漢詩が添えられていました。

「コロナ終息へ向けてともに困難を乗り越え、友好の絆強く、命をつなぐ未来をともに切り開きましょう」と結びました。

このコンクールには219人が応募し、最優秀賞1人、1等賞5人が表彰されました。表彰式は大使館で行われる予定でしたがオンライン表彰式となり、フランス、カナダ、アメリカ、アジア諸国の関係者79人がアクセスされていました。

民間交流の一助となり、友好発展に貢献できたことは、私の人生の歴史の一ページを記すことになりました。

日中友好新聞　2021年1月1日

NHK WORLD JAPAN 2019年12月1日放送

来自第二届“难忘的旅华故事”征文比赛颁奖典礼的报道

2019年 12月 1日

《波短情长》节目由明治大学教授加藤彻和本台播音员林音主持，将分享听友们的来信与留言。

本期节目将为您报道11月15日在中国驻日本大使馆举办的第二届“难忘的旅华故事”征文比赛颁奖典礼的情况。（活动主办方：日本侨报社）

中華人民共和国駐日本国大使館HP　2019年11月17日

讀賣新聞　2019年12月1日

中国で叶えた幸せ　第2回「忘れられない中国滞在エピソード」受賞作品集

段躍中編　日本僑報社　2500円

評・加藤　徹（中国文化学者　明治大教授）

人の数だけ人生がある

中国に行ったことがある日本人を対象とした作文コンクールの受賞作品集である。老若男女がつづる体験談はノンフィクションだが、短編小説集のような味わいがある。

北京へ単身赴任した父が、一時帰国する。ひまわりの種をかじり、寝言で中国語をつぶやく父の姿を見て、中学生の娘はとまどう。その後、娘の反抗期は家庭崩壊レベルまで悪化。父は帰国を決意する。時は流れた。「結婚するから。あとさ、私、中国に行くことになったから」。上海勤務の辞令を受けた夫と中国に渡る日、娘は昔の「父の気持ちが少しわかった気がした」。

◇だん・やくちゅう＝1958年、中国湖南省生まれ。91年に来日。日本僑報社代表、日中交流研究所所長。

早稲田大の院生は回想する。彼女は小4から高校卒業まで大連に単身留学した。中学で、歴史の授業で日中戦争が取り上げられると、仲良しだった同級生から悪口を言われたり、無視されたりするようになった。2011年、高1のとき、東日本大震災が起きた。彼女は学校で赤い羽根の募金活動を始めた。「日本のために募金してくれるだろうか？」。結果は――。

上海日本人学校の校長となった男性は、87歳の老父を帯同する。中国語が全く分からない「おじいちゃん」は、毎朝6時には起きて一人で外出し、よく迷子になる。老人にやさしい国、中国を離れるとき「おじいちゃん」がぽつりと漏らした一言が、胸を打つ。

日本の私大で研究者間のトラブルに巻き込まれて大学を追われた教員は、再起の場を求めて中国の大学に就職する。学校の観劇会で京劇にはまった福岡の高校生は、一目惚れした役者の舞台を見るため21歳で北京に留学する。このほか、オタク文化を中国人と熱く語り合う大学生や、「優しさ貯金ゲーム」で中国人との共同生活を成功させたシンガーソングライターなど、興味深いエピソードは尽きない。

人の数だけ人生がある。ありのままの中国も、人の数だけある。日本人と中国人のふれあいの多彩さに驚かされる1冊だ。

KYODO 共同通信
2019年11月15日

忘れがたい中国経験つづる 日本語作文コンクール

高橋伸輔

中国滞在中の印象深い経験をつづった日本語作文の「忘れられない中国滞在エピソード」コンクールの表彰式が15日、東京都港区の中国大使館であり、早稲田大学大学院生の乗上美沙（のりがみ・みさ）さん（25）＝大阪市出身＝に最優秀賞が贈られた。

小学4年から高校卒業まで大連の学校に通った乗上さんは、東日本大震災の被災地支援のため学校で募金活動したことを紹介。日中戦争についての授業を機に同級生から反感を持たれ、「中国人とは分かり合えない」と思っていたが、募金を始めると予想外にみんな熱心に協力してくれ感銘を受けたという。

受賞スピーチで乗上さんは「見返りを求めない友情のおかげで被災地に思いを伝えることができた」と振り返り、「両国関係のマイナスの部分を下の世代には残したくない」と訴えた。

日中関係の書籍を手掛ける出版社「日本僑報社」（東京都豊島区）主催で、今年で2回目。10代から90代まで、昨年の倍以上の293作品が寄せられた。孔鉉佑（こう・げんゆう）駐日中国大使は「皆さんの有益な経験が貴重な将来の財産になると信じる」と述べた。（共同）

www.news.cn 新华网 NEWS www.xinhuanet.com
2019年11月17日

日本第二届“难忘的旅华故事”征文比赛颁奖

2019-11-16 15:08:11　来源：新华网

新华社东京11月16日电（记者郭丹）由日本侨报出版社主办的第二届“难忘的旅华故事”征文比赛颁奖典礼15日在中国驻日本大使馆举行。

在70篇获奖作品中，早稻田大学法学专业硕士研究生乘上美沙的《红羽毛给予的幸福》荣获比赛最高奖项“中国大使奖”。她在文中讲述了2011年在大连留学期间和同学们一起为“3・11”日本大地震发起募捐活动的故事。她希望能够将自己的亲身经历分享给更多的人，以此促进日中友好交流。

中国驻日本大使孔铉佑在颁奖仪式上致辞说，国之交在于民相亲，民间交流是中日关系不可或缺的重要组成部分，也是两国关系得以长期发展的坚实基础。希望大家通过此次活动，进一步了解中国，感知中国的魅力所在，也真诚欢迎大家有机会再去中国走一走，看一看，并把在中国的见闻分享给更多的人。相信大家的点滴努力，一定能够汇聚更多中日关系正能量，将中日友好的种子撒播得更广更远。

人民日报
国际面
2020年10月21日

第三届“难忘的旅华故事”征文比赛结果揭晓

本报东京10月20日电　（记者**刘军国**）由日本侨报出版社主办、中国驻日本大使馆等担任支持单位的第三届“难忘的旅华故事”征文比赛20日公布评选结果，池松俊哉撰写的《百闻不如一见》获得“中国大使奖”。

池松俊哉在日本一家企业工作，他在文中讲述了去年7月去中国大连、沈阳、青岛等地考察食品工厂的见闻，对中国食品工厂完善的质量管理体系、高水平卫生标准以及中国人民的热情好客印象深刻。

人民网 people.cn
2020年10月20日

第三届 “难忘的旅华故事” 征文比赛结果揭晓

2020年10月20日11:11　来源：人民网-国际频道　　分享到：

预计将于11月出版发行的第三届 “难忘的旅华故事” 作品集封皮

人民网东京10月20日电（记者刘军国）由日本侨报出版社主办、中国驻日本大使馆等担任后援单位的第三届 “难忘的旅华故事” 征文比赛10月20日公布评选结果。

在日本一家企业工作的池松俊哉撰写的《百闻不如一见》获得 “中国大使奖” 。池松俊哉讲述了2019年7月去中国大连、沈阳、青岛等地考察食品工厂的见闻与感受。 “我在全国约有一万四千家店铺的连锁便利店总部、做着原料采购和商品开发的工作。现在，连锁便利店的供应离不开中国。例如，收银台旁边热柜里的炸鸡、配菜蒸鸡、鸡胸肉沙拉等，原料大多数都是中国产的。这不仅仅是因为其价格优势，还有高水平的品质管理和技术实力。” 池松俊哉在文章开头便写道。在一周的中国考察过程中，池松俊哉亲眼见证了中国食品工厂的先进质量管理、高水平卫生标准以及中国人民的热情好客。在文章最后，池松俊哉表示， “我想挺起胸膛对全日本这样说: ‘想象和实际完全不一样，百闻不如一见。只要去一次中国，你也会像我一样成为中国的粉丝。’ ”

主办方当天还公布了一等奖5名、二等奖24名、三等奖50名等评选结果。获得一等奖的5部作品分别是星野信的《日中携手战胜新冠肺炎》、岩崎春香的《山川异域风月同天》、畠山修一的《和焦裕禄精神在一起》、田丸博治的《追寻战争真相之旅》和佐藤奈津美的《给予生活希望和光明的三国演义》。此外，日本众议员海田江万里和参议员矢仓克夫获得特别奖。日本侨报出版社已把三等奖以上的82篇获奖作品集结成书出版，预计于11月在全日本发行。

（责编：苏缨翔、燕勐）

人民日报 2019年11月19日

讲述旅华故事 感受中国魅力

本报驻日本记者 刘军国

“中国是一个美好的国家，中国人民是伟大的人民。只要去中国走走，就会发现中国之好无处不在。”在中国生活过两年多的日本高二学生山崎未朝在第二届“难忘的旅华故事”征文比赛中写道。

11月15日，由日本侨报出版社主办的第二届“难忘的旅华故事”征文比赛颁奖典礼在中国驻日本大使馆举行。据悉，本届比赛共收到293篇投稿。参赛者涵盖国会议员、企业高管、大学教师等多个行业。通过6名获奖者的讲述，出席颁奖典礼的日本人看到了一个朝气蓬勃的中国，感受到了中国人民的善良和热情。

“中国充满魅力，中国人民热情善良。”15岁的野间美帆曾在北京生活8年，她在《我深深热爱的中国》一文中回忆了在中国生活的点点滴滴，“希望更多日本人了解真实的中国，喜欢中国，为日中友好贡献自己的力量。”

中国驻日本大使孔铉佑表示，希望大家通过此次活动，进一步了解中国，感知中国的魅力所在，也真诚欢迎大家再去中国走一走、看一看，把在中国的见闻分享给更多的亲人和朋友。相信通过大家的点滴努力，一定能够汇聚更多中日关系正能量，将中日友好的种子撒播得更广更远。

荣获“中国大使奖”的乘上美沙在颁奖典礼上说：“希望能够将自己的亲身经历、体验分享给更多人，以此来促进日中间的友好交流。”2011年，在大连国际学校留学的乘上美沙在东日本大地震后，与同学们一起发起募捐活动。当他们拿出捐款箱时，许多师生都毫不犹豫地献出了自己的一份爱心。乘上美沙的字里行间，流淌着对中国人民的感激之情。

日本自民党干事长二阶俊博发来贺信表示：“希望去过中国的各位，在今后的日中友好事业中，能充分活用自己宝贵的中国经历。也希望各位读者用自己的眼睛去看看中国，并期待有新的‘难忘的旅华故事’诞生。”

获奖作品收入在由日本侨报社出版的《在中国获得的幸福》一书中。日本侨报社总编辑段跃中对本报记者说，普通民众的旅华故事是了解真实中国的绝佳渠道，希望更多日本读者通过这本书深入了解中国，感受中国的魅力，并去中国走走看看，实现日中两国世代友好。

（本报东京11月18日电）

日テレNEWS24

2018年11月22日

日中友好へ…“中国滞在”作文コンクール

ツイートする　シェアする

2018年11月22日 17:29

全文

日中平和友好条約の締結から４０年の今年、日本人を対象に、中国に滞在したときのエピソードを募った作文コンクールが行われた。

これは中国関連書籍の出版社「日本僑報社」が主催したもので、中国に滞在経験のある日本人から現地での思い出深いエピソードを募集した。２２日、都内の中国大使館では入選者への表彰式が行われ、程永華駐日大使は挨拶で日中の交流の重要性を訴えた。

中国・程永華駐日大使「まず交流から。交流から理解が生まれる。理解が深まって、初めて信頼が生まれる。信頼が深まって初めて友好だと。最初から友好が生まれるのではない。努力を通じて、友好に向かって（初めて）実現できる」

入選作には、母親の再婚相手である中国人の父との交流を描いた作品や、日中の文化の違いについての作品など４０本が選ばれ、本としても出版される。

入選者の一人は「心と心のつながりは国境も血縁も越えることができる。今後も日中友好に貢献したい」と喜びを語った。

人民网 people.cn

2019年11月16日

第二届“难忘的旅华故事”征文比赛在东京颁奖

吕少威

2019年11月16日10:11 来源：中国新闻网　分享到：

原标题：第二届“难忘的旅华故事”征文比赛在东京颁奖

中新社东京11月15日电 (记者 吕少威)由日本侨报出版社主办的第二届“难忘的旅华故事”征文比赛15日在东京中国驻日本大使馆举行颁奖典礼。收录70篇获奖作品的文集《在中国获得的幸福》当天首发。

11月15日，由日本侨报出版社主办的第二届“难忘的旅华故事”征文比赛在东京中国驻日本大使馆举行颁奖典礼。图为嘉宾与部分获奖选手合影留念。中新社记者 吕少威 摄

中国驻日本大使孔铉佑出席并致辞。孔铉佑说，希望大家通过此次活动，进一步了解中国，感知中国的魅力所在，也真诚欢迎大家有机会再去中国走一走，看一看，并把在中国的见闻分享给更多的亲人和朋友。相信通过大家的点滴努力，一定能够汇聚更多中日关系正能量，将中日友好的种子撒播得更广更远。

日本自民党干事长二阶俊博也为本次大赛发来贺词。他说，希望去过中国的各位，在今后的日中友好事业中，能充分活用自己宝贵的中国经历。也希望各位读者怀着此书(《在中国获得的幸福》)所带来的感动，去看看今天中国，并期待有新的“难忘的旅华故事”诞生。

讀賣新聞

2020年10月1日

中国滞在記 池松さん最優秀賞

日中関係の書籍を出版する「日本僑報社」（東京都豊島区）は30日、主催する「第３回忘れられない中国滞在エピソード」（読売新聞社など後援）の受賞作品を発表した。最優秀賞の中国大使賞には東京都大田区、会社員池松俊哉さん(32)の「百聞は一見に如（し）かず」が選ばれた。中国に昨夏出張した際に見学した工場の徹底した衛生管理に驚いたことなどをつづった。応募総数は219作品だった。

観光經濟新聞 kankokeizai.com

本だな

段躍中編

忘れられない中国滞在エピソード第2回受賞作品集　中国で叶えた幸せ

日本僑報社

あの瞬間、私は中国の人々の深い愛情と友情で、自分たちが今回の募金活動を成し遂げられたことに気付き、素晴らしい人々に恵まれている幸せを感じた。私のココロは、いつしか中国人に対する感謝の気持ちと穏やかな幸福感に包まれるようになっていた（受賞作から）。

第2回「忘れられない中国滞在エピソード」の受賞作品集。相互理解の促進を目指し、日本人の中国滞在経験者を対象として行われたコンクールには、涙と感動の体験など数多くの作品が寄せられた。本書には最優秀賞・中国大使賞（乗上美沙さん、早稲田大学大学院生）の「赤い羽根がくれた幸せ」をはじめ、計77編の入賞作を収録している。

編者の段氏は、日本僑報社代表。価格は2500円（税別）。282㌻。問い合わせは日本僑報社☎03（5956）2808。

2020年1月25日

讀賣新聞　2019年11月13日

中国滞在記 乗上さん最優秀賞

日中関係の書籍を出版している「日本僑報社」（東京都豊島区）が、中国に行ったことのある日本人から募集した「忘れられない中国滞在エピソード」（読売新聞社など後援）の受賞作品が決まった。最優秀賞の中国大使賞には、早大大学院２年の乗上（のりがみ）美沙さん(25)の「赤い羽根がくれた幸せ」が選ばれた。東日本大震災発生時、留学していた大連のインターナショナルスクールでの体験をつづった。応募総数は約300点。受賞70点を収録した作品集は書店などで購入できる。問い合わせは日本僑報社（03・5956・2808）へ。

讀賣新聞　2020年6月6日

中国滞在エピソード募集

日中関係の書籍を出版する「日本僑報社」（東京都豊島区）は「『忘れられない中国滞在エピソード』作文コンクール」（読売新聞社など後援）の作品を募集している。日本人が対象で、最優秀賞（１人）には賞金10万円が贈られる。入選70点は作品集にまとめ、出版される。

「中国のここが好き、これが好き」「中国で考えたこと」「私の初めての中国」「中国でかなえた幸せ」の４テーマから一つを選び、1900～2000字以内にまとめる。今年は新型コロナウイルスの流行を受け、中国人も応募可能な「中国で新型肺炎と闘った日本人たち」「新型肺炎、中国とともに闘う――日本からの支援レポート」の特別テーマ（3000字以内）も設けた。締め切りは今月15日（必着）。応募はメールで70@duan.jpへ。詳細は日本僑報社ホームページに掲載されている。

MAINICHI 毎日新聞

2019年6月5日

■「忘れられない中国滞在エピソード」原稿募集

日本僑報社は第2回「忘れられない中国滞在エピソード」の原稿を募集している。応募資格は、中国に行った経験のあるすべての日本人。留学・駐在はもちろん、旅行経験だけの人、現在中国に住んでいる人の応募も歓迎している。中国建国70周年に合わせて70作品を入選とし、1冊の作品集として刊行する予定。最優秀賞の中国大使賞に1人を選び、賞金10万円を副賞として贈呈する。原稿の受け付けは原則、メール（40@duan.jp）に限り、6月16日必着。詳細は（http://duan.jp/cn/）。

朝日新聞 DIGITAL

2019年5月13日

朝日新聞デジタル ＞ 記事　　国際　アジア・太平洋　カルチャー　出版

中国滞在の「忘れられない体験」、出版社が作文を募集

高田正幸　2019年5月13日16時00分

シェア　ツイート list　ブックマーク 0　メール　印刷

日本僑報社の段躍中代表＝東京都豊島区西池袋の同社

中国に関する多くの本を出版する日本僑報社が、中国で心に残った出来事を分かち合おうと、「第２回忘れられない中国滞在エピソード」を募集している。段躍中代表は「日中関係 は改善しているが、国民感情はまだ厳しい。中国を訪問した時に感じた気持ちを公表してもらうことで、より多くの日本人に中国の姿を知ってもらいたい」と話している。

募集するのは、中国を訪ねたことのある日本人の作文。「私の初めての中国」「中国で叶（かな）えた幸せ」「中国のここが好き、これが好き」「中国建国７０周年に寄せて」の中からテーマを一つ選ぶ。テーマが違えば、複数の作品を提出できる。

◇

募集期間は５月１３日～６月１６日。１９００～２千字の日本語の作文に、２００字以内の筆者の略歴を加えた内容をメールで（４０@ｄｕａｎ．ｊｐ）に送る。詳細は同社ホームページ（http://duan.jp/cn/）。（高田正幸）

讀賣新聞 2019年6月5日

中国滞在エピソードを募集

日中関係の書籍を多く出版している「日本僑報社」（東京都豊島区）が、中国に行ったことがある日本人を対象に「忘れられない中国滞在エピソード」（読売新聞社など後援）を募集している。中国が今年、建国70年を迎えるのに合わせ、応募作品から70人分を収録した作品集を出版する。

「中国のここが好き、これが好き」「私の初めての中国」「中国でかなえた幸せ」「建国70年に寄せて」の4テーマから一つ選び、1900〜2000字以内にまとめる。中国在住の日本人も応募できる。最優秀賞（1人）には賞金10万円が贈られる。締め切りは今月16日。応募はメールで40@duan.jpへ。詳細は日本僑報社ホームページに掲載されている。編集長の段躍中氏は「草の根の交流を伝えることで相互理解を深め、日中関係友好につなげたい」と話している。

「日中友好に尽力したい」心こもった作品多数

第2回「忘れられない中国滞在エピソード」作文コンクール

受賞者と選考委員、中国大使館の皆さんと記念撮影

日中友好のための出版活動を行なっている日本僑報社は11月15日、第2回『忘れられない中国滞在エピソード』（後援は中華人民共和国駐日本国大使館ほか）作文コンクールの表彰式を東京都内の中国大使館で行いました。

293点の応募作品から最優秀賞（中国大使賞）1人、1等賞5人、2等賞20人、3等賞44人の合計70人が選ばれました。

これは日本と中国の相互理解と交流促進を目的としたもので、今回が2回目。中国に行ったことのある、または現在滞在中の日本人を対象に行われた日本語作文コンクールです。

入選作は東日本大震災の募金活動を通して感じた中国の学生たちの深い愛情と友情を描いた作品や、中国の日本人学校に編入し、そこで交流した中国人学生の思いやりのこもった言葉にふれ、先入観でしか見ていなかった自分を反省し、日本人に中国人の良さを伝える決意をした作品、ひまわりの種の食べ方を通しての異文化理解の大切さを説いた作品など、どれも中国人の魅力を改めて気づかせてくれるものばかりです。

野間美帆さん

横山明子さん

乗上美沙さん

孔鉉佑《こうげんゆう》駐日大使は「中国には『少しのことからすべてを見通す』という言葉があります。受賞された皆さんは普段の印象と全く違った、活気に満ちた中国を目の当たりにし、そして、中国の国民が善良で親切だと感じていただけたと思います。このような経験が皆さんにとって将来の貴重な財産になると信じています」と、あいさつしました。

最優秀賞・中国大使賞を受賞した乗上美沙さん（早稲田大学大学院生）は「最優秀賞の受賞の知らせを聞いてびっくりしました。中国の友人たちも喜んでいます。これからも日中友好に尽力したい」

一等賞の横山明子さん（大学教員）は「受賞は驚きました。中国人の学生たちにも知らせました。週明けには中国・湖南省へ戻ります。学生たちが待っていますから」

二等賞の野間美帆さん（中学生・俳優）は「まさか自分が受賞すると思わず、信じられない。昨年から俳優としても活動しています。力をつけて将来は日中共同の作品に参加できたら」と、それぞれ目を輝かせて語りました。

日本僑報社は来年も、第3回の実施を予定しています。

また、第2回「忘れられない中国滞在エピソード」の入賞作を収録した『中国で叶えた幸せ』を発行、最優秀賞・中国大使賞「赤い羽根がくれた幸せ」はじめ77編が収録されています。定価2500円＋税。問い合わせは☎03（5956）2808（日本僑報社）

日中友好新聞　2019年12月5日

本の紹介

『中国で叶えた幸せ』

忘れられない中国滞在エピソード第2回受賞作品集

鈴木憲和、乗上美沙など77人共著・段躍中編

中国に行ったことのある日本人を対象に、中国での体験エピソードを募集した日本僑報社主催の第2回作文コンクールの受賞作品をまとめた一冊。

「私の初めての中国」「中国で叶えた幸せ」「中国のここが好き、これが好き」「中華人民共和国建国70周年に寄せて」の4つのテーマに293点の応募があり、最優秀賞・中国大使賞の「赤い羽根がくれた幸せ」はじめ77編を収録。

ありのままの中国の姿とは？中国とどう向き合うか？新たな示唆を与えてくれる涙と感動の真実の体験記録集です。

▼発行＝日本僑報社、定価2500円＋税。

▼問い合わせ＝☎03（5956）2808（日本僑報社）

日中友好新聞　2020年3月15日

公募ガイド

2020年4月号

＼第3回／

体験記・作文ほか

「忘れられない中国滞在エピソード」募集

副賞 10万円 ／ 前回 300編以上 ／ 原稿 1900〜2000字 ／ 〆 2020 6/15

あなたの体験が日中友好の懸け橋に

インバウンドの伸びで、観光地や街中で中国人の姿を見ない日はないほど。そのおかげで中国人を身近に感じられるようになった。一方、中国を訪れる日本人はどれほどいるのだろう。残念ながらまだ少ないのが現状だ。もしあなたが中国に行ったことがあり、印象的なエピソードを持っていたら、思い出を文章にしてたくさんの人に教えてほしい。入選作品は1冊の本として刊行されるので、中国の新たな側面を知る機会となる。中国への理解が深まることで、近くて遠かった隣国との距離がグッと近くなるだろう。（は）

応募要項

●内容／中国滞在エピソードを募集。テーマは①中国のここが好き、これが好き、②中国で考えたこと、③私の初めての中国、④中国で叶えた幸せ。　●規定／メールで応募。Word形式で、1900〜2000字。文頭にテーマ、文末に200字程度の略歴をつける。〒住所、氏名、年齢、性別、職業、連絡先（メールアドレス、TEL、あれば微信ID）を明記。件名は「第3回中国滞在エピソード応募（応募者名）」とする。応募数自由。　●資格／中国に行ったことのある日本人　●賞／最優秀賞・中国大使賞1編＝10万円、ほか　●応募期間／5月1日〜15日　●発表／9月下旬予定

応募先 70@duan.jp　問合せ 03-5956-2808　FAX 03-5956-2809　HP http://duan.jp/news/jp/20200122.htm　主催：日本僑報社

中国经济网 www.ce.cn

2019年11月15日

第二届日本人“难忘的旅华故事”征文比赛东京颁奖

2019年11月15日 20:59　来源：经济日报-中国经济网

[手机看新闻] [字号 大 中 小] [打印本稿]

经济日报-中国经济网东京11月15日讯（记者　苏海河）由日本侨报出版社主办，中国驻日本大使馆、读卖新闻社等担任后援单位的第二届日本人“难忘的旅华故事”征文比赛11月15日在中国驻日大使馆举行颁奖典礼。我国驻日本特命全权大使孔铉佑出席并向早稻田大学法学专业硕士研究生乘上美沙颁发了“中国大使奖”，向日本众议院议员、原外务大臣政务官铃木宪和颁发了“特别奖”。当天收录70篇获奖作品的文集《在中国获得的幸福》也在东京首发。

孔铉佑大使为获奖作者颁奖

国際貿易

2019年12月5日

中国大使館で表彰式

滞在エピソードコンクール

第２回「忘れられない中国滞在エピソード」コンクール（日本僑報社主催、当協会など後援）の表彰式が11月15日、駐日中国大使館で開催された。中学生から90代まで293本の応募があった。

来賓として孔鉉佑大使があいさつ、受賞者に対して「活気に満ちた中国を目にし、中国人民が善良で親切なことを感じ取った。これらの有益な経験が将来の貴重な財産になると信じている」と語った。さらに見聞を友人、親類と分かち合うことを期待すると述べた。

最優秀賞と１等賞受賞者が作文のエピソードを中心にスピーチを行った。最優秀賞の乗上(のりがみ)美沙さん（早稲田大学大学院）は小学４年生から高校３年生まで大連のインターナショナルスクールに留学。在校生の多くは中国人。中学になると歴史教科書の「日中戦争」という記述から中国人と日本人の間には壁があり、分かり合うのは不可能だと思うようになった。高校１年の時、東日本大震災が発生、友人が「学校で募金活動を」と提案。日本人のために募金してくれるのだろうかと思った。しかしそれは杞憂だった。「マイナスの感情を下の世代に残したくない。中国人の温かさを感じて欲しい」と語った。

日本僑報社は３等までの受賞作品を収録した『中国で叶えた幸せ』（2500円＋税）を出版した。同社は来年１月中に第３回の募集要項を発表する予定。

中国新聞網 中新网
WWW.CHINANEWS.COM 2019年11月15日

第二届“难忘的旅华故事”征文比赛在东京颁奖

2019年11月15日 23:34 来源：中国新闻网 参与互动

中新社东京11月15日电 (记者 吕少威)由日本侨报出版社主办的第二届“难忘的旅华故事”征文比赛15日在东京中国驻日本大使馆举行颁奖典礼。收录70篇获奖作品的文集《在中国获得的幸福》当天首发。

11月15日，由日本侨报出版社主办的第二届“难忘的旅华故事”征文比赛在东京中国驻日本大使馆举行颁奖典礼。图为嘉宾与部分获奖选手合影留念。中新社记者 吕少威 摄

中文導報 CHUBUN 2019年11月19日

第二届“难忘的旅华故事”征文比赛东京颁奖

日期：19年11月3期 阅读：271

中文导报讯（记者 尤璘川）由日本侨报出版社主办的第二届“难忘的旅华故事”征文比赛，11月15日在中国驻日大使馆举行颁奖典礼，收录70篇获奖作品的文集《在中国获得的幸福》当天首发。

2019年11月16日

第2回「忘れられない中国滞在エピソード」作文コンクール表彰式が開催

2019-11-16 14:44 CRI

CRI online 日本語

excite ニュース

Record China 2019年11月25日

ニュース ＞ 海外 ＞ 中国 …

最優秀賞に早大・乗上美沙さん『赤い羽根がくれた幸せ』＝東日本大震災時の募金支援描く―第2回「忘れられない中国滞在エピソード」表彰式

2019年11月25日 09:50 Record China

第2回「忘れられない中国滞在エピソード」コンクールの表彰式が東京の駐日中国大使館で開催され、約200人が出席。早大大学院の乗上美沙さんが最優秀賞に輝いた。写真は表彰式風

第2回「忘れられない中国滞在エピソード」コンクール（日本僑報社主催、駐日中国大使館、読売新聞社、日中友好7団体など後援）の表彰式と交流会がこのほど東京の駐日中国大使館で開催され、約200人が出席した。

【その他の写真】

BOOKウォッチ 2020年2月8日

「3.11日本加油」にいま「中国加油」でお返しする

デイリーBOOKウォッチ
2020/2/ 8

書名	中国で叶えた幸せ
サブタイトル	第2回「忘れられない中国滞在エピソード」受賞作品集
監修・編集・著者名	鈴木憲和、乗上美沙など77人 著、段躍中 編
出版社名	日本僑報社
出版年月日	2019年11月22日
定価	本体2500円＋税
判型・ページ数	A5判・282ページ
ISBN	9784861852862

タイトルを見て、なんだ、この本は？と思う人が少なくないのではないか。『中国で叶えた幸せ――第2回「忘れられない中国滞在エピソード」受賞作品集』（日本僑報社）。中国に滞在したことがある日本人が、そこで体験した「忘れられないエピソード」をつづっている。要するに、日本人による中国体験談集だ。

「中国人が見た日本」の感想文コンクールがあることは知っていたが、逆の立場の日本人によるものがあったとは･･･。

Record China
2019年2月27日

■ TOP > 社会

あなたの「忘れられない中国滞在エピソード」は？＝第2回コンクール募集要項を発表！

日本僑報社　　配信日時：2019年2月27日(水) 9時10分

Email
Share
Tweet
コメント

日本僑報社は今月6日、中国に行ったことのある日本人を対象とした第2回「忘れられない中国滞在エピソード」原稿の募集を発表した。

日本僑報社は今月6日、中国に行ったことのある日本人を対象とした第2回「忘れられない中国滞在エピソード」原稿の募集を発表した。

同社はこれまでに「忘れられない中国留学エピソード」（2017年）、「忘れられない中国滞在エピソード」（2018年）を開催しており、今回のコンクールは前回、前々回の流れをくむもの。同社は「今年、中華人民共和国は建国70周年の節目の年を迎えます。日中両首脳の相互訪問も再開し、関係改善の勢いは明らかに加速しています。そこで今年の中国建国70周年を記念し、この中国滞在エピソードコンクールを開催します」とした。

今回の募集テーマは「私の初めての中国」「中国で叶えた幸せ」「中国のここが好き、これが好き」「中華人民共和国建国70周年に寄せて」の4つ。テーマの選択は自由、複数応募も可。応募資格は、これまでに中国に行ったことのある全ての日本人で、現在中国に在住している人も可能だという。

応募作品の中から、中国建国70周年にちなみ70作品を入選とする。内訳は最優秀賞の中国大使賞1人、1等賞5人、2等賞20人、3等賞44人で、最優秀賞には賞金10万円が贈呈される。応募受付は2019年5月13日（月）～6月16日（日）（必着）。入選発表は2019年9月下旬を予定している。（編集/北田）

共同网　2018年11月22日

旅华故事作文比赛颁奖仪式在东京举行

朝日新聞 DIGITAL　2018年11月23日

朝日新聞デジタル ＞ 記事　　国際　アジア・太平洋

FOOD COOK EAT

「餃子は太陽となり私の心を照らした」体験談に最優秀賞

2018年11月23日08時06分

スクラップ　メール　印刷

「忘れられない中国滞在エピソード」コンクールで中国大使賞（最優秀賞）を受賞し、程永華（チョンヨンホワ）駐日中国大使（右）から賞状を受け取る原麻由美さん＝東京都港区の中国大使館

中国での体験談を募った「忘れられない中国滞在エピソード」コンクール（日本僑報社主催）の表彰式が22日、東京都港区 の中国大使館であった。10～80代から125本の応募があり、約40本が入選した。

中国大使賞（最優秀賞）は、今夏まで北京の大学に通っていた原麻由美さん（23）の「世界で一番美味しい食べ物」が受賞した。うっとうしく思っていた中国人の継父と、一緒に餃子（ぎょうざ）を作ったり、食べたりして心を通わせた経験を紹介。「餃子は太陽となり私の心を照らし、親子の絆をくれた」などとつづった。

"日本と中国"を読む

心と心つないだ餃子

第一回「忘れられない中国滞在エピソード」受賞作品集

伊佐進一など44人〈著〉 段躍中〈編〉

日本僑報社
2,200円（税別）

日中平和友好条約40周年記念・第1回「忘れられない中国滞在エピソード」受賞作品集。相互理解の促進をめざして、日本人の中国滞在経験者を対象として行われた初のコンクールには、現滞在者を含む日本全国の10～80代の幅広い世代から数多くの作品が寄せられた（2017年・第1回「忘れられない中国留学エピソード」の拡大版。ともに日本僑報社主催）。昨年11月に都内で開かれた表彰式で程永華・駐日中国大使は「身近に起きたことが様々な角度から書かれていた。交流を通じて理解や信頼が生まれる」と語った。

本書には、最優秀賞の「心と心つないだ餃子」ほか入賞作を収録。近くて遠い大国・中国の本当の姿とは？ 14億の隣人と今後どう向き合うべきか？ 新たな示唆を与えてくれる涙と感動のありのままの体験を伝える。

日本と中国
Japan and China Friendship Newspaper
2019年2月1日

国際貿易

2018年12月4日

2019年1月25日

中国滞在エピソード

作文コンクール表彰式開く

「第1回忘れられない中国滞在エピソード」作文コンクール（当協会などが後援）の表彰式が中国大使館で11月22日、開催された。冒頭、程永華大使があいさつし、受賞者を祝福するとともに「中国人と日本人を同文同種という先入観で見ると誤解が生じやすい。交流し違いを見つめることで理解が生まれ、それが信頼、友好につながっていく。これからも日中友好のために頑張ってほしい」と激励した。

また、グランプリにあたる「中国大使賞」を受賞した原真由美氏をはじめとする受賞者の代表数人が登壇し、それぞれが受賞の喜びや今後の抱負等を語った。

同コンクールは日本僑報社が日中平和友好条約締結40周年を記念して初開催、10代から80代までの幅広い年齢層の応募者が自らの中国滞在の経験を紹介し、40人余りが受賞した。

同社より受賞作品集『心と心つないだ餃子』が出版されている。

表彰式に先立ち、日本僑報社の主宰する中国語翻訳塾で長年にわたり後進の育成に尽力してきた武吉次朗当協会相談役をねぎらう程大使との面談が行われた。

『心と心つないだ餃子 ― 忘れられない中国滞在エピソード』

（伊佐進一ほか・日本僑報社・2200円＋税）

いまこの一冊 新刊紹介

岡崎雄兒
前中京学院大学教授

心ゆさぶる体験が満載

書籍出版をはじめ日中交流に尽力している日本僑報社が、日本人の中国滞在経験者を対象に「忘れられない中国滞在エピソード」を募集した。本書は応募総数125本から最優秀賞など入選作品40本を収録した第1回受賞作品集である。

作品の書き手は高校生、大学生、会社員、日本語講師、教員、医師など、年齢も10代から70代と老若男女さまざま。体験した内容も多岐にわたってそれぞれに興味を惹かれる。

最優秀賞に選ばれた原真由美さんの「世界で一番美味しい食べ物」は、中国人継父との心の葛藤を描く。餃子は親子の絆をくれ、「そして人と人の絆を強くし、心と心を繋（つな）げてくれる、世界で一番美味しい食べ物だと、私は思っています」と結ぶ。

また三本美和さんの「具だくさん餃子の味」は痛快。留学を始めて3カ月ほど経ち生活にも慣れてきた彼女は、留学とは現地の人の生活に入ることだと考えていた。なのにそれがない。そこで友だちと作戦を練った。食べることが好きなので食べ物に関することにしよう。中国人の家に行って家庭を見てみたい。お願いするだけでなく日本の文化も伝えたい。ひねりだしたのが「ヒッチクック」。画用紙に「餃子を作りたい」と書いて道行く人に声を掛けた。さてこの作戦はどんな展開になったのか。それは本書を読んでのお楽しみ。

いま日中関係は、首脳交流は再開されたものの訪日中国人客に比べ訪中日本人は依然少ない。14億もの人が住む隣国への無関心がこのまま続くのは残念だ。日本人と中国人のさまざまな場面でのふれ合いで得られた心ゆさぶる体験満載の本書が、まだ訪中したことのない日本人が中国を訪れるきっかけになればと願うばかりである。

人民中国
PEOPLE'S CHINA

2019年1月号

東京

作文でつづる中国の思い出

中国での体験談を募った日本僑報社主催の第1回「忘れられない中国滞在エピソード」コンクールの表彰式が昨年11月22日、駐日本中国大使館で行われた。同コンクールには、10～80代の幅広い年齢層から125作品の応募があり、40点が入選した。

程永華駐日中国大使はあいさつで、「最初から友好が生まれるのではない。交流から理解が生まれる。理解が深まって、初めて信頼が生まれる。信頼が深まって初めて友好だ。努力することで、友好が初めて実現できる」と交流の重要性を訴えた。

最優秀賞に輝いた原麻由美さんは12歳から中国で暮らし、昨年7月に清華大学を卒業した。受賞作の「世界で一番美味しい食べ物」は、うとましいと感じていた中国人の義父と、ギョーザ作りで心を通わせた経験をつづった。表彰式で原さんは、「心と心のつながりは国境や血縁を越えることを、義父との経験が教えてくれました」とスピーチした。

聖教新聞

2018年12月25日

日中平和友好条約締結《ていけつ》40周年を記念

入賞者が中国大使館の程永華駐日大使らと記念のカメラに（11月22日）

日中平和友好条約締結40周年の記念行事を二つ紹介する。

◇

【第1回「忘れられない中国滞在エピソード」コンクール】

日本人の中国滞在経験者を対象とした、このコンクールは、日本僑報社が主催し、中国大使館などが後援。10代から80代まで合計125本の応募があり、40本が入選した。

東京・港区の中国大使館で行われた表彰式（11月22日）で、程永華駐日大使は、中国と日本は「引っ越すことができない」隣国であり、友好への努力を惜しんではならないと力説。「交流から理解が生まれ、理解から信頼が生まれ、信頼から友好が生まれます。ダイナミックに交流を重ね、両国の平和友好関係を一層、強固にしていきたい」と呼び掛けた。

入賞作品は『心と心つないだ餃子――第1回「忘れられない中国滞在エピソード」受賞作品集』に収められている。

段躍中編『心と心つないだ餃子』日本僑報社

◇

【金陵画派新韻――中日水墨画芸術展】

金陵とは、中国・江蘇省の南京のこと。金陵画派とは、明・清の時代に南京を中心に活躍した画家の一派である。日本に留学した画家・傅抱石を中心とする新金陵画派は、伝統を継承しながら新しい芸術を追求し、中国画壇に新風を巻き起こした。

同展は、現代中国画壇で活躍する新金陵画派の世界を紹介。

代表作家20人の作品と、日本の関西を中心に活動する40人の作品が公開された。東京・港区の中国文化センターで12月4日から7日まで開かれ、「日中の友好親善の絆を強める展示」（中国大使館の陳諍文化参事官）となった（写真、主催＝江蘇省美術家協会、日中書画芸術交流協会、中国文化センター）。

東京新聞

2018年12月17日

私説 論説室から

想包餃子

「忘れられない中国滞在エピソード」というテーマの作文コンクール表彰式が、中国大使館で行われた。その中に「想包餃子」（ぎょうざを作りたい）と書いた紙を手にした大学生がいた。三本美和さん（二二）だった。

三本さんの作文は二〇一六年から約一年間、上海に語学留学した時のこと。現地の人と交流したいと考え、留学仲間と、この中国語を画用紙に大きく書いて公園で掲げてみた。

多くの人は通り過ぎていく。一人の中年女性が足を止め、三本さんたちを見ていた。

すかさず「中国人の生活を体験したいのです」と頼み込んだ。「私は餃子を作るのがうまくない。家もここから遠いけどいい？」

女性は二人と車に乗り、材料を買って高層マンションの自宅に招き入れた。そして、作り方を丁寧に教えてくれた。お礼に二人は、ツナ缶で日本風のおにぎりを作った。

女性は、日中戦争について語り出した。「だから、日本人を好きになれなかった。でも…」と女性は言葉を継いだ。

「お互い憎み合うのは悲しいことだと、今日気がついた。いつでも遊びにおいで」

中国は怖い、韓国は嫌いと言う人が少なくない。そう言う前に、一歩自分から歩み寄ってほしい。何か感じることがあるはずだ。

三本さんは「あの餃子は幸せの味だった」と作文を締めくくった。入賞作品集は日本僑報社から出版されている。（五味洋治）

北海道新聞 どうしん電子版
2018年11月22日

忘れられぬ経験つづる　中国滞在の作文コンクール

2018/11/22 18:08 更新

最優秀賞に選ばれ、中国の程永華駐日大使（右）から賞状を受け取る原麻由美さん＝２２日、東京都港区の中国大使館

忘れられない中国滞在の経験をテーマにした日本語の作文コンクールの表彰式が２２日、東京都港区の中国大使館であり、７月に中国の清華大を卒業して帰国した原麻由美さん（２３）＝神奈川県＝に最優秀賞、浜松市の高校１年相曽圭さん（１５）ら５人に１等賞が贈られた。

１２歳から中国で暮らしていた原さんは作文で、かつて敬遠していた中国人継父と信頼関係を築くまでのエピソードを紹介。表彰式では「心と心のつながりは、国境や血縁を越えることを（継父が）教えてくれた」とスピーチした。

相曽さんは、父親の赴任で天津日本人学校の小学部に通っていたころの体験を文章にまとめた。いつの間にか自分の中にあった「中国人との間の壁」を壊すと「人々の温かさに気づくことができた」とつづった。

西日本新聞
2018年11月22日

西日本新聞 › ニュース › アジア・世界

忘れられぬ経験つづる　中国滞在の作文コンクール

2018年11月22日17時51分 (更新 11月22日 18時12分)

最優秀賞に選ばれ、中国の程永華駐日大使（右）から賞状を受け取る原麻由美さん＝２２日、東京都港区の中国大使館

写真を見る

作文コンクールの表彰式で賞状を手にする受賞者たち＝２２日、東京都港区の中国大使館

忘れられない中国滞在の経験をテーマにした日本語の作文コンクールの表彰式が２２日、東京都港区の中国大使館であり、７月に中国の清華大を卒業して帰国した原麻由美さん（２３）＝神奈川県＝に最優秀賞、浜松市の高校１年相曽圭さん（１５）ら５人に１等賞が贈られた。

１２歳から中国で暮らしていた原さんは作文で、かつて敬遠していた中国人継父と信頼関係を築くまでのエピソードを紹介。表彰式では「心と心のつながりは、国境や血縁を越えることを（継父が）教えてくれた」とスピーチした。

相曽さんは、父親の赴任で天津日本人学校の小学部に通っていたころの体験を文章にまとめた。いつの間にか自分の中にあった「中国人との間の壁」を壊すと「人々の温かさに気づくことができた」とつづった。

コンクールは日本僑報社が主催し、今回が第１回。１２５本の応募があった。中国の程永華駐日大使は「身近に起きたことがさまざまな角度から書かれていた。交流を通じて理解や信頼が生まれる」と語った。

KYODO 共同通信
2018年11月22日

忘れられぬ経験つづる

中国滞在の作文コンクール

2018/11/22 18:07 (JST)　12/7 15:31 (JST) updated

最優秀賞に選ばれ、中国の程永華駐日大使（右）から賞状を受け取る原麻由美さん＝22日、東京都港区の中国大使館

忘れられない中国滞在の経験をテーマにした日本語の作文コンクールの表彰式が22日、東京都港区の中国大使館であり、7月に中国の清華大を卒業して帰国した原麻由美さん（23）＝神奈川県＝に最優秀賞、浜松市の高校1年相曽圭さん（15）ら5人に1等賞が贈られた。

12歳から中国で暮らしていた原さんは作文で、かつて敬遠していた中国人継父と信頼関係を築くまでのエピソードを紹介。表彰式では「心と心のつながりは、国境や血縁を越えることを（継父が）教えてくれた」とスピーチした。

相曽さんは、父親の赴任で天津日本人学校の小学部に通っていたころの体験を文章にまとめた。いつの間にか自分の中にあった「中国人との間の壁」を壊すと「人々の温かさに気づくことができた」とつづった。

コンクールは日本僑報社が主催し、今回が第1回。125本の応募があった。中国の程永華駐日大使は「身近に起きたことがさまざまな角度から書かれていた。交流を通じて理解や信頼が生まれる」と語った。

作文コンクールの表彰式で賞状を手にする受賞者たち＝22日、東京都港区の中国大使館

福島民報　2018年11月22日

忘れられぬ経験つづる

中国滞在の作文コンクール

忘れられない中国滞在の経験をテーマにした日本語の作文コンクールの表彰式が２２日、東京都港区の中国大使館であり、７月に中国の清華大を卒業して帰国した原麻由美さん（２３）＝神奈川県＝に最優秀賞、浜松市の高校１年相曽圭さん（１５）ら５人に１等賞が贈られた。

１２歳から中国で暮らしていた原さんは作文で、かつて敬遠していた中国人継父と信頼関係を築くまでのエピソードを紹介。表彰式では「心と心のつながりは、国境や血縁を越えることを（継父が）教えてくれた」とスピーチした。

山陰中央新報 ONLINE NEWS　2018年11月22日

忘れられぬ経験つづる　中国滞在の作文コンクール

忘れられない中国滞在の経験をテーマにした日本語の作文コンクールの表彰式が２２日、東京都港区の中国大使館であり、７月に中国の清華大を卒業して帰国した原麻由美さん（２３）＝神奈川県＝に最優秀賞、浜松市の高校１年相曽圭さん（１５）ら５人に１等賞が贈られた。

最優秀賞に選ばれ、中国の程永華駐日大使（右）から賞状を受け取る原麻由美さん＝２２日、東京都港区の中国大使館

１２歳から中国で暮らしていた原さんは作文で、かつて敬遠していた中国人継父と信頼関係を築くまでのエピソードを紹介。表彰式では「心と心のつながりは、国境や血縁を越えることを（継父が）教えてくれた」とスピーチした。

相曽さんは、父親の赴任で天津日本人学校の小学部に通っていたころの体験を文章にまとめた。いつの間にか自分の中にあった「中国人との間の壁」を壊すと「人々の温かさに気づくことができた」とつづった。

作文コンクールの表彰式で賞状を手にする受賞者たち＝２２日、東京都港区の中国大使館

コンクールは日本僑報社が主催し、今回が第１回。１２５本の応募があった。中国の程永華駐日大使は「身近に起きたことがさまざまな角度から書かれていた。交流を通じて理解や信頼が生まれる」と語った。

共同通信社 2018年11月22日 無断転載禁止

福井新聞 FUKUISHIMBUN ONLINE　2018年11月22日

HOME ＞ 全国のニュース ＞ 国際

忘れられぬ経験つづる

中国滞在の作文コンクール

2018年11月22日 午後5時47分

最優秀賞に選ばれ、中国の程永華駐日大使（右）から賞状を受け取る原麻由美さん＝２２日、東京都港区の中国大使館

忘れられない中国滞在の経験をテーマにした日本語の作文コンクールの表彰式が２２日、東京都港区の中国大使館であり、７月に中国の清華大を卒業して帰国した原麻由美さん（２３）＝神奈川県＝に最優秀賞、浜松市の高校１年相曽圭さん（１５）ら５人に１等賞が贈られた。

１２歳から中国で暮らしていた原さんは作文で、かつて敬遠していた中国人継父と信頼関係を築くまでのエピソードを紹介。表彰式では「心と心のつながりは、国境や血縁を越えることを（継父が）教えてくれた」とスピーチした。

相曽さんは、父親の赴任で天津日本人学校の小学部に通っていたころの体験を文章にまとめた。いつの間にか自分の中にあった「中国人との間の壁」を壊すと「人々の温かさに気づくことができた」とつづった。

沖縄タイムス＋プラス OKINAWA TIMES　2018年11月22日

忘れられぬ経験つづる　中国滞在の作文コンクール

2018年11月22日 17:47

忘れられない中国滞在の経験をテーマにした日本語の作文コンクールの表彰式が２２日、東京都港区の中国大使館であり、７月に中国の清華大を卒業して帰国した原麻由美さん（２３）＝神奈川県＝に最優秀賞、浜松市の高校１年相曽圭さん（１５）ら５人に１等賞が贈られた。

最優秀賞に選ばれ、中国の程永華駐日大使（右）から賞状を受け取る原麻由美さん＝２２日、東京都港区の中国大使館

１２歳から中国で暮らしていた原さんは作文で、かつて敬遠していた中国人継父と信頼関係を築くまでのエピソードを紹介。表彰式では「心と心のつながりは、国境や血縁を越えること

Web東奥　2018年11月22日

忘れられぬ経験つづる　中国滞在の作文コンクール

忘れられない中国滞在の経験をテーマにした日本語の作文コンクールの表彰式が２２日、東京都港区の中国大使館であり、７月に中国の清華大を卒業して帰国した原麻由美さん（２３）＝神奈川県＝に最優秀賞、浜松市の高校１年相曽圭さん（１５）ら５人に１等賞が贈られた。

最優秀賞に選ばれ、中国の程永華駐日大使（右）から賞状を受け取る原麻由美さん＝２２日、東京都港区の中国大使館

１２歳から中国で暮らしていた原さんは作文で、かつて敬遠していた中国人継父と信頼関係を築くまでのエピソードを紹介。表彰式では「心と心のつながりは、国境や血縁を越えることを（継父が）教えてくれた」とスピーチした。

相曽さんは、父親の赴任で天津日本人学校の小学部に通っていたころの体験を文章にまとめた。いつの間にか自分の中にあった「中国人との間の壁」を壊すと「人々の温かさに気づくことができた」とつづった。

佐賀新聞LiVE　2018年11月22日

忘れられぬ経験つづる

中国滞在の作文コンクール

2018/11/22（共同通信）

最優秀賞に選ばれ、中国の程永華駐日大使（右）から賞状を受け取る原麻由美さん＝２２日、東京都港区の中国大使館

作文コンクールの表彰式で賞状を手にする受賞者たち＝２２日、東京都港区の中国大使館

忘れられない中国滞在の経験をテーマにした日本語の作文コンクールの表彰式が２２日、東京都港区の中国大使館であり、７月に中国の清華大を卒業して帰国した原麻由美さん（２３）＝神奈川県＝に最優秀賞、浜松市の高校１年相曽圭さん（１５）ら５人に１等賞が贈られた。

１２歳から中国で暮らしていた原さんは作文で、かつて敬遠していた中国人継父と信頼関係を築くまでのエピソードを紹介。表彰式では「心と心のつながりは、国境や血縁を越えることを（継父が）教えてくれた」とスピーチした。

相曽さんは、父親の赴任で天津日本人学校の小学部に通っていたころの体験を文章にまとめた。いつの間にか自分の中にあった「中国人との間の壁」を壊すと「人々の温かさに気づくことができた」とつづった。

忘れられぬ経験つづる　中国滞在の作文コンクール

中日新聞
CHUNICHI Web
2018年11月22日

忘れられぬ経験つづる
中国滞在の作文コンクール

2018.11.22

IWATE NIPPO
2018年11月22日

忘れられぬ経験つづる　中国滞在の作文コンクール

東京新聞
TOKYO Web
2018年11月22日

四国新聞社　2018年11月22日

忘れられぬ経験つづる／中国滞在の作文コンクール

2018/11/22 17:47

メールで記事を紹介　印刷する　一覧へ

ツイート　B! 0　シェア 0

作文コンクールの表彰式で賞状を手にする受賞者たち＝22日、東京都港区の中国大使館

忘れられない中国滞在の経験をテーマにした日本語の作文コンクールの表彰式が22日、東京都港区の中国大使館であり、7月に中国の清華大を卒業して帰国した原麻由美さん（23）＝神奈川県＝に最優秀賞、浜松市の高校1年相曽圭さん（15）ら5人に1等賞が贈られた。

最優秀賞に選ばれ、中国の程永華駐日大使（右）から賞状を受け取る原麻由美さん＝22日、東京都港区の中国大使館

12歳から中国で暮らしていた原さんは作文で、かつて敬遠していた中国人継父と信頼関係を築くまでのエピソードを紹介。表彰式では「心と心のつながりは、国境や血縁を越えることを（継父が）教えてくれた」とスピーチした。

相曽さんは、父親の赴任で天津日本人学校の小学部に通っていたころの体験を文章にまとめた。いつの間にか自分の中にあった「中国人との間の壁」を壊すと「人々の温かさに気づくことができた」とつづった。

コンクールは日本僑報社が主催し、今回が第1回。125本の応募があった。中国の程永華駐日大使は「身近に起きたことがさまざまな角度から書かれていた。交流を通じて理解や信頼が生まれる」と語った。

YOMISAT
中国・アジア
2018年6月28日

中国滞在時の体験記を募集

日本僑報社

【北京＝比嘉清太】日中関係の書籍を出版している「日本僑報社」（本社・東京都豊島区）が、中国滞在経験のある日本人を対象に、滞在時の忘れられないエピソードをつづる作文を募集している。日中平和友好条約締結40周年の今年、応募作品から40人分を収録して書籍化することも検討している。

同社は昨年、日本人の中国留学経験者を対象に留学エピソードをつづる作文を募集、書籍化しており、日中双方のメディアで話題を読んだ。その拡大版と位置づける今回の事業では、旅行や留学を含め、滞在期間の長短は問わない。現在、中国に滞在中の日本人でも応募できる。

同社編集長の段躍中さんは、「中国での体験を記してもらうことで、日中の相互理解の促進につなげたい」と話している。

最優秀賞（1人）には賞金10万円が進呈される。応募期間は今月30日まで。原稿の送付先は、メール（40@duan.jp）へ。文字数は3000字で、略歴200字。詳細は同社のホームページ（http://duan.jp/cn/）で。

忘れられない中国滞在エピソード大募集

日本僑報社主催

日本僑報社が「忘れられない中国滞在エピソード」を左記の要領で募集しています。これは日中平和友好条約締結40周年を記念した取り組み。

▽内容＝中国滞在時の貴重な思い出、帰国後の中国とのかかわり、近況報告、中国の魅力、今後の日中関係への提言など

▽エピソードは日本語3000字＋文末に略歴200字（ワード形式で）

文字数のほか、郵便番号、住所、氏名、年齢、性別、職業、連絡先（E-mail、電話番号、微信ID）といった情報を、エクセル形式で一行にまとめて送付

▽写真＝滞在時の思い出の写真1枚と筆者の近影1枚

▽送付先＝E-mail 40@duan.jp（送信メールの件名（タイトル）は「忘れられない中国滞在エピソード応募」と記入、応募者の氏名も明記

▽応募期間＝6月1日（金）～30日（土）

▽入選発表＝8月31日（金）予定

▽特典＝最優秀賞（中国大使賞）1名（賞金10万円）、1等賞5名、2等賞10名、3等賞24名、佳作賞をそれぞれ進呈

▽問い合わせ＝☎03（5956）2808 担当（張本、伊藤）

日中友好新聞　2018年6月15日

公募ガイド

2018年6月号

体験記・作文ほか

＼第1回／

日中平和友好条約締結40周年記念「忘れられない中国滞在エピソード」募集

副賞 10万円　原稿 3000字程度　入選 40編　2018 6/30

舞台は中国、とっておきの思い出を！

留学生やビジネスパーソン、行政・教育・文化・スポーツ・科学技術関係者や駐在員家族、国際結婚をした人、短期旅行者など、幅広い分野や立場での中国滞在経験者のエピソードを募集。中国人の同僚や部下、恩師や友人、家族との関わり、現在の中国との関わり、知る人ぞ知る中国の魅力、日中関係への提言といった平和友好条約締結40周年を記念するにふさわしい作品を。入選作40編は、作品集として刊行される予定。（ふ）

応募要項

●**内容**／忘れられない中国滞在エピソードを募集。　●**規定**／メールで応募。Word形式で、3000字程度。文末に200字程度の略歴をつける。縦書き。1行の字数、1枚の行数自由。末尾に〒住所、氏名、年齢、性別、職業、連絡先（メールアドレス、TEL、あれば微信ID）を明記。滞在時の思い出の写真1枚と応募者の近影1枚をJPG形式で添付。長辺600ピクセル以内。写真は入選の連絡後に送付しても可。メールの件名は「忘れられない中国滞在エピソード応募（応募者名）」とする。応募数自由。　●**資格**／中国滞在経験のある日本人　●**賞**／1等賞（中国大使賞）1編＝10万円、ほか　●**応募期間**／6月1日～30日　●**発表**／8月31日予定

応募先 40@duan.jp　問合せ 03-5956-2808　03-5956-2809　http://duan.jp/news/jp/20180402.htm　主催：日本僑報社

Record China　2018年11月24日

■ TOP > 社会

「餃子が心と心をつないだ」＝忘れられない中国滞在エピソード最優秀賞の原麻由美さん、表彰式で日中国民の友好訴え<受賞作全文掲載>

Record china　配信日時：2018年11月24日(土) 11時0分

中国に滞在した経験のある日本人を対象にした第1回「忘れられない中国滞在エピソード」コンクールの表彰式が東京の中国大使館で開催された。最優秀賞を受賞した原麻由美さんの「世界で一番美味しい食べ物」。写真は表彰式風景。

公明新聞　2018年4月13日

◆第１回「忘れられない中国滞在エピソード」募集

日中平和友好条約締結40周年に当たる2018年、中国に滞在したことのある日本人を対象にした第１回「忘れられない中国滞在エピソード」の原稿を募集する。文字数は3000字で、応募期間は６月１～30日。入選発表は８月31日。送信メールのタイトルに「忘れられない中国滞在エピソード応募（氏名）」として、40@duan.jp（Ｅメール）へ。詳しい問い合わせは☎03・5956・2808へ。

日本と中国　Japan and China Friendship Newspaper　2018年5月1日

「忘れられない中国滞在エピソード」

第1回作品を6月1日から募集

1等の中国大使賞は賞金10万円！

日本僑報社は、今年の日中平和友好条約締結40周年を記念して、中国に滞在したことのある日本人を対象とした第1回「忘れられない中国滞在エピソード」（駐日中国大使館、（公社）日中友好協会などが後援）の原稿を募集する。

1972年に日中国交正常化が実現し、79年に両国政府が留学生の相互派遣で合意して以来、これまで約23万人の日本人が中国へ留学し、来日した中国人留学生は累計100万人を超えるという。

今回は、中国滞在時のとっておきのエピソードをはじめ、現在の中国との関わり、知る人ぞ知る中国の魅力、そしてこれからの日中関係にプラスになるような提言といった、40周年を記念するにふさわしい内容のオリジナリティーあふれる作品を募集する。

40周年に合わせて、原則として40作品を入選作として選び、それらを1冊の作品集として刊行する予定。さらに入選作から、1等賞1人（中国大使賞）、2等賞10人、3等賞29人（以上40人・作品）、佳作賞若干名を選出し、1等賞には副賞10万円が贈られる。

応募期間は6月1日から6月30日まで。応募の詳細は同社ホームページ（http://duan.jp/news/jp/20180402.htm）を参照のこと。

日中文化交流　2018年5月1日

日本僑報社主催

「忘れられない中国滞在エピソード」募集はじまる

日本僑報社（段躍中編集長）は、6月1日から30日まで、第1回「忘れられない中国滞在エピソード」への原稿の公募を実施する。

公募内容は、中国滞在時の思い出や、帰国後の中国との関わり、中国の魅力、日中関係への提言など。中国滞在経験者が対象。入選発表は8月31日を予定しており、40本の入選作品は単行本として出版される予定。当協会後援。

応募方法、特典など詳細は、HP（http://duan.jp/cn/2018.htm）参照。

人民日报 海外版 PEOPLE'S DAILY OVERSEAS EDITION 2019年1月9日

讲述交往故事，增进交流理解

《连心饺子》汇集日本友人记忆

本报驻日本记者　刘军国

■"难忘的旅华故事"征文比赛显示中日民众相互交流的热情

■通过在中国学习历史、以史为鉴，理解了和平的珍贵

为纪念中日和平友好条约缔结40周年，由日本侨报出版社主办、中国驻日本大使馆担任后援单位的第一届"难忘的旅华故事"征文比赛颁奖典礼日前在东京举行。中国驻日本大使程永华、日本侨报社总编辑段跃中，日本财务大臣政务官伊佐进一、日中友好协会顾问小岛康誉以及获奖者等约150人出席了此次颁奖礼。

在颁奖礼上，获奖者先后上台分享了各自在中国的见闻以及与中国朋友交往的感人故事。各位获奖者均表示，通过在中国工作、学习和生活的经历，认识了一个完全不一样的中国，今后愿做日中友好交流的桥梁，增强两国关系发展的民意纽带。

期待日本民众多去中国走走看看

"难忘的旅华故事"征文比赛面向所有拥有旅华经历、包括目前正在中国的日本民众，征集他们旅华期间的故事，旨在促进日中友好交流和相互理解。在众多参赛作品中，有的讲述与中国民众的交往故事，有的抒发体验中国文化的感悟。获奖文章已经结集为《连心饺子》一书出版，并在日本各大实体和网络书店销售。

日本自民党干事长二阶俊博发来贺信表示："希望有旅华经历的日本人将这一宝贵经历充分运用到日中友好交流中，希望广大日本读者能够铭记阅读时的感动，能够亲眼去看一看中国，从而写出更多新的难忘的旅华故事。"

国之交在于民相亲。程永华在颁奖礼致辞中说，"难忘的旅华故事"征文比赛成功举办，充分显示了中日两国民众相互交流的热情。很高兴看到很多日本民众从对中国一无所知，到通过交流与中国民众加深相互了解、增进理解和信任，最终建立起牢固的友谊。

2018年是中日和平友好条约缔结40周年。程永华表示，在中日关系保持良好改善发展势头的大背景下，希望两国民众特别是青年之间进一步扩大交流、增进友谊，为中日关系长期健康稳定发展发挥积极作用。

段跃中对本报记者说，希望日本全国各地的民众都能读到《连心饺子》一书，能够多去中国走走看看，感受中国悠久灿烂的文化、日新月异的变化，结识中国淳朴善良的民众。

希望向更多人讲述中国的魅力

很多日本民众读了《连心饺子》中的故事后备受感动，希望去中国看看。日本前首相福田康夫为《连心饺子》撰写序言，称赞这些珍贵的经历对于促进日中两国人民相互理解发挥着重要作用。

2018年7月刚从清华大学毕业的原麻由美回忆自己10年的赴华学习生活，撰写了《世界上最美味的食物》一文，讲述了饺子作为心与心之间的纽带，给自己人生带来的积极影响。

在颁奖礼上，原麻由美激动地讲述了自己在中国的美好回忆。2008年，由于母亲与中国继父结婚，12岁的原麻由美跟随母亲从日本来到中国上学。初到中国，原麻由美每次考试都在班级里倒数第一，这令她很难受。

一天放学后，中国继父带着原麻由美去一家饺子馆吃饭。吃着热腾腾的饺子，中国继父打破了沉默："不要为倒数第一名感到羞愧。你只学习了一年汉语，同学们的母语是汉语，你们成绩不一样是正常的。你把中国同学当作榜样去努力，为超越过去的自己而奋斗，慢慢进步就可以了。"这段话深深地温暖了原麻由美。那年春节，原麻由美向继父提议全家人一起包饺子，边吃边聊。从那以后，原麻由美从心底里接受了中国继父，成为真正意义上的一家人。

原麻由美在文中写道："十年在中国的学习生活中，给予我如饺子一样热腾腾的爱的人无疑就是中国继父。与继父一起吃饺子的温暖和幸福就像太阳一样，照亮了我的心灵，给予了我无限的希望，给予我和继父超越国境与血缘的父女之情。从此，我们一起吃的饺子也变成了世界上最美味的食物，成为心与心之间的纽带。"

日本庆应大学学生正在翻看《连心饺子》一书。　本报记者　刘军国摄

原麻由美认为，与中国人相处、交流并学习中国文化的经历是她一生中宝贵的经验。在文章结尾，原麻由美表示："希望通过介绍自己在中国的美好回忆，向更多人传达中国的魅力。"

从历史中理解和平的珍贵

程永华说，尤其令人感到欣慰的是，有的作者通过参观历史纪念馆和战争遗迹，加深了对中日之间不幸历史的了解，写下了对中日关系的深入思考。正是这种正视历史、以史为鉴、面向未来的正确态度，才有助于两国民众超越历史纠葛，构筑两国和平友好合作关系。

一名叫中关令美的东京姑娘在文章中讲述了自己与一名南京姑娘的故事。当中关令美告诉家人，应中国朋友之邀要去南京旅游时，祖父母表达了深切担忧和强烈反对。中关令美不顾家人反对，只身一人前往南京。

曾经在中学历史教科书中了解了南京大屠杀历史的中关令美到达南京之后，起初特别在意自己的国籍。在海关入关处，为把护照正面的"日本"两字藏起来，她刻意把护照反面朝上交给工作人员。每当被出租车司机、餐馆服务员问起自己的国籍，她内心都十分忐忑。但令她惊讶的是，当她告诉对方自己是日本人时，对方依然友善地对待她。

当她的南京朋友问她最想去哪里时，中关令美说，希望去侵华日军南京大屠杀遇难同胞纪念馆参观。在认真参观完纪念馆后，她的中国朋友说道："历史不容篡改，南京大屠杀铁证如山、不容推翻。但我们永远是朋友。"中关令美顿时泪如泉涌。她意识到，虽然时钟无法拨回到1937年，无法阻止那场大屠杀，但是我们可以以史为鉴，从历史中学习和平的珍贵。

中关令美最后写道："在机场与中国朋友道别之后，我种下了一个新的梦想，那就是将来做日本和中国友好的桥梁。我将把在南京的经历铭记在心，继续努力下去。"

（本报东京电）

中文導報 CHUBUN 2018年11月29日

"难忘的旅华故事"东京颁奖

Record China 2018年4月4日

■ TOP > 社会

「忘れられない中国滞在エピソード」大募集！＝日中平和友好条約締結40周年記念

日本僑報社　　配信日時：2018年4月4日(水) 18時0分

Email
Share
Tweet
コメント

日本僑報社は、日中平和友好条約締結40周年を記念して、中国に滞在したことのある日本人を対象とした第1回「忘れられない中国滞在エピソード」原稿を大募集します！

1972年の日中国交正常化以降、とくに1979年に両国政府が留学生の相互派遣で合意してから、これまでに中国は累計約23万人の日本人留学生を受け入れており、来日した中国人留学生は累計100万人を超えています。

人民日报 海外版
PEOPLE'S DAILY OVERSEAS EDITION
2018年12月7日

改革开放与党的九十年
读王蒙《中国人的思路》

《连心饺子》在日首发

为纪念中日和平友好条约缔结40周年、由日本侨报出版社主办、中国驻日大使馆支援的第一届"难忘的旅华故事"征文比赛颁奖典礼暨获奖文集《连心饺子》首发式，近日在东京举行。中国驻日本大使程永华，日本众议院议员、财务大臣政务官伊佐进一、日本著名作家海老名香叶子等及获奖者约150人出席。

日本前首相福田康夫在为《连心饺子》撰写的序言中写到，读完"旅华故事"后心潮澎湃，这些珍贵的经历对于促进日中两国民相互理解发挥不可替代的重要作用，无疑将成为日中关系发展的正能量。

日本自民党干事长二阶俊博发来贺信表示，希望有旅华经历的日本人将这一宝贵经历充分运用到日中友好交流中，希望广大日本读者能够铭记阅读时的感动，去亲眼看一看中国，从而写出更多新的难忘的旅华故事。

（刘军国）

首届“难忘的旅华故事”征文比赛在东京揭晓

2018年11月23日 12:01 来源：经济日报-中国经济网 苏海河

［手机看新闻］［字号 大 中 小］［打印本稿］

程永华大使为获奖作者颁奖

中国经济网
www.ce.cn
2018年11月23日

经济日报-中国经济网东京11月23日讯（记者 苏海河）为纪念中日和平友好条约缔结40周年，由日本侨报出版社主办、中国驻日大使馆支援的首届“难忘的旅华故事”征文比赛，11月22日评选揭晓并在我国驻日大使馆举行颁奖典礼。

中青在线 2018年11月26日

《连心饺子》首发：旅华故事传递中日友好

发布时间：2018-11-26 14:04 来源：中青在线 作者：蒋肖斌

中青在线讯（中国青年报·中青在线记者 蒋肖斌）为纪念中日和平友好条约缔结40周年，由日本侨报出版社主办、中国驻日大使馆支持的第一届“难忘的旅华故事”征文比赛颁奖典礼暨获奖文集《连心饺子》首发式，11月22日在东京举行。

程永华大使在会场和原麻由美合影，殷跃中摄

中国驻日本大使程永华向清华大学留学生原麻由美颁发了“中国大使奖”，向日本众议院议员兼财务大臣政务官伊佐进一颁发了“特别奖”，另有54位日本人分别获得一二三等和佳作奖。

www.news.cn 新华网 NEWS www.xinhuanet.com 2018年11月24日

第一届“难忘的旅华故事”征文比赛颁奖典礼在东京举行

2018-11-24 14:18:40 来源：新华网

新华网东京11月24日电（记者 姜俏梅）为纪念中日和平友好条约缔结40周年，由日本侨报社主办的第一届“难忘的旅华故事”征文比赛颁奖典礼近日在中国驻日本大使馆举行，日本各界代表160余人出席了颁奖典礼。

曾在清华大学留学的日本女孩原麻由美以《世界最美味食物》一文获得最高奖项“中国大使奖”。原麻由美在文章中写道，“饺子如太阳一般照耀到我的心底，给我希望，支撑着我在中国的留学生活，并帮助我和继父之间建立起超越国界和血缘的亲子关系。在我心里，饺子是能够超越国界，让人与人心灵相通的全世界最美味的食物。”

中国驻日本使馆举行“难忘的旅华故事”征文比赛颁奖仪式

11 月 22 日，中国驻日本使馆举行“难忘的旅华故事”征文比赛颁奖仪式，中国驻日本大使程永华，众议院议员、财务大臣政务官伊佐进一，日中友好协会顾问小岛康誉以及获奖者等约 150 人出席。

程大使在致辞中表示，“难忘的旅华故事”征文比赛成功举办，充分显示了中日两国民众相互交流的热情。在众多参赛作品中，有的讲述与中国人的交往趣事，有的描写体验中国文化的感悟，这些发生在普通日本民众身边的故事令人感动。很高兴看到很多日本民众从对中国一无所知，到通过交流与中国民众加深相互了解认识，在此基础上增进相互理解和信任，进而建立起牢固的友好感情。尤其令人感到欣慰的是，有的作者通过参观历史纪念馆和战争遗迹，加深了对中日之间不幸历史的了解，写下了对中日关系的深入思考。正是这种正视历史、以史为鉴、面向未来的正确态度，才有助于两国民众超越历史纠葛，实现民族和解并构筑两国和平友好合作关系。

程大使表示，今年是中日和平友好条约缔结 40 周年，在双方共同努力下，两国关系在重回正轨基础上取得新的发展。今年 5 月，李克强总理成功访问日本。安倍首相上个月访问中国，两国领导人一致同意开展更加广泛的人文交流，增进相互理解。两国领导人还同意将明年定为“中日青少年交流促进年”，鼓励两国各界特别是年轻一代踊跃投身中日友好事业。2020 年、2022 年，东京和北京将相继迎来夏季和冬季奥运会，在中日关系保持良好改善发展势头的大背景下，希望两国民众特别是青年进一步扩大交流，增进友谊，为中日关系长期健康稳定发展发挥积极作用。

自民党干事长二阶俊博发来贺信表示，希望有旅华经历的日本人将这一宝贵经历充分运用到日中友好交流中，希望广大日本读者能够铭记阅读时的感动，多去亲眼看一看中国，从而写出更多新的“难忘的旅华故事”。希望通过此次征文比赛，日本民众可以增加与中国的交往，加深对中国的了解，为日中关系改善发展贡献更多力量。

伊佐进一和获奖者分别上台发言，分享了在中国的见闻以及与中国朋友交往的感人故事。获奖者表示，通过在中国生活、旅行，增进了了解中国，改变了对中国的刻板印象。日中关系不仅是政治（转第3版）

大富報 2018年12月2日

2018年11月23日

驻日本使馆举行"难忘的旅华故事"征文比赛颁奖仪式

11月22日，驻日本使馆举行"难忘的旅华故事"征文比赛颁奖仪式，程永华大使、日本侨报社社长段跃中、众议院议员、财务大臣政务官伊佐进一、日中友好协会顾问小岛康誉以及获奖者等约150人出席。

程大使在致辞中表示，"难忘的旅华故事"征文比赛成功举办，充分显示了中日两国民众相互交流的热情。在众多参赛作品中，有的讲述与中国人的交往趣事，有的描写体验中国文化的感悟，这些发生在普通日本民众身边的故事令人感动。很高兴看到很多日本民众从对中国一无所知，到通过交流与中国民众加深相互了解认识,在此基础上增进相互理解和信任，进而建立起牢固的友好感情。尤其令人感到欣慰的是，有的作者通过参观历史纪念馆和战争遗迹，加深了对中日之间不幸历史的了解，写下了对中日关系的深入思考。正是这种正视历史、以史为鉴、面向未来的正确态度，才有助于两国民众超越历史纠葛，实现民族和解并构筑两国和平友好合作关系。

人民视频
v.people.cn
2018年11月23日

"难忘的旅华故事"征文比赛在东京举行颁奖仪式

2018/11/23 22:59:44　来源：人民网-人民视频

人民网
people.cn
2018年11月22日

"难忘的旅华故事"征文比赛东京颁奖 日本留学生荣获"中国大使奖"

2018年11月22日17:14　来源：人民网-日本频道

首届征文大赛颁奖典礼颁奖嘉宾及获奖者合影

人民网东京11月22日电（吴颖）11月22日，第一届"难忘的旅华故事"征文比赛在中国驻日本使馆举行颁奖典礼。本次征文比赛为纪念中日和平友好条约缔结40周年，由日本侨报出版社主办、中国驻日大使馆支援。

国际 22

“武术让我亲近中国文化”

人工智能，需要“负责任的创新”

电子屏幕对法国“新一代”危害大

“清洁印度”运动仍有待观念变革

人民日報 2018年4月3日

“难忘的旅华故事”征文比赛在东京启动

本报东京4月2日电 （记者**刘军国**）为纪念中日和平友好条约缔结40周年，第一届“难忘的旅华故事”征文比赛4月2日在东京启动。

您在中国生活和工作期间有哪些难忘的故事？您心中一直怀念哪位中国朋友？您现在与中国割舍不断的联系是什么？您是怎样讲述您认识的中国人及中国魅力的……主办方希望在中国生活和工作过的日本各界人士拿起笔来，写出珍藏在心中的记忆，分享各自的原创故事，从而让更多的日本人了解到在中国生活和工作、旅游的快乐，让更多的人感受到中国独特的魅力，促进中日之间的相互理解。

2017年，日本侨报出版社举办了首届“难忘的中国留学故事”征文比赛，受到日本各界好评。据悉，由于很多没有在中国留学的日本人也想参加该活动，在中日和平友好条约缔结40周年之际，主办方把参加对象扩大至所有在中国生活和工作过的日本人，并表示将把此项活动长期办下去。中国驻日本大使馆是本次活动的后援单位。

第一届“难忘的旅华故事”征文比赛结果揭晓

2018年09月13日07:15　来源：人民网-国际频道　分享到：

人民网 people.cn
2018年9月13日

人民网东京9月12日电（记者 刘军国）为纪念中日和平友好条约缔结40周年，由日本侨报社主办的第一届“难忘的旅华故事”征文比赛评选结果9月12日揭晓。清华大学留学生原麻由美获中国大使奖，另有54位日本人分别获得一二三等和佳作奖。

本次“旅华故事”征文活动是以促进中日友好交流和相互理解为目的，向拥有旅华经验（包括目前正在中国）的日本人征集他们旅华期间的珍贵往事，特别是那些符合中日和平友好条约精神的原创作品。

据了解，主办方审查员评价作品主要依据以下标准。一是符合“难忘的旅华故事”主题，写出了令人感动、印象深刻的故事，二是通过自己独特的旅华经验，使读者感受到勇气、希望等充满“正能量”，三是对今后的中日关系的良性发展，有着积极引导的作用。

此次征文是去年举办、广受好评的“难忘的中国留学生故事”的扩大版。据主办方介绍，此次共收到125篇作品，都是作者亲历的倾心之作，有的作者依然生活在中国，有的作者已经回到日本。

获奖名单如下：http://duan.jp/cn/2018shou.htm。

主办方将把获得中国大使奖和一二三等奖的40部作品结集出版在日本公开发行。颁奖典礼暨出版纪念酒会将于11月22日中国驻日大使馆举行。

公明新聞

2018年
10月26日

中国 私の留学時代

公明党参院議員　西田　実仁

日中関係をテーマに出版する、日本僑報社の段躍中代表から、「中国留学のエピソードを」と依頼があり、『忘れられない中国留学エピソード』【写真】に拙文を寄せた。そこで私の中国留学時代をお伝えしてみたい。

留学したのは1982年、私が慶応義塾大学経済学部の2年生で19歳だった。留学先は、北京語言学院。世界各国からの留学生で溢れていた。中国に留学したいという思いは、高校時代からだろうか。

母が10歳まで旧満州で育ち、「戦争に敗れて逃げ帰ってくるときに、現地の中国人に食べるものや着るものなど、大変に世話になった」と幼い頃から聞いていた。もし、母がそこで亡くなれば、今の私は存在しないわけで、「自らのルーツともいうべき中国大陸に渡って、中国の人々と中国語で話ができるようになりたい」という素朴な思いからだった。

初めての海外が中国・北京。両親と離れて一人暮らしをするのも初めて。薄暗い洗い場で、衣服を手洗いするのも初めて。その思い出は、年を重ねるごとに、より膨らみ、私にとって貴重な「宝」となっていることを実感する。

2004年、参院議員に送り出していただき、日中の諸問題に直接、携わる機会を拝した。13年、国家主席就任前の習近平氏と公明党の山口那津男代表が約70分間、会談する場に陪席した。その後、15年、そして今年9月、山口代表とともに中国・北京へ渡り、安倍晋三首相の親書を要人に手渡すなど、中国との交流窓口として、働かせていただいている。

学生、教授との交流は「宝」

留学の思い出は、楽しいことばかりだ。語言学院の前の五道口の商店で、当時はまだ配給制だった肉票や布票を使って、肉や洋服を買ったこと、ちょうど20歳になったお祝いに、同班同学と気の抜けたビールで乾杯したこと、郊外には馬車でわらを運ぶ農民がいて、その鞭に当たりそうになったこと、などなど。

ある初老の大学教授との出会いも忘れられない。当時、中華人民共和国が誕生して33年。先生はそれまでの様々な出来事を振り返りながら、自宅で夜の「互相学習」の時間を持ってくださった。とても心地よかった。目的は、日本語と中国語を相互に学びあうことだったが、実際にはほとんど中国語による会話となった。ときに諭すように、ときに嘆き、ときに笑い、そして期待を込めて、話しかけてくれた優しい眼差しは今も忘れていない。当時の中国を、そして日中関係を深く考えるきっかけとなった。

日中の学生が集まって、誰かの誕生日に「餃子会」と称して、宿舎内で、いろいろなものを餃子の皮に包んで食べたことは昨日のことのように思い起こす。中国に留学できれば最高だ。そして、旅行でも、仕事でも、とにかく触れ合うことから交流は始まる。お互いに引っ越すことのできないお隣の国にいるのだから。

（にしだ・まこと）

段躍中編『忘れられない中国留学エピソード』（日本僑報社＝☎03・5956・2808＝2600円＋税）

中国留学時代の西田氏（右から3人目）＝1982年

THE YOMIURI SHIMBUN
讀賣新聞　2018年3月18日

記者が選ぶ

忘れられない中国留学エピソード

段躍中編

中国で日本語を学ぶ学生たちの作文コンクールを長く催してきた出版社が、今度は日本人の中国留学経験者を対象に、留学エピソードをつづる作文を募集した。本書は入賞作を含む計48本を収録した。

還暦を過ぎてMBA（経営学修士）コースに入学した人、現在はネットラジオで活躍する人など、経歴も様々だが、体験している内容も幅広い。不幸な歴史を抱えているだけに、心温まる体験ばかりではない。だが、留学がそれぞれの人生に、大切な何かを刻んだことがよく分かる。行って暮らしてみることの意義や魅力が伝わってくる。

今回の取り組みで友好親善が深まるというのは、単純すぎる理解かもしれない。だが、継続していくことで育つものが、確実にあると感じられた。（日本僑報社、2600円）　　　（佑）

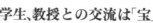

讀賣新聞 オンライン　2018年3月28日

ライフ　本よみうり堂　コラム　記者が選ぶ

『忘れられない　中国留学エピソード』段躍中編

2018年03月28日

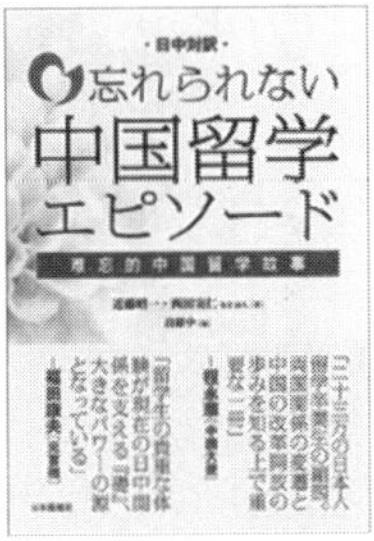

中国で日本語を学ぶ学生たちの作文コンクールを長く催してきた出版社が、今度は日本人の中国留学経験者を対象に、留学エピソードをつづる作文を募集した。本書は入賞作を含む計48本を収録した。

還暦を過ぎてMBA（経営学修士）コースに入学した人、現在はネットラジオで活躍する人など、経歴も様々だが、体験している内容も幅広い。不幸な歴史を抱えているだけに、心温まる体験ばかりではない。だが、留学がそれぞれの人生に、大切な何かを刻んだことがよく分かる。行って暮らしてみることの意義や魅力が伝わってくる。

今回の取り組みで友好親善が深まるというのは、単純すぎる理解かもしれない。だが、継続していくことで育つものが、確実にあると感じられた。（日本僑報社、2600円）（佑）

しんぶん赤旗　2018年5月13日

忘れられない中国留学エピソード

段躍中編

中国政府の発表によるとこれまでに中国を訪れた日本人留学生は約23万人。日中国交正常化45周年の2017年、これら留学経験者を対象に呼びかけられた第1回「忘れられない中国留学エピソード」コンクールの入選作品集です。抗日戦線にも従事した日本嫌いの先達の学者に思い切って質問し、快く受け入れられた経験（堀川英嗣氏）など45作品を収録します。中国語対訳つき。

（日本僑報社・2600円）

国際貿易　2018年1月30日

近着の図書紹介

■『忘れられない中国留学エピソード』（段躍中編・日本僑報社・2600円＋税）

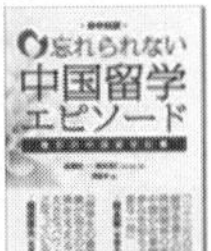

日本僑報社は17年、日中国交正常化45周年を記念して第1回「忘れられない中国留学エピソード」コンクール（当協会などが後援）を実施した。93本の応募があり、45本が入賞。応募者は20代から80代、留学時期は70年代から現代まで。入賞作と留学経験のある国会議員の近藤昭一、西田実仁氏による寄稿、親族から送られた故幾田宏氏（享年89歳）の日記の一部を収録。小林陽子氏（深圳大学留学）は日本にいた時に中国人から日本の習慣について質問攻めに遭い、答えに窮していた。しかし、留学してみると、日本人の習慣になかったことを不思議に思い、質問ばかりしている自分を発見した。日中対訳になっている。（亜娥歩）

人民中国 PEOPLE'S CHINA　2018年2月号

東京　世代を超えた留学交流

昨年12月8日、駐日本中国大使館は中国留学経験者の交流の場として、「2017年中国留学経験者の集い」を開催した。約250人の参加者の年齢層は幅広く、世代を越えて中国留学の思い出や帰国後の様子を和やかに語り合った。

当日は「『忘れられない中国留学エピソード』入選作品集発刊式」も同時開催され、28年前の北京大学留学での経験をつづって一等を受賞し、訪中旅行の機会を得た岩佐敬昭さんは、「訪中旅行では中国人の友人と28年ぶりに再会した。見た目は変わったが、優しい瞳がそのままだった。ウイーチャットアドレスも交換したので、これからはいつでも連絡ができる」と喜びを語り、これを機会に引き続き中日交流を大切にしていく決意を新たにしたと締めくくった。

中国関連書籍紹介

【日中対訳】忘れられない中国留学エピソード

－难忘的中国留学故事－

近藤昭一、西田実仁など48人〈共著〉・段躍中〈編〉

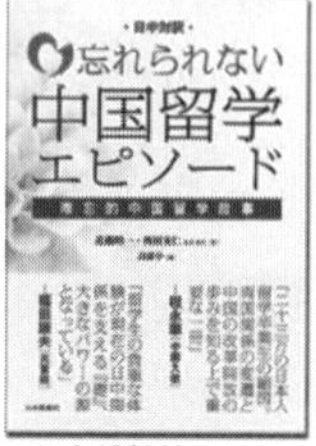

日本僑報社
2,600円（税別）

日中国交正常化45周年記念・第1回「忘れられない中国留学エピソード」受賞作品集。お隣の国・中国がこれまでに受け入れた日本人留学生は累計23万人！この「中国留学エピソード」は、日中相互理解の促進をめざし中国留学の経験者を対象として2017年にスタート（日本僑報社主催）。記念すべき第1回には短期募集にも関わらず北京大学、南京大学など留学先は52校、20～80代までの幅広い世代による93本もの作品が寄せられた。本書には入賞作を含め計48本を収録。心揺さぶる感動秘話や驚きの体験談などリアル中国留学模様を届ける。

日本と中国
Japan and China Friendship Newspaper
2018年2月1日

23万人の日本人留学卒業生の縮図 『忘れられない中国留学エピソード』が発売

タグ：留学　中国　作文　コンクール

発信時間：2018-01-08 15:00:56 | チャイナネット | 編集者にメールを送る

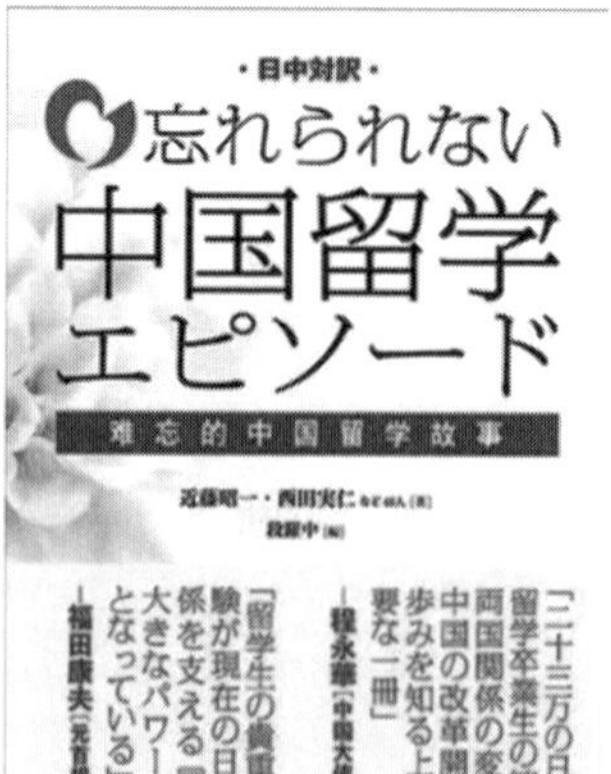

中日国交正常化45周年にあたる2017年、在日本中国大使館の支援のもとで、日本僑報社は日本の中国留学経験者を対象とした第1回『忘れらない中国留学エピソード』コンクールを開催した。45日間の募集期間に、政治家や外交官、ジャーナリスト、会社員、日本語教師、主婦、現役の留学生など各分野で活躍する人たちから93本の寄稿が集まった。入賞作を含め、その中から選ばれた48本の応募作品を日本僑報社は『忘れられない中国留学エピソード』という本に収録し、12月に出版した。

中国网
2018年1月8日

毎日新聞
MAINICHI
2018年
1月27日

余録帳

可愛い人

「あなたは顔が大きすぎるから、美容整形をして骨を削ったら?」。最近出版された「忘れられない中国留学エピソード」（日本僑報社）に、タレントを目指して北京電影学院に留学し、中国の同級生から整形手術を勧められた元留学生の体験談が載っている。

筆者で埼玉県在住の中国語講師、小林美佳さん(48)に聞くと、「結局、整形しなかったけれど、本当にショックで食事ものどを通らなかった」とふり返った。美容整形が珍しかった1990年代の話だ。

中国は今、市場規模で米国、ブラジルに次ぐ世界3位の「整形大国」になっている。旧知の女性が大きな整形手術をしていたことを知り、驚いたことも一度や二度ではない。その際、どう声をかけるか。実に悩ましい。

整形しようか悩んでいた小林さんを救ったのは「あなたは可愛い人」という別の同級生の一言だったという。

「美しい人が可愛いのではなく、可愛らしい人が美しいのです」。ロシアの文豪トルストイの言葉だ。もっと知られてほしい。【浦松丈二】

2018.1.27

日中友好新聞

本の紹介

『忘れられない中国留学エピソード』近藤昭一・西田実仁など48人著 段躍中 編

日本僑報社は、日中国交正常化45周年の節目に当たる2017年を記念して、第1回「忘れられない中国留学エピソード」コンクールを開催しました。

本書は入賞作含め48本を収録。いずれも中国留学の楽しさ、つらさ、意義深さ、そして中国の知られざる魅力を日中対訳版で紹介。

発行に当たり、程永華中国大使は「23万の日本人留学生の縮図。両国関係の変遷と中国の改革開放の歩みを知るうえで重要な一冊」と評しています。

日本僑報社発行、定価2600円＋税。問い合わせは同社☎03（5956）2808

2018年1月25日　2017年8月5日

「忘れられない中国留学エピソード」作文の受賞者決まる

日中国交正常化45周年記念・第1回「忘れられない中国留学エピソード」を主催する日本僑報社は7月3日、厳正な審査の結果、作文の各賞受賞者を決定しました。

主催者にとっては、中国留学に関する作品の初めての募集。また募集発表から応募締切まで約45日間と短期間だったにもかかわらず、応募総数延べ93本、留学先の大学・学校は延べ52校で中国のほぼ全土にわたることが、明らかになりました。応募者は男性45人、女性48人。年代別では20代から80代まで幅広い年齢層でした。

入選作は、国交正常化45周年に合わせて原則として45作品とし、さらに入選作から1等賞10本、2等賞15本、3等賞20本を選出しました。

1等賞は、東京都の五十木正さん（留学先＝北京大学）らで、男性8人、女性2人。いずれもかけがえのない留学体験にもとづいた力作、秀作ぞろいで甲乙つけがたく、各審査員も大いに頭を悩ませました。

その中でも上位に選ばれた作品は、（1）「忘れられない中国留学エピソード」というタイトルにふさわしく、具体的かつ印象的なエピソードが記されたもの

（2）テーマ性、メッセージ性のはっきりしたもの

（3）独自の中国留学体験から、読者に勇気や希望、感動を与えてくれたもの——などの点が高く評価されました。

主催者は、入選作45本など計48本を1冊の作品集としてまとめ、日中2カ国語版として年内に刊行する予定です。

中日新聞

2017年
7月26日

中国留学作文コンクール
県出身2人が1等賞

山本勝巳さん

市川真也さん

日中関係の出版社・日本僑報社（東京）の作文コンクール「忘れられない中国留学エピソード」で、星城大事務職員、山本勝巳さん(三二)=東海市富貴ノ台二=と、安城市出身の早稲田大四年、市川真也さん(二二)=東京在住=が一等賞の十人の中に選ばれた。二人とも中国での体験を通じ、市民レベルでの交流や相手の立場で考えることの大切さを訴えた。

コンクールは、日中国交正常化四十五周年を記念して行われた。二十代から八十代までの中国留学経験者や現役留学生九十三人から応募があり、今月上旬に受賞者が決まった。

山本さんは二〇〇七年三月から約一年間、北京の演劇大学・中央戯劇学院で中国語や演技を学んだ。作文では、中国のドラマに日本兵役で出演した経験に触れた。ロケ地で子どもたちから「バカヤロ」と怒鳴られたが、自分から中国語で話し掛けると次第にうち解け、日本のアニメのことで質問攻めにあった体験をつづった。

市川さんは一五年二月から半年余り、北京大に留学。寮で同室だった中国人と一緒に「抗日ドラマ」を見たのをきっかけに、日中戦争について知ろうと、旅順やハルビン、南京などを訪問。生存者の悲痛な声も聞き、「彼らの戦争体験、私が見てきたもの、すべてを伝えていかなければならないと心から感じた」と書いた。

受賞の知らせに、山本さんは「自分の考えに共感してもらえたのでうれしい」と述べた。市川さんは「一等賞になるとは思わなかった。多くの人に中国の現場を訪れてほしいと思う」と話した。

一等賞の受賞者十人は十一月に一週間の中国旅行に招待される。

（重村敦）

讀賣新聞　2017年5月27日

よみうり抄

◆「忘れられない中国留学エピソード」募集　中国留学の経験者や現役の留学生を対象に、思い出や日中関係への提言などを原稿用紙5枚（2000字）程度で募集。1等賞10人は1週間の中国旅行に招待。入賞者の作品は刊行予定も。31日まで。問い合わせは主催の日本僑報社（☎03・5956・2808）。

毎日新聞　2017年5月14日

中国留学エピソード募集

日中国交正常化から今年で45周年を迎えるのを機に、出版社「日本僑報社」（東京都豊島区）が「忘れられない中国留学エピソード」の作文を募集している。対象は中国留学経験者で、原則として日本人（現役留学生可）。テーマは「中国との出会い」や「恩師やクラスメートとの交流」「日中関係にプラスになるような提言」など。31日締め切り。問い合わせは同社（03・5956・2808）。

首页　新闻聚焦　新报专题　新报时评　文华TV　日中飞鸿　玩转日本　东瀛

当前位置： 新闻聚焦 > 日中之间 > > 内容

《难忘的旅华故事》征文赛在东京启动

来源：东方新报　作者：朱耀忠　时间：2018-04-03　分享到：

纪念中日和平友好条约签订40周年

首届《难忘的旅华故事》征文比赛在东京启动

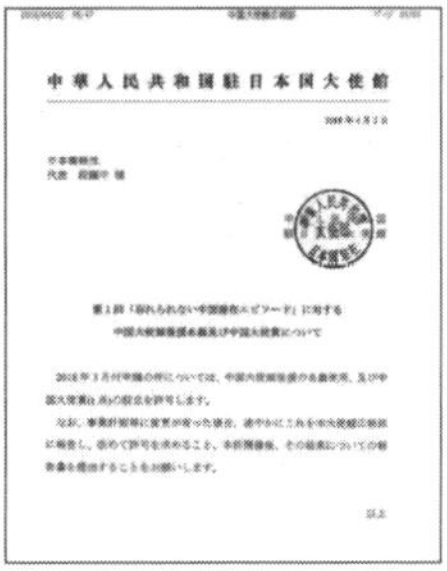

中国驻日本大使馆给主办方的通知

【本报讯】为纪念中日和平友好条约签订40周年，第一届《难忘的旅华故事》征文比赛，于4月2日在东京启动，中国驻日本大使馆向主办方——日本侨报出版社，发出了作为本次征文活动支持单位和同意设立"中国大使奖"的通知。主办方欢迎所有在中国生活和工作过的日本各界人士参加。

2018年4月3日☞

日本東方新報
—www.LiveJapan.cn—

☞2017年12月24日

首页　新闻聚焦　新报专题　新报时评　文华TV　东瀛旅游　在日指南

当前位置： 新闻聚焦 > 日中之间 > > 内容

中日双语版 《难忘的中国留学故事》在日本出版

来源：日本东方新报　作者：朱耀忠　时间：2017-12-24　浏览次数：52

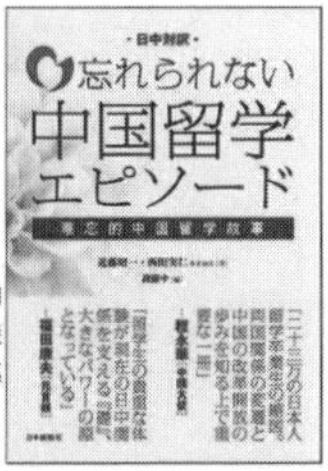

【本报讯】2017年度日本留华毕业生交流会暨《难忘的中国留学故事》首发式，日前在东京举行。

为纪念中日邦交正常化45周年，在中国驻日本大使馆的支持下，日本侨报社今年4月举办首届"难忘的中国留学故事"征文活动。45天里收到93篇文章。文章的作者既有退休的耄耋老人，也有还在中国学习的年轻学子，有外交官、大学教授还有企业高管，有的记录了因留学与中国的相遇结缘、与中国恩师和同学的交流、与当今中国的联系，有的讲述了结识的朋友与感受到的中国魅力，还有的对中日关系的发展提出了积极建议。

程永华大使在该书序言中表示："因作者的留学年代跨越了近半个世纪，留学大学遍及中国多省，由一个个小故事汇集而成的文集相映成趣，构成了23万日本留华毕业生的缩影，既反映出中日两国关系的时代变迁，也从一个个侧面反映出中国改革开放以来的发展历程"。

"通过阅读作品，充分了解到日本留学生在中国各地经历了各种体验，与中国老百姓深入开展真挚交流，这些成为支撑日中关系的重要基石和强劲力量源泉。"日本前首相福田康夫为该书所作的序言表示，构建未来的日中关系，两国人民之间的交流不可或缺。日本人要想了解中国，除留学外，通过旅游、研修、商务等多种途径与中国开展务实互动是非常重要的。

"到中国留学是人生的宝贵财富。"35年前曾在北京留学的日本参议员西田实仁在文中讲述了中国留学经历对自己人生的重大作用，他写道，"正是在中国的生活，让我更加了解中国、日本，以及身为日本人的自己。留学的作用不仅仅是语言技能的提高，更是人生感悟的收获。"

因留学中国而爱上中国并决心在中国生活一辈子的中村纪子特意从武汉赶回东京。已经在中国生活15年的她手持刊登自己获奖作品的《难忘的中国留学故事》一书，兴奋与激动之情溢于言表，眼角噙着泪水。

刊登了45篇获奖文章的《难忘的中国留学故事》12月中旬开始在日本各大书店上架。日本侨报社总编辑段跃中说，希望通过日本留华毕业生的文字，介绍所认识和理解的中国及中国人，让更多日本人了解去中国留学的意义，让更多日本人感受到中国的魅力。

中国驻日本大使馆教育处公使衔参赞胡志平表示，希望中日两国共同努力为两国青年到对方国家留学创造更加有利的环境，中国大使馆将继续鼓励和支持更多日本青年赴华留学深造。（作者：刘军国，图片：日本侨报社）

週刊読書人　2017年5月26日

第1回
忘れられない中国留学エピソード
募集（締切：5月31日）
主催：日本僑報社

■内容
忘れられない中国留学エピソード
※中国留学の思い出、帰国後の中国とのかかわり、近況報告、中国の魅力、今後の日中関係への提言など。テーマ性を明確に。
■対象
中国留学経験者※原則として日本人。現役留学生可。
■入賞数
45名（作品）
■文字数
400字詰め原稿用紙5枚（2000字）＋文末に略歴200字以内（ワード形式で）※規定文字数のほか、郵便番号、住所、氏名、年齢、性別、職業、連絡先（E-mail、電話番号、微信ID）を記入のうえ送付。
■写真
留学時の思い出の写真、筆者の近影計2枚（JPG形式で、サイズは長辺600ピクセル以内）
■送付方法
原稿と写真を、E-mailで送付。
【あて先】
E-mail:45@duan.jp
※送信メールの「件名(タイトル)」は「忘れられない中国留学エピソード応募（お名前）」として、応募者の名前も明記。
■応募期間
2017年5月8日～5月31日
■入選発表
6月30日（予定）
■問い合わせ
「忘れられない中国留学エピソード係」☎03・5956・2808

聖教新聞　SEIKYO SHIMBUN　2017年5月13日

募集

第1回 忘れられない中国留学エピソード
31日締め切り 日本僑報社

日本僑報社が、日中国交正常化45周年を記念し、第1回「忘れられない中国留学エピソード」の作品を募集している。

中国への日本人留学生は、受け入れが始まった1962年から2015年までに累計22万人を超えた。そうした多くの留学経験者（現役留学生含む）が対象で、留学時代の思い出や中国の魅力、帰国後の中国との関わり、日中関係への前向きな提言など、各人のエピソードを、テーマ性を明確にしてまとめる。

入選作45作品は作品集として8月に同社から刊行される。また、入選作の中から1等賞（10作品、中国大使館主催の「一週間中国旅行」に招待）、2等賞（15作品、2万円相当の同社書籍贈呈）、3等賞（20作品、1万円相当の同社書籍贈呈）が選ばれる。

詳細は公式ホームページ（http://duan.jp/cn/2017htm）を参照。

文字数＝400字詰め原稿用紙5枚と掲載用略歴200字以内（どちらもワード形式）。規定文字数のほか、住所・氏名・年齢・職業・連絡先を記載。

写真＝2枚（留学時のもの、筆者の近影）を添付。

応募先＝日本僑報社内「忘れられない中国留学エピソード」係まで、メール（45@duan.jp）で作品と写真を送信する。

募集期間＝5月31日(水)まで。入選発表は6月30日(金)。

問い合わせ先＝日本僑報社、忘れられない中国留学エピソード係、電話03（5956）2808。

中日新聞　2017年5月12日

★中国留学エピソード募集

今年秋が日中国交正常化四十五周年の節目になるのを記念し、東京都豊島区西池袋の出版社・日本僑報社が「忘れられない中国留学エピソード」の原稿を募集している。

入選四十五作品を今年八月に同社が作品集として刊行するほか、後援の在日中国大使館が入選のうち一等賞の十人を八月に一週間の中国旅行に招待する。

同社は「経験者以外にあまり知られていない中国留学の楽しさ、つらさ、意義深さ、中国の知られざる魅力を書いてください」と積極的な応募を呼びかけている。

中国は国交正常化前の一九六二年から日本人留学生を受け入れ、二〇一五年までに累計で二十二万人を超えるという。作品募集の対象は日本人の中国留学経験者で、現役留学生も可。

四百字詰め原稿用紙五枚の本文と二百字以内の略歴、留学時の思い出の写真と筆者近影の二枚をEメールで送る。宛先は45@duan.jp。締め切りは今月三十一日。入選発表は六月三十日。問い合わせは日本僑報社＝電03（5956）2808＝へ。

日中国交正常化45周年記念

第1回「忘れられない中国留学エピソード」大募集

日本僑報社は、日中国交正常化45周年の年である今年、中国留学の経験者を対象とした第1回「忘れられない中国留学エピソード」原稿を募集します。

中国は1962年から日本人留学生を受け入れ、2015年までにその数は累計22万人を超えています（うち中国政府奨学金を受けた留学生は、計7000人余り）。

また2015年時点で、中国国内で学ぶ日本人留学生は1万4085人を数え、これは世界202カ国・地域にわたる計39万8000人の日本人留学生のうち、国別・地域で第7位にランクされています。

留学時代のとっておきのエピソード――中国との出合い、恩師とクラスメートなどとの思い出をはじめ、現在の中国とのかかわり、知る人ぞ知る中国の魅力、そしてこれからの日中関係にプラスになるような提言といった、国交正常化45周年にふさわしい幅広い内容のオリジナリティーあふれる作品が期待されています。

同社では、原則として45作品を入選作として選び、それらを1冊の作品集として刊行する予定。さらに入選作から、1等賞10本、2等賞15本、3等賞20本を選出。副賞として1等賞の受賞者10人は、中国大使館主催の「一週間中国旅行」に招待。2等賞と3等賞の受賞者には、それぞれ2万円相当と1万円相当の日本僑報社の書籍が贈呈されます。

募集内容は以下の通り。

■内容＝忘れられない中国留学エピソード
※中国留学の思い出、帰国後の中国とのかかわり、近況報告、中国の魅力、今後の日中関係への提言など。中国留学の忘れられない思い出に触れつつもテーマ性を明確にしてください。
■主催＝日本僑報社（http://jp.duan.jp）
■対象＝中国留学経験者
※原則として日本人、現役留学生可。
■入賞数＝45人
■文字数＝400字詰め原稿用紙5枚（2000字）＋掲載用略歴200字以内
※日本語、縦書きを想定のこと。表記は『記者ハンドブック』『用語の手引』等を参考にしてください。文字数のほか、住所、氏名、年齢、職業、連絡先（E-mail、電話番号、微信ID）を記入。
■写真＝留学時の思い出の写真、筆者の近影 計2枚
■応募期間＝5月8日～5月31日
■入選発表＝6月30日
○あて先＝〒171－0021 東京都豊島区西池袋3－17－15 日本僑報社内「忘れられない中国留学エピソード」係 担当、段、張本
E-mail：45@duan.jp（※作品はE-mailでお送りください）
○問い合わせ＝☎03（5956）2808 Fax03（5956）2809
※応募作品は、返却しません。
※個人情報は、本プロジェクトについてのみ使用します。

日中友好新聞　2017年5月5日

東京新聞

2017年
5月2日

日中国交正常化45周年を記念

都内の出版社 作品募集へ

中国留学 体験談を教えて

今年、日中国交正常化四十五周年となるのを記念し、中国留学の経験者を対象とした「忘れられない中国留学エピソード」を東京・西池袋にある出版社、日本僑報社が募集する。在日中国大使館などが後援しており、入選四十五作品を書籍として刊行するほか、一等賞十人には一週間の中国旅行が贈られる。

旅行は中国政府が主催するもので、国内の有名な史跡や都市を回り、歴史、文化を学ぶ内容。

中国の名門・復旦大学で行われた日本人留学生と中国人学生の交流会＝4月、上海で（坂井華海さん提供）

中国は一九六二年から日本人留学生の受け入れを始めた。二〇一五年までに累計約二十二万人（うち中国政府奨学金を受けた留学生は、計七千人）を超えた。

また、中国国内で学ぶ日本人留学生数は約一万三千六百人（一六年現在、中国政府まとめ）となり、韓国、米国などに次ぎ九番目だが、若者の留学離れの影響などから日本の順位は年々下がっている。

テーマは、留学時代のエピソードや、恩師とクラスメートなどとの思い出、自分が出会った中国の魅力、日中関係への提言など自由。日本僑報社の段躍中社長は、「中国留学の楽しさを伝える作品を期待します」と話している。

四百字詰め原稿用紙五枚分で、年齢制限はなく、現在留学中でも可。応募方法など詳細は、日本僑報社＝http://jp.duan.jp＝へ。

応募期間は五月八～三十一日まで。入選発表は六月三十日。（五味洋治）

新文化 2017年5月9日

日本僑報社、「忘れられない中国留学エピソード」を募集

日中国交正常化45周年を記念し、第1回「忘れられない中国留学エピソード」を開催する。中国留学経験のある日本人を対象に、5月8日、作品の募集を開始した。
応募作品のなかから入選45作を選出し、1等賞10点、2等賞15点、3等賞20点を決める。1等賞受賞者は、中国大使館主催の「一週間中国旅行」に招待される。また、入選作は1冊にまとめて単行本化し、8月に日本僑報社から刊行される予定。
応募締切は5月31日。入選発表は6月30日。

西日本新聞 2017年5月1日

中国留学思い出文募集
国交正常化45周年で

日本僑報社（東京）は、中国留学経験者を対象に「第1回忘れられない中国留学エピソード」の作品を募集している。今年が日中国交正常化45周年に当たることから企画した。入選作45作品は、同社が8月に書籍として刊行する予定。

中国留学の思い出や帰国後の中国との関わりなどをテーマに、日本語で400字詰め原稿用紙5枚（2千字）にまとめる。書籍掲載用の略歴（200字）、留学時の思い出の写真と筆者近影を添えて、メールで申し込む。募集は5月8～31日。入選者には在日中国大使館が主催する1週間の中国旅行などが贈られる。

メールアドレス＝45@duan.jp。問い合わせは同社＝03（5956）2808。

ニューストップ ＞ 海外ニュース ＞ 中国 ＞ 記事　　**@niftyニュース**

あなたの「忘れられない中国留学エピソード」は？—日中国交正常化45周年を記念した作文コンクール始まる

いいね！ 0　シェア　ツイート

2017年4月23日

出版社・日本僑報社はこのほど、日中国交正常化45周年の節目の年である今年、中国に留学した経験を持つ日本人を対象としたコンクール第1回「忘れられない中国留学エピソード」の原稿の募集を開始すると発表した。

出版社・日本僑報社はこのほど、中国に留学した経験を持つ日本人を対象としたコンクール第1回「忘れられない中国留学エピソード」の原稿の募集を開始すると発表した。写真は留学経験者パーティー。（撮影・提供/段躍中）

中国は1962年から日本人留学生を受け入れ、2015年までにその数は累計22万人を超えている。2015年時点で、中国国内で学ぶ日本人留学生は1万4085人を数え、世界202カ国・地域で学ぶ計39万8000人の日本人留学生のうち、国・地域別で第7位にランクされている。

中国留学を経験した日本人は多数に上り、そこには1人ひとりにとってかけがえのない、数多くの思い出が刻まれてきた。駐日中国大使館がこれまでに中国に留学した「日本人卒業生」を対象にした交流会を開催したところ、卒業生たちがそれぞれに留学の思い出話に花を咲かせ、大いに盛り上がったという。

日中文化交流　2017.5.1

日本僑報社がエピソード募集「忘れられない中国留学」

日本僑報社（段躍中代表）が第1回「忘れられない中国留学エピソード」を5月8日から募集する。中国留学経験者を対象に、帰国後の中国との関わり、日中関係への提言など幅広い内容を受け付ける。入選した45作品は8月に単行本として刊行される予定。一等の10名は、中国大使館主催による一週間の中国旅行へ招待される。締切りは5月31日。入選発表は6月30日。字数、応募方法などお問合せは日本僑報社（電話03・5956・2808）まで。日中文化交流協会などが後援。

(1)第398号　日中月報　2017（平・29）年5月1日

一般社団法人　日中協会　編集

日中月報

題字　茅　誠司

発行日　平成29年5月1日
発行所　一般社団法人　日中協会
毎月1回1日発行（4月・10月休刊）
〒112-0004　東京都文京区後楽
1-5-3　日中友好会館本館 3F
TEL (03) 3812－1683
FAX (03) 3812－1694
ホームページ　http://jcs.or.jp/

日中国交正常化45周年記念

第1回「中国留学の思い出」エピソードを大募集

入選作品集を刊行、1等賞10名は「一週間中国旅行」に招待

主催／日本僑報社　後援／日中協会、駐日中国大使館　他

日本僑報社は、日中国交正常化45周年の節目の年である今年、中国留学の経験者を対象とした第1回「中国留学の思い出」エピソード原稿を大募集します！

公明新聞
2017年4月21日

◆第1回「忘れられない中国留学エピソード」募集

中国は1962年から日本人留学生を受け入れ、2015年までにその数は累計22万人を超え、数多くの思い出が刻まれた。そこで「忘れられない中国留学エピソード」を募集する。文字数は2000字で。応募期間は5月8～31日。入選発表は6月30日。作品は日本僑報社内「忘れられない中国留学エピソード」係あてにEメール＝45@duan.jpへ送信を。詳しい問い合せは☎03・5956・2808へ。

日本と中国　2017年5月1日

忘れられない中国留学エピソード作品募集中！

1等賞10人に「一週間中国旅行」招待

日本僑報社はこのほど、中国留学の経験者を対象とした第1回「忘れられない中国留学エピソード」作品を5月8日から31日まで募集する。（公社）日中友好協会などの後援。

中国は1962年から日本人留学生を受け入れ、2015年までに累計22万人を超える（うち中国政府奨学金を受けた留学生は7000人余り）。そこで、中国留学経験者なら必ずあるだろう「忘れられない中国留学エピソード」を募集する。応募作品の中から国交正常化45周年にちなみ45作品（1等10人、2等15人、3等20人）を選び、副賞として1等10人を、中国大使館主催の「一週間中国旅行」に招待する。

中国留学の楽しさ、つらさ、中国の魅力などを伝えるユニークな作品を幅広く集め、入賞作品は作品集としてまとめ刊行する予定。

第1回「忘れられない中国留学エピソード」募集内容

■内容：忘れられない中国留学エピソード　※思い出、帰国後の中国とのかかわり、近況報告、中国の魅力、日中関係への提言など（テーマ性を明確に！）。

■対象：中国留学経験者　※原則として日本人、現役留学生可。

■文字数：400字詰め原稿用紙5枚（2000字）＋掲載用略歴200字以内 ※日本語、縦書きを想定のこと。表記は『記者ハンドブック』等をご参考ください。規定文字数のほか、住所、氏名、年齢、職業、連絡先（E-mail、電話番号、微信ID）をご記入ください。

■写真：留学時の思い出の写真、筆者の近影　計2枚

■入賞数：45名（作品）■特典：応募作品は単行本として8月に日本僑報社から刊行予定。※入選作品から、1等賞10本、2等賞15本、3等賞20本を選出。1等賞の受賞者は中国大使館主催の「一週間中国旅行」（8月実施予定）に招待。2等賞と3等賞の受賞者にはそれぞれ2万円相当と1万円相当の日本僑報社の書籍を贈呈。

■応募期間：2017年5月8日~5月31日　■発表：6月30日

○作品応募先　E-mail：45@duan.jp　※作品はE-mailでお送りください。

○問合せ：Tel 03-5956-2808　Fax03-5956-2809　担当：段、張本

※応募作品は、返却しません。※個人情報は、本件のみに使用します。

応募の詳細は、日本僑報社HP（http://duan.jp/cn/2017.htm）に掲載

人民日报

2018年1月5日

光明日报

2018年4月3日

日报 周报 杂志 人民网 people.cn

人民日报海外版 2018年01月05日 星期五

返回目录

往期回顾 分类检索

《难忘的中国留学故事》在日出版

（人民日报海外版）（2018年01月05日 第07版）

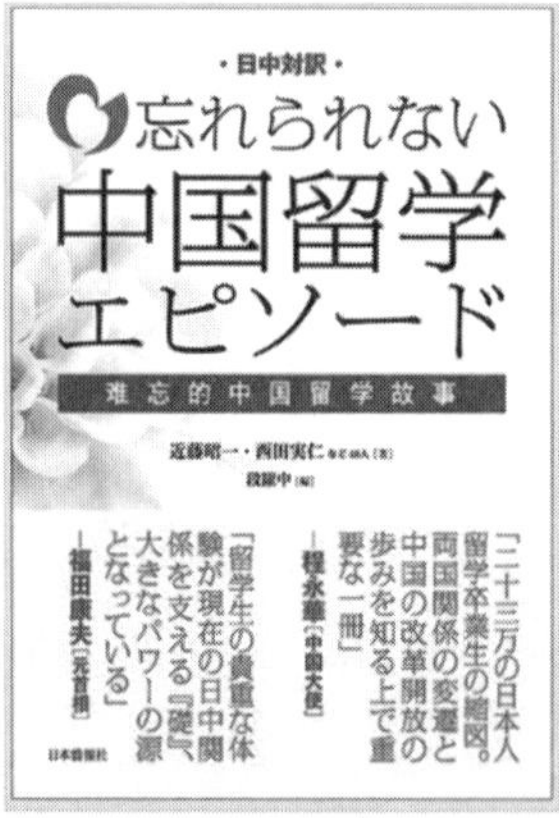

2017年12月中旬，刊登了45篇获奖文章的《难忘的中国留学故事》在日本各大书店上架。

为纪念中日邦交正常化45周年，在中国驻日使馆支持下，日本侨报社今年4月举办首届“难忘的中国留学故事”征文活动。45天里收到93篇文章，作者既有退休老人，也有还在中国学习的年轻学子，有外交官、大学教授还有企业高管，文章记录了因留学与中国的相遇结缘、结识的朋友与感受到的中国魅力，有的还对中日关系发展提出了积极建议。中国驻日本大使程永华与日本前首相福田康夫为该书作序。日本侨报社总编辑段跃中说，希望通过日本留华毕业生的文字，让更多日本人感受到中国的魅力。

（刘军国）

报纸 杂志 光明日报 2018年04月03日 星期二

往期回顾 数字报检索 返回目录 ＜上一期 下一期＞

感知中国 “用真心碰撞真心”

作者：本报记者 张冠楠　《光明日报》（2018年04月03日 12版）

自1979年，中日两国政府就互派留学生达成协议后，两国留学生交流不断得到发展。据统计，截至目前，日本累计赴华留学人数超过24万人，其中享受中国政府奖学金的日本留学生超过7000名。2016年，在华日本留学生人数为13595人，在205个国家44.3万留学生中位列第九位。

从2015年开始，中国驻日本大使馆每年年底都会举办日本留华毕业生交流会，受到日本各界好评。在去年的交流会上，日本文部科学省、外务省、人事院、日本学生支援机构、日本中国友好协会等机构、团体的有关负责人、各界留华毕业生代表等约300人出席交流会。中国驻日本大使馆公使刘少宾代表程永华大使在致辞中表示，希望留华毕业生充分发挥自己的优势，积极推动中日两国在各领域的交流合作，为增进两国人民的相互理解和长期友好作出更大贡献。期待更多日本青年到中国留学，加入到中日友好的行列。

留学中国故事多

国之交在于民相亲。中日两国作为一衣带水的邻邦，2000多年来人文交流对两国文化和社会发展一直发挥着重要的作用。2017年，为纪念中日邦交正常化45周年，在中国驻日本大使馆的支持下，日本侨报社在2017年4月举办首届“难忘的中国留学故事”征文活动。45天里收到93篇文章，其中获奖的文章均被收录至《难忘的中国留学故事》一书中，其中的作者有已经退休的老人，也有尚在中国学习的年轻学子，有经济界人士，也有知名的国会议员。讲述了在中国的留学经历，分享了在中国留学的体验。

中国驻日本大使程永华在《难忘的中国留学故事》序言中表示，因作者的留学年代跨越了近半个世纪，留学大学遍及中国多省，由一个个小故事汇集而成的文集相映成趣，构成了23万日本留华毕业生的缩影，既反映出中日两国关系的时代变迁，也从一个个侧面反映出中国改革开放以来的发展历程。日本前首相福田康夫为该书所作的序言表示，“通过阅读作品，充分了解到日本留学生在中国各地经历了各种体验，与中国老百姓深入开展真挚交流，这些成为支撑日中关系的重要基石和强劲力量源泉。”

www.news.cn 新华网 NEWS www.xinhuanet.com

2017年12月11日

中国驻日使馆举办2017年度日本留华毕业生交流会

中国驻日本大使馆公使刘少宾在交流会上致辞。新华网记者 姜俏梅摄

新华网东京12月11日电(记者 姜俏梅)2017年度日本留华毕业生交流会8日在中国驻日本大使馆举行。日本文部科学省、外务省、日本学生支援机构、日本中国友好协会等机构及各界留华毕业生代表200多人出席交流会。

2017年4月17日

“难忘的中国留学故事”征文活动在日本启动

新华社东京４月１７日电（记者杨汀）为纪念中日邦交正常化４５周年，首届“难忘的中国留学故事”征文活动１７日在东京启动。

“难忘的中国留学故事”征文活动由日本侨报出版社主办，获得中国驻日本大使馆、日中协会等支持，邀请有在中国留学经历的日本各界人士，以２０００字的篇幅讲述在中国留学期间的难忘故事，介绍所认识和理解的中国及中国人等，在中日邦交正常化４５周年的大背景下弘扬中日友好。

日本侨报出版社社长段跃中表示，希望通过留学生的作品，让更多人了解到在中国留学的意义，让更多人感受到中国的魅力。

活动将在５月８日至３１日期间受理投稿，遴选４５篇获奖作品结集出版，并从中选出一等奖１０名、二等奖１５名、三等奖２０名。评选结果将于６月３０日公布。

按照活动规则，一等奖得主将获得中国大使馆赞助赴中国旅行一周的奖励。二等奖及三等奖得主将获得日本侨报出版社出版的书籍。

据中国驻日本大使馆教育处的数据，中国从１９６２年开始接受日本留学生，５５年来日本累计赴华留学人数超过２２万，其中享受中国政府奖学金的日本留学生超过７０００名。截至２０１５年１２月，在华日本留学生人数为１４０８５人。中国驻日本大使馆从２０１５年年底开始每年举行一次日本留华毕业生交流会，受到日本各界好评。

人民网 people.cn

2017年12月09日

《难忘的中国留学故事》在东京首发

视频介绍

当地时间12月8日晚，2017年度日本留华毕业生交流会暨《难忘的中国留学故事》首发式在中国驻日本大使馆举办。来自日本文部科学省、外务省、日本中国友好协会等机构、团体的有关负责人，各界留华毕业生代表等约300人出席交流会。（人民日报记者 刘军国）

人民网 people.cn　人民网 >> 日本频道

2017年4月17日

“难忘的中国留学故事”征文活动在日本启动

原标题：“难忘的中国留学故事”征文活动在日本启动

为纪念中日邦交正常化４５周年，首届“难忘的中国留学故事”征文活动１７日在东京启动。

“难忘的中国留学故事”征文活动由日本侨报出版社主办，获得中国驻日本大使馆、日中协会等支持，邀请有在中国留学经历的日本各界人士，以２０００字的篇幅讲述在中国留学期间的难忘故事，介绍所认识和理解的中国及中国人等，在中日邦交正常化４５周年的大背景下弘扬中日友好。

日本侨报出版社社长段跃中表示，希望通过留学生的作品，让更多人了解到在中国留学的意义，让更多人感受到中国的魅力。

活动将在５月８日至３１日期间受理投稿，遴选４５篇获奖作品结集出版，并从中选出一等奖１０名、二等奖１５名、三等奖２０名。评选结果将于６月３０日公布。

編者略歴

段 躍中（だん やくちゅう）

日本僑報社代表、日中交流研究所所長。

中国湖南省生まれ。有力紙「中国青年報」記者・編集者などを経て、1991年に来日。2000年新潟大学大学院で博士号を取得。

1996年日本僑報社を創立。以来、書籍出版をはじめ、日中交流に尽力している。

2005年1月、日中交流研究所を発足、「中国人の日本語作文コンクール」と「日本人の中国語作文コンクール」（現「忘れられない中国滞在エピソード」）を同時主催。

2007年8月に「星期日漢語角」、2008年に出版翻訳のプロを養成する「日中翻訳学院」、2018年に「日中ユースフォーラム」を創設。

2009年日本外務大臣表彰受賞。武蔵大学「2020年度学生が選ぶベストティーチャー賞」受賞。2023年日本僑報社に在外公館長表彰受賞。

現在北京大学客員研究員、湖南大学客員教授、広島大学特命教授、立教大学特任研究員、武蔵大学非常勤講師、湖南省人民政府の湖南省国際友好交流特別代表、群馬県日中友好協会顧問、中国新聞社世界華文伝媒研究センター「特聘専家（特別招聘専門家）」、埼玉県日中友好協会特別顧問などを兼任。

著書に『現代中国人の日本留学』『日本の中国語メディア研究』など多数。

詳細：http://my.duan.jp/

The Duan Press

中国で人生初のご近所付合い
第7回「忘れられない中国滞在エピソード」受賞作品集

2024年12月25日　初版第1刷発行
著　者　舛添要一・神谷裕・福原愛・金丸利枝など43人
編　者　段 躍中
発行者　段 景子
発売所　日本僑報社
〒171-0021 東京都豊島区西池袋3-17-15
TEL03-5956-2808　FAX03-5956-2809
info@duan.jp
http://jp.duan.jp
e-shop「Duan books」
https://duanbooks.myshopify.com/

Printed in Japan.

ISBN 978-4-86185-353-1